mandelbaum *verlag*

Edith Meinhart

COP UND CHE

Wie ein Tschetschene und ein Polizist
zu TikTok-Stars wurden

mandelbaum *verlag*

Cop & Che auf TikTok

@ahmadtvie
a._mtv

Gedruckt mit Unterstützung durch

Stadt
Wien

mandelbaum.at • mandelbaum.de

ISBN 978-3-99136-042-1

Projektkoordination: KATHRIN WOHLMUTH-KONRAD
Lektorat: MONIKA HALBINGER
Satz: KEVIN MITREGA, Schriftloesung
Umschlag: MICHAEL BAICULESCU
Umschlagabbildung: CHRISTOPHER GLANZL
Druck: PRIMERATE, Budapest

Vorwort

Dieses Buch ist das Ergebnis einer Reise, die aus vielen langen Gesprächen bestand. Doch es gab Momente, in denen Bilder mehr sagten als Worte. Etwa als Ahmad Fotografien aus seiner Kindheit herzeigte. Auf einem Bild sieht man einen kleinen Buben in blauer Jeanshose und Jeansjacke vor einer neutralen Wand, die überall sein könnte, auf einem anderen sitzt er mit seinen Geschwistern auf einem Sofa, vor sich einen gelben Bagger aus Plastik, von dem er zwanzig Jahre später noch sagen kann, dass er damit am liebsten Bananen transportierte. Die Bedeutung dieser Erinnerung erschließt sich aber vor allem aus dem, was danach passierte. Die Bilder entstanden in jener Zeit, in der Ahmad noch keine vier Jahre alt war und russische Soldaten vor seinen Augen seinen jungen Onkel erschossen. Kurz darauf lag das Nachbarhaus, fünfzig Meter von seinem Zuhause entfernt, in Schutt und Asche. Das war der Moment, in dem sich das alles wendete, für Ahmads Eltern, die sich zur Flucht entschlossen, und für ihn selbst. Die Wand, die man auf dem Foto hinter dem kleinen Buben sieht, stand eben nicht irgendwo, sondern in Tschetschenien.

Die vielen Facetten, die in den Begegnungen mit Ahmad zutage traten, fügen sich schwer zusammen, dies war auch nicht die Absicht dieses Buches. Alle gemeinsam machen die einzigartige Geschichte eines in Wien heranwachsenden Tschetschenen aus. Dazu gehört auch die Zeit, als Ahmad mit der Pistole Passanten überfiel und ausraubte, und später beinahe in Kreise geriet, die Geschäftsleuten mit einem Sturmgewehr in der Hand Schlimmes androhten, für den Fall, dass sie ihre „Schulden" nicht bezahlten; die Zeit, die so gar nicht mehr mit dem kleinen Buben in der Jeansjacke in Einklang zu bringen ist.

Ahmad, der Täter; Ahmad, das Opfer; Ahmad, der jüngste U-Häftling Österreichs; seine Wut und seine Gelehrsamkeit in der Obhut von Ideologen des sogenannten „Islamischen Staats", die es verstanden, in ihm die lebensverneinende Entschlossenheit hervorzubringen, sein Leben der vermeintlich gerechten Sache des militärischen Dschihads in Syrien zu opfern. Dazu kam es – um Haaresbreite – nicht. Und am vorläufigen Ende dieser, seiner Geschichte, die voller Wendungen ist: Ahmad, der mit Jugendlichen arbeitet, von tschetschenischen Sittenwächtern bedroht wird und die Patriarchen seiner eigenen Community herausfordert. Ahmad, der betet. Fastet. Gendert.

Ohne seine Aufrichtigkeit und rückhaltlose Bereitschaft zu erzählen, „was wirklich abgegangen ist" – und während Sie diese Zeilen lesen, sich mit anderen Facetten wiederholt, mit anderen Namen, anderen jungen Gesichtern, davon muss man leider ausgehen –, wäre dieses Buch nicht möglich. Ich lernte Ahmad im Herbst 2017 als jungen IS-Aussteiger kennen und traf ihn am Tag nach dem Wiener Terroranschlag vom 2. November 2020 wieder. Das ist die Geburtsstunde dieses Buches. Wer braucht einen Bericht von unserer Reise, die danach begann? Wir alle, davon bin ich überzeugt.

Dieses Buch ist nicht „mein" Buch. Es erzählt Ahmads Geschichte. Vieles, was er in einer Mittelschule in Wien, auf der Straße, auf Polizeiinspektionen, im Gefängnis und im Keller der IS-Leute gesehen, gehört und am eigenen Leib zu spüren bekommen hat, ist nicht mehr nachprüfbar. Zwar gibt es unstrittige Fakten, etwa das Datum seiner Verhaftung auf der Wiener Donauinsel, doch sie bilden bloß eine Art äußeres Gerüst für ein inneres Erleben. Könnte man die Lehrerinnen, von denen er sich in der Klasse herabgesetzt fühlte, befragen, oder die Burschen, die er als Jugendlicher im Park zusammengeschlagen hat, oder die Beamten, die ihn in der Justizanstalt Wien-Josefstadt mit Schlagstöcken verprügelten, jede und jeder würde vielleicht eine etwas abweichende Version der Ereignisse schildern.

Doch es geht um Ahmads Erleben. Eines war ihm während unserer gemeinsamen Arbeit immer klar: Nur wenn er nichts ausspart, wenn er so wahrhaftig und schonungslos, auch sich selbst gegenüber, wie es ihm nur möglich ist, Zeugnis ablegt, eröffnet sich die einzigartige Chance, vermeintlich Unbegreifliches zu verstehen. Das ist der Antrieb für dieses Buch, den er bei einem unserer ersten Treffen, damals, im November 2020, mitten im Corona-Lockdown auf einer Bank im Wiener Stadtpark, in dem Satz zum Ausdruck brachte: „Ich will, dass die Österreicher nachvollziehen können, warum ein netter Junge mit 13 kriminell wird." Wie viel es darüber hinaus zu begreifen gibt, offenbarte sich in den vergangenen drei Jahren in zahllosen Gesprächen, nicht nur mit Ahmad selbst, sondern auch mit seinem Vater, dem Jugendsozialarbeiter Fabian, dem Grätzelbeamten Uwe und Polizisten, die nicht namentlich aufscheinen.

Dies also ist Ahmads Geschichte, und doch auch nicht „sein" Buch allein. Es schöpft aus der Bereitschaft aller daran beteiligten Personen, sich Wagnissen zu öffnen. Der junge Tschetschene musste am weitesten auf unvertrautes Terrain vordringen. Aber auch der Jugendsozialarbeiter Fabian sprang über seinen Schatten und lernte beispielsweise, dass Religion nicht zwangsläufig in einem unauflöslichen Widerspruch zu Aufklärung, Emanzipation und Demokratie steht.

Und Uwe, der gebürtige Steirer, der als junger Mann in den 1980er Jahren zur Polizei ging, wo Tschetschenen bald im übelsten Ruf als Messerstecher, Schutzgelderpresser und Bullenhasser standen – und immer noch stehen? Er machte schlechte Erfahrungen mit einigen von Ahmads Landsleuten und kennt die Geschichten, die im Kollegenkreis über Tschetschenen kursieren. Als älterer Grätzelpolizist in Wien tritt er mit Ahmad auf TikTok als „Cop & Che" auf. Ihre Videos wurden 20 Millionen Mal angeklickt. Im Rückblick auf Uwes Werdegang wird klar, dass auch er sich bewegen musste. Und wie das bei echten Begegnungen mitunter ist, brachte jene zwischen dem 58-jährigen Polizisten und dem 24-jährigen Tschetschenen neben viel Skepsis und Kritik auch Parallelen ans Licht. Dass beide in ihrem jeweiligen Umfeld Veränderung „von unten" anstoßen, Uwe in der Polizei, Ahmad in der tschetschenischen Community, ist eine von vielen.

Auch ich musste Vorurteile fallen lassen. Als Journalistin bin ich an Orte gekommen, die vielen Menschen – zum Glück – verschlossen bleiben, von Gefängnissen über Frauenhäuser bis zu Flüchtlingsheimen. In dieser Rolle lag mir daran, eher jenen, die überfallen und ausgeraubt, zusammengeschlagen und ausgegrenzt werden, Gehör zu verschaffen, als jenen, die sich das Recht des Stärkeren herausnehmen. Noch dazu mit einer Waffe in der Hand. Die Auseinandersetzung mit Ahmad machte mir klar, welche Entfaltungsmöglichkeiten selbst in Burschen aus kriegsversehrten und traumatisierten Milieus, die früh kriminell und dann auch noch islamistisch radikalisiert wurden, stecken. An meinen Gewissheiten über Jugendgewalt, Extremismus, wütende junge Burschen und die Rollen von Männern und Frauen in der tschetschenischen Kultur wurde ordentlich gerüttelt.

Ahmad wächst nun in eine Sprecherrolle hinein, die er nie angestrebt hat. Er erfüllt sie für Tschetschenen und Tschetscheninnen, für kriminelle, junge Subkulturen, die für Sozialarbeiter, Lehrerinnen, Polizei und staatliche Institutionen kaum mehr zu erreichen sind, letztlich für alle, die über gesellschaftliche Verwerfungen nachdenken – von Migration über ökonomische Ungleichheit bis zu politischem Populismus – und sich um das Zusammenleben sorgen. Die Begegnungen, die diesem Buch zugrunde liegen, haben alle Beteiligten verändert, und ich kann nur hoffen, dass den Leserinnen und Lesern dasselbe widerfährt. Wenn sie nach der Lektüre nicht mehr ganz dieselben sind wie vorher, hat sich für alle, die an diesem Buch mitgewirkt haben, jede Minute gelohnt.

Edith Meinhart, Wien, Jänner 2024

Um groß zu sein, sei ganz.
Entstelle und verleugne nichts, was dein ist.
Sei ganz in jedem Ding.

Fernando Pessoa

Ahmad und Uwe verpassen einander nur knapp

Am Wiener Praterstern bahnt sich etwas an. Zwei Tschetschenen laufen ein paar Afghanen über den Weg, die ihnen Gras andrehen wollen. „Schaue ich aus wie eine Kuh, dass ich Gras brauche?", antwortet einer der Tschetschenen und bringt damit den Rädelsführer der Afghanen in Rage. „Wenn ich dich etwas normal frage, antwortest du normal", sagt einer aus der Gruppe der Drogenhändler und verbindet mit dieser Replik die dringende Empfehlung an die Tschetschenen, sich schleunigst „von hier zu verpissen". Um dieser zusätzlich Nachdruck zu verleihen, schlägt einer der Afghanen einen der Tschetschenen von hinten mit dem Baseballschläger nieder.

So wird der Beginn eines medial wenig beachteten Raufhandels am Wiener Praterstern später unter Tschetschenen kursieren. Es ist Anfang Mai 2013. Ahmad – er ist noch keine 14 – hängt mit Freunden in Wien-Brigittenau ab. Auf hunderten Handys sowohl von Afghanen als auch Tschetschenen in Wien öffnen sich fast gleichzeitig Eilt-Meldungen, die sinngemäß alle, die ihre Fäuste zu gebrauchen wissen, auffordern, zur Verstärkung der jeweiligen Streitpartei anzurücken. Einer der Tschetschenen, zufällig mehrfacher Staatsmeister im Boxen, hat zu diesem Zeitpunkt bereits ein paar Afghanen „in den Knockout geschickt". Bald strömen raufwillige Afghanen und Tschetschenen aus allen Richtungen herbei.

Ahmad schwingt sich auf sein Fahrrad und ist einer der ersten am Ort des Geschehens. Sein älterer Bruder trifft nach ihm ein, sieht ihn im Getümmel, stellt ihn mit ein paar Watschen zur Rede: „Was machst du da?", und schickt ihn „Ab nach Hause!". Der 13-Jährige gibt vor, das Weite zu suchen, dreht in Wirklichkeit aber nur eine Runde und kehrt zurück.

„Raufhandel am Praterstern“: Der Polizist Uwe Schaffer ist mit dem Streifenwagen in der Gegend unterwegs, als über Funk jene Order kommt, die sein Verhältnis zu Tschetschenen und Afghanen nachhaltig prägen wird. Raufhandel ist im Polizeijargon das Codewort für gröbere Wickel. Tatsächlich ist am Tatort eine wüste Schlägerei im Gange, als Uwe und seine Kollegen eintreffen. Mit jeder Minute steigt die Zahl der Tatbeteiligten. An die hundert Burschen und Männer, Afghanen und Tschetschenen, hauen, treten, schlagen und boxen einander „volles Rohr“. Mehrere Funkwägen bremsen sich mit Blaulicht vor Ort ein. Auch die Polizei fordert mehr und mehr Verstärkung an.

Als Ahmad die Sirenen hört, verschwindet er. An seinen Fäusten und an seinem T-Shirt klebt bereits Blut. Der Polizist Uwe und der junge Tschetschene verpassen einander nur knapp. Die afghanischen und tschetschenischen Raufbolde, die eben noch aufeinander losgingen, treten und prügeln nun mit vereinten Kräften auf die Beamten ein. Am Ende liegen einige der Angreifer bäuchlings am Boden, die Arme auf den Rücken gedreht, die Hände mit „Achtern“ fixiert, während Polizisten die Waffenfunde sichten: Schlagringe, Messer und mit Stacheln bewehrte Baseballschläger.

„Alter Schwede, das möchte ich nicht nochmals erleben“, wird Uwe den Einsatz später rekapitulieren. Zweimal war er im letzten Moment einer Faust ausgewichen, die direkt in sein Gesicht zielte. Einmal hatte er gerade noch verhindert, dass ihm die Dienstpistole entrissen wird.

Wenige Tage später fahren tschetschenische Gangster am Praterstern vorbei und feuern aus dem Auto heraus mit einem Sturmgewehr in die Luft. Es ist eine Botschaft an die Afghanen: „Wir sind da. Wenn ihr euch noch einmal danebenbenehmt, kommen wir ins Spiel.“ Sie sind um einiges älter, als Ahmad es damals war. Aber der tschetschenische Jugendliche weiß bereits, wer sie sind, kennt ihre Namen und Gesichter.

Was von der Schlägerei übrig bleibt

Uwe ist ein erfahrener Polizist. Er wird gerufen, wenn Fußballrowdys einander in die Haare kriegen oder im berüchtigten Praterlokal „Oberbayern", die immer selben Typen sich erst mit Bier volllaufen lassen, dann zu stänkern beginnen und schließlich gewalttätig werden. Die Beamten haben ihren eigenen Umgang mit diesem fast schon samstäglichen Ritual entwickelt. Sie warten ein bisschen, bis sich die Lage beruhigt. Dann sammeln sie die Verletzten ein, rufen die Rettung und wenn alles vorbei ist, setzen sie sich „unter Kollegen" zusammen und besprechen den Einsatz.

Der Raufhandel am Praterstern fällt in eine andere Kategorie. Für Uwe schlägt er ein neues berufliches Kapitel auf.

Daheim merkt seine Frau, dass er sich zurückzieht. Er erwähnt kurz eine „etwas gröbere Amtshandlung", denn er hat es sich im Laufe der Zeit angewöhnt, nach dem Dienst die Uniform auszuziehen, die Waffe in den Spind zu sperren, und nichts, was damit zusammenhängt, mit nach Hause zu nehmen. Im Rückblick wird ihm klar, dass von diesem Einsatz etwas geblieben ist, das sich auch in Polizeikreisen herumspricht und dazu führt, dass bei ähnlich gelagerten Einsätzen fortan „mit einer gewissen Härte hineingegangen" wird. Einschlägige Gelegenheiten sollte es noch einige geben, auch wenn keine mehr „so arg" war, dass für Uwe wenige Worte reichen müssen, um sie zu beschreiben: „Einfach. Nur. Arg."

Und Ahmad, den die Polizeisirenen an diesem Tag im Mai 2013 vom Praterstern vertrieben haben? Für ihn wird die Massenschlägerei eine von mehreren, nicht einmal besonders erinnerungswürdigen Episoden auf einem Weg bleiben, der ihn bis an den Rand eines bodenlosen Abgrunds führen wird. An dem „Einfach-nur-arg"-Punkt ist er noch lange nicht angelangt. Oder, wie sein Vater es in einem Moment der Verzweiflung ihm gegenüber einmal zum Ausdruck bringt: „Du rüttelst so lange am Gefängnistor, bis man dir eines Tages aufmacht." Ahmad wird an diesen Satz noch oft denken. Damals, als er den Polizisten Uwe Schaffer, mit dem er acht Jahre später das über Österreich hinaus erfolgreiche

TikTok-Format „Cop & Che“ erfinden wird, nur knapp verpasste, war er längst nicht so weit, die Worte seines Vaters zu begreifen, geschweige denn darauf zu hören.

Ein kleiner Bub im Krieg und auf der Flucht

Ahmads Geschichte beginnt in Tschetschenien. Und in einem Krieg, der nicht immer gleich ist. Manchmal tobt er, dann zieht er sich für eine Weile zurück; bevor sich die Menschen in einer neuen, zerbrechlichen Normalität einrichten können, brechen wieder Kämpfe aus und der Krieg fängt von vorne an zu toben. In diesen Wirren bringt Ahmads Mutter ihn als ihr drittes Kind zur Welt, und eineinhalb Jahre später, im Keller, ohne ärztlichen Beistand und unter dem Geheul von Bomben, seinen jüngeren Bruder. Ahmads früheste Erinnerungen reichen in die Pausen zwischen den Gefechten zurück, in denen es im Sommer erlaubt ist, im Bach, der zweihundert Meter neben dem Haus vorbeifließt, zu schwimmen. Im Winter baut er Schneemänner. Sein bester Freund ist ein Mädchen aus dem Dorf. Die Parks sind zerstört und taugen nicht mehr als Refugium. Ahmad und die anderen Kinder spielen den Krieg nach, sammeln Patronenhülsen, basteln aus kleinen Stöcken Pistolen und verschanzen sich hinter kaputten Panzern oder in ausgebrannten Häusern.

Eines Tages liegt sein Onkel im Wohnzimmer am Boden. Er ist tot. Ahmad wird sich sein Leben lang daran erinnern. Oder ist es das, was ihm seine Eltern später erzählen werden? Er hört Schreie, die Stimme seines Onkels. Ein Trupp Vermummter, zwölf, vierzehn Polizisten in Schwarz. Sie packen ihn, durchsuchen ihn, finden nichts. Einer ruft: „Er hat eine Handgranate“, und feuert mit dem Maschinengewehr auf den Onkel. Dann lassen sie ihn einfach liegen, den jüngsten Bruder des Vaters. Ahmad begreift nicht. „Es ist alles gut“, sagt seine Oma. „Es passiert nichts.“ „Wir sind in Sicherheit.“ Sie wiederholt es immer wieder. „Es ist alles gut.“ Dabei weint sie.

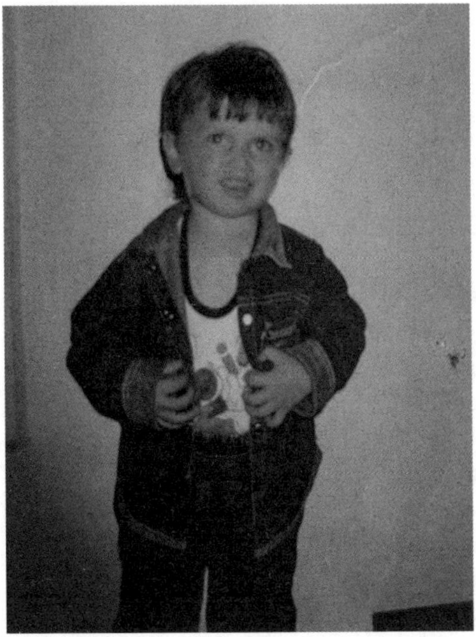

Der dreieinhalbjährige Ahmad zu Hause in Tschetschenien, Anfang 2003
Foto: privat

Er ist drei Jahre alt, fast vier, alt genug, um zu spüren, dass etwas Schlimmes vor sich geht. Ihm wird schwarz vor Augen. Die Eltern. Der Boden. Die Schüsse. Die Schreie. Blende. Aus.

In Österreich wird Ahmad zehn Jahre später epileptische Anfälle bekommen. Sie werden sich eine Minute vorher mit dem Geruch von damals in der Nase ankündigen. „Wenn man Gerüche zeichnen könnte, würde ich ein Bild davon machen", wird er einmal sagen. „Eine Mischung aus rostigem Metall, verbranntem Gummi und Blut", und dann wird etwas übrig sein, das er nicht benennen kann. Er wird das Fehlende den „Geruch der Leiche" nennen.

Der leblose Mann am Boden ist sein Lieblingsonkel. Er ist zwanzig Jahre alt, der Einzige in der Familie des Vaters, der studierte. Er besuchte die Musikhochschule. Als Ahmads Vater in den Krieg zog, half er seiner Schwägerin, Ahmads Mutter, mit den Kindern und im Haushalt. Zwei der Buben litten an einer Muskelerkrankung. Er brachte sie zum Arzt. Nebenbei versorgte er Tschetschenen, die im Kampf gegen die russischen Besatzer verwundet wurden. Jeder in der Gasse mochte ihn, die Nachbarn stritten sich, wer ihn zum Essen einladen darf. Am Abend sang er die Kinder in den Schlaf. Auf den Fotos, die von ihm blieben, ist er fast immer mit seiner Gitarre zu sehen. Ahmad wird später, in Österreich, wenig konkrete Szenen mit seinem Onkel im Kopf behalten haben, aber er wird die besondere Beziehung zu ihm spüren und sich ans Herz greifen, wenn er von ihm spricht.

Das nächste Bild, das aus dem Nebel der Erinnerungen auftaucht: Ahmad, ein kleiner Bub auf einem endlosen Fußmarsch durch Landschaften aus Schnee, so weit das Auge reicht, und durch die bewaldeten Reviere streunender, hungriger Wölfe. Seine Eltern ziehen ihre Jacken aus, um die vor Angst und Kälte schlotternden Kinder zu wärmen. Jedes Mal, wenn Soldaten oder Polizisten sich ihnen in den Weg stellen: „Wohin geht ihr? Was wollt ihr dort?", zeigen sie ihre gefälschten Papiere vor und lügen um ihr nacktes Leben. Auffliegen, verhaftet, gefoltert, getötet werden: Auf der Flucht aus Tschetschenien ist jede Minute alles möglich. Einmal hören sie Russen mit Schäferhunden. Sie suchen Flüchtlinge, die sich im Wald verstecken. Ahmads Vater flüstert: „Ihr müsst ganz still sein. Legt euch unter den Baumstamm. Wenn alle den lieben Gott bitten, dass die Leute uns nicht sehen, werden wir nicht erwischt." Ahmad zittert unter dem Holz. Ein Mann mit Taschenlampe und Schäferhund kommt näher. Er ist da. Er leuchtet den Baumstamm an. Dann ruft er seinen Kollegen zu: „Hier ist es sauber."

Ließ der Soldat sie laufen? Hat er sie nicht gesehen? Ahmad wird es nie erfahren. Allah ist spätestens seit damals die einzige Macht, der er bedingungslos vertraut.

Die Angst peinigt die Familie bis zur polnischen Grenze. Dahinter liegt Europa, der Kontinent der Freiheit, der sich anfangs für Tschetschenen als trügerisches Versprechen erweist. In Polen wimmelt es von russischen Spionen. Wie die meisten ihrer Landsleute wollen auch Ahmads Eltern weiter. Sie schaffen es bis nach Deutschland. Dort landet der Vater in Schubhaft, während die Mutter mit den Kindern in einem Flüchtlingsheim unterkommt. Einen Monat später wird die Familie abgeschoben. Zurück in Polen wird der Vater erneut verhaftet und bleibt für mehrere Wochen im Gefängnis, Ohnmacht und Ungewissheit ausgeliefert. Er denkt an einen tschetschenischen Freund, den der russische

Geheimdienst verhörte, bevor er es ihm gelang, sich nach Frankreich abzusetzen. Man wollte Namen von ihm erfahren, Aufenthaltsorte, auch jenen von Ahmads Vater, der auf der Liste der gesuchten Staatsfeinde weit oben steht. „Er ist in Europa. Ihr könnt ihm nichts mehr anhaben. Lasst ihn in Ruhe", hat der Freund zu Protokoll gegeben.

Die Nachstellungen hören nicht auf. In den polnischen Flüchtlingsheimen, Gebetshäusern und Cafés spitzeln Männer, Frauen und als Ehepaare getarnte Agenten für die Russen. Die weniger Talentierten machen sich durch beharrliches Ausfragen verdächtig: „Mit wem habt ihr gekämpft? Wo wart ihr im Einsatz? Wie viele Russen habt ihr umgebracht? Wer hat euch geholfen?" Für jeden Spion, der auffliegt, findet sich Ersatz. Weder die polnischen Behörden noch die Betreiber der Asylquartiere scheinen sich an der Undercover-Umtriebigkeit der Russen zu stoßen. Sämtliche Beschwerden von Tschetschenen verlaufen im Sand.

Ahmads Vater kann nachvollziehen, dass Polen wissen will, wer ins Land kommt und tschetschenische Flüchtlinge auf Herz und Nieren überprüft. Schließlich haben die Aufnahmeländer eigene Sicherheitsinteressen zu wahren. Doch Tschetschenen haben Grund zur Annahme, dass Informationen, die sie den polnischen Behörden geben, nach Russland durchsickern. Immer wieder werden Asylwerber zurückgeschickt und landen in den Fängen ihrer Verfolger. Ahmads Vater möchte so schnell wie möglich weg aus Polen.

Kaum ist er aus dem Gefängnis entlassen, bricht die Familie nach Tschechien auf. Vier Wochen lebt sie in einem Flüchtlingslager und registriert alsbald, dass die russischen Häscher hier ebenso aktiv sind. Erneut drängt der Vater zum Aufbruch. Bloß, wohin? Deutschland, das der Familie ein Asylverfahren verweigerte, kommt nicht mehr infrage. Zu groß ist die Gefahr, ein weiteres Mal nach Polen abgeschoben zu werden. Ahmads Eltern entscheiden sich für Österreich. Hier wollen sie Sicherheit finden, ihre Heimat aber soll Tschetschenien bleiben. Sobald die politische Lage es erlaubt, wollen sie zurück. Mit diesem Versprechen an die Zukunft reisen sie weiter.

Nach der tschechisch-österreichischen Grenze erwischt sie die Polizei. Die Beamten machen Fotos, nehmen Fingerabdrücke ab und schicken die Familie in die Erstaufnahmestelle nach Traiskirchen. Der Zwischenstopp währt nur kurz. Nach zwei Wochen bezieht die Familie ein Flüchtlingsquartier in Niederösterreich, in dem nur Tschetschenen wohnen, unter ihnen viele Frauen und Kinder. Hier kommen die Eltern erstmals etwas zur Ruhe. Nur die Ungewissheit über ihren Status in dem fremden Land quält sie. Tage, Wochen, Monate und Jahre vergehen mit Warten auf den Asylbescheid.

Die ersten Einheimischen, denen sie begegnen, hinterlassen einen freundlichen Eindruck. Trotzdem lässt sich die Angst, plötzlich abgeholt zu werden, nicht abschütteln. Als die Familie nach Wien übersiedelt und sich dort ein älterer Wiener in der Straßenbahn förmlich auf Ahmads Vater stürzt – „Woher kommst du?" – „Ach, aus Tschetschenien?" „Wegen dem Krieg?" „Warum bleibst du nicht lieber in einem muslimischen Land?" – beschwichtigt sich Ahmads Vater damit, dass in einer Millionenstadt eben verschiedene Charaktere mit unterschiedlichen, privaten Mentalitäten leben. Doch so sehr er sich bemüht, Begegnungen dieser Art keine Bedeutung beizumessen, die Feindseligkeiten gehen ihm lange nicht aus dem Sinn. Er hat in seinem Leben schon zu oft am eigenen Leib erfahren, wozu Menschen fähig sind, wenn sie einander nur genug hassen.

Hüpfball, Playstation und Bärenpulli

Anders als seine Eltern, erlebt der vierjährige Ahmad seine Anfänge in Österreich unbeschwert und spielend, was mit der kleinen, niederösterreichischen Stadt zu tun hat, in der die Familie ein erstes, vorübergehendes Zuhause findet, und einem dicken, gemütlichen Mann namens Otto, der früher hier ein Gasthaus führte. Es stand eine Weile leer und wurde als Quartier für tschetschenische Asylwerber wieder aufgesperrt. Der Bub hat eine Schar von mehr oder weniger gleichaltrigen Kindern um sich, und alle verehren Otto.

Der Betreiber der Unterkunft versorgt sie mit Hüpfbällen, die man an Hörnern packen kann und mit denen die Kleinen stundenlang durch die Gegend springen. Um die Kinder zum Lernen anzuspornen, pflanzt Otto sich vor ihnen auf, trägt ein bisschen Grammatik vor und verspricht jenen, die mit dem Gehörten einen richtigen Satz bilden können, eine Belohnung. Meistens handelt es sich um Kleinigkeiten. Einmal aber ist es ein Quad, ein Actionbike mit vier Rädern, und aus der Perspektive des kleinen Buben das begehrenswerteste Spielzeug der Welt.

Als Ahmad später Menschen über den Weg läuft, die ihn herablassend behandeln, ist er im Innersten noch lange davon überzeugt, dass sie eine Ausnahme darstellen und die meisten wie Otto sind. Erst in der Pubertät zieht er den Schluss, dass es sich umgekehrt verhält und sein Kindheitsidol ein Glücksfall war. Bei Ausflügen mit seinen Eltern sucht er die Gegend nach Gasthäusern ab, vor denen eine dieser lebensgroßen, bauchigen Kochfiguren steht, denn sie erinnern ihn an den Quartiersbetreiber in Niederösterreich.

Mittlerweile ist Otto ein älterer Herr und Ahmad erwachsen. Ab und zu schauen Tschetschenen, die er als Kinder mit seiner Freundlichkeit beeindruckte, bei ihm vorbei, um ihn mit traditionellen Gerichten aus ihrer alten Heimat zu bekochen oder ihm bei Erledigungen zu helfen, denn aus ihrer Sicht verdient ein guter Mensch wie Otto es nicht, in einem Altersheim zu landen. Das ist zwar nicht gerade die Hölle auf Erden, aber eben auch kein würdiger Platz für einen „Ehrenmann", findet Ahmad – und nicht nur er: „Wir Tschetschenen sehen das so".

Der Kleinstadt, dem gütigen Otto und seinem Tschetschenenquartier verdankt die Familie, dass sie in dem fremden Land halbwegs entspannt ankommt. Doch Ahmads Eltern reicht das natürlich nicht. Ihre beiden Älteren, eine Tochter und ein Sohn, Ahmad, ihr mittleres Kind, und ihr Jüngster sollen nicht bloß fern vom Krieg aufwachsen, sie sollen sich entfalten, ohne Angst, auf eine Mine zu treten oder von Vermummten abgeholt zu werden, sie sollen lernen, arbeiten, sich eine Existenz aufbauen und ihre Meinung äußern, ohne politisch verfolgt zu werden. Sie sollen, mit einem Wort, *frei* sein. Die Familie zieht nach Wien, wo es Jobs und Schulen gibt, in eine Stadt voller Gelegenheiten, unter denen allerdings nicht nur gute sein werden, wie sich im Laufe der Jahre herausstellen wird.

Der Neuanfang beginnt hoffnungsvoll. Im 20. Wiener Gemeindebezirk kommt Ahmad in die erste Klasse. Das Leben verläuft in geordneten Bahnen. Sein Vater arbeitet als Zusteller und ist von früh bis spät mit einem Lieferbus unterwegs, damit es der Familie an nichts fehlt. Ahmad ist ein neugieriger, sensibler und intelligenter Bub. In der Volksschule tut er sich trotzdem schwer. Er ist der einzige Flüchtlingsbub in einer Klasse mit lauter Kindern der zweiten und dritten Generation türkischer und ex-jugoslawischer Gastarbeiter. Sie schauen ihn schief an, und obwohl Ahmad noch kaum Deutsch spricht, versteht er trotzdem, wenn sie ihn verspotten: „Haha, schaut mal, was der anhat!"

Der Direktor und auch die Lehrerinnen hingegen mögen ihn. Manchmal gehen sie nach dem Unterricht den Stoff noch einmal mit ihm durch; sie wissen, dass sich seine Eltern keine Nachhilfe leisten können. Als der Direktor sich in die Pension verabschiedet, trauert Ahmad ihm nach, zumal seine Nachfolgerin recht streng blickt. Doch zu seinem Glück entpuppt sich die neue Schulleiterin als „noch netter". Immer wieder erkundigt sie sich bei dem tschetschenischen Buben, wie es ihm geht. Ahmad findet für das, was er hinter sich hat und in ihm nachhallt, noch kaum Worte: Der Krieg. Die Russen. Die Flucht.

Manchmal steckt sie ihm einen 10- oder 20-Euro-Schein zu, ohne dass die anderen Kinder es merken: „Kauf dir Süßigkeiten, bevor du nach Hause gehst. Den Rest gibst du deinen Eltern." Einmal ist es sogar ein Fünfziger. Ahmad begreift, dass der Direktorin klar ist, wie sehr seine Familie zu kämpfen hat. Sie sind zu sechst; nach Abzug der Miete bleiben monatlich 120 Euro.

Der positive Asylbescheid entspannt die Lage. Ahmads Eltern fällt nach all den Jahren des Wartens eine zentnerschwere Last von den Schultern. Sie beantragen Mindestsicherung. Der Vater findet Arbeit in einer Mineralwasser-Fabrik und legt jeden Monat etwas zur Seite, um sich mit dem Ersparten selbstständig zu machen. Gegen Ende der Volksschulzeit beginnt Ahmad, sich in der Klasse allmählich wohlzufühlen. Er kann sich mittlerweile gut ausdrücken und die anderen Kinder merken, dass man mit ihm auch

Ahmad (auf dem Roller rechts) mit Vater und jüngerem Bruder, 2005 in Wien
Foto: privat

spielen kann. Sein Vater eröffnet zwei Lebensmittelgeschäfte. Mit dem ersten Geld, das sie abwerfen und das nicht sofort für Anschaffungen draufgeht, kauft der Vater so viele „Anziehsachen" für Ahmad, dass der Bub noch lange davon zehrt.

Seine Lieblingsteile sind ein hellbrauner Pulli mit einem Bären auf der Brust, hellblaue Geox-Schuhe, die bei jedem Schritt aufleuchten, eine hellblaue Jeans und eine Polarbärenmütze mit Ohren. Ahmad ist zehn und überzeugt, dass das Leben nicht mehr besser werden kann. Den nächsten Tag kann er kaum erwarten. In der Früh zieht er die hellblaue Hose an, dazu eine ärmellose, neongrüne Jacke, die Geox-Schuhe und eine weiße Adidas-Kappe. Am liebsten würde er auch noch den Pulli und die Haube anziehen, aber dafür ist es zu warm. Ahmad malt sich aus, wie er als „der Krasseste" von allen hervorstechen wird. Tatsächlich prasseln die „Ohs" und „Wows" nur so auf ihn ein. Selbst die Lehrerinnen und Lehrer bewundern ihn. Wochenlang kombiniert der junge Tschetschene alle Teile aus seinem Kleiderschrank durch. Sein Lieblingsoutfit aber bleibt jenes vom ersten Tag, an dem der Überraschungseffekt für die überschwänglichsten Huldigungen sorgte.

Falsche Unterstellungen und Schulfrust

Nach der vierten Klasse wechselt Ahmad in die Hauptschule. Er bemerkt, dass Kinder, die lange nichts mit ihm zu tun haben wollten, nun um seine Anerkennung buhlen, und berauscht sich an dem Gefühl, respektiert und anerkannt zu werden. Sein Wort zählt. Nur bei den Lehrerinnen und Lehrern ist er nicht mehr so gut angeschrieben. Ahmad erklärt es sich damit, dass er begonnen hat, sich mit politischen, sozialen und kulturellen Fragen auseinanderzusetzen. Er liest Zeitungen, recherchiert im Internet, arbeitet in der Schule mit und ist nicht mehr bereit, alles nur nachzubeten. Er hat seinen eigenen Kopf.

Als seine Eltern an den Stadtrand ziehen, wechselt Ahmad wieder die Schule. Hier verschlechtern sich die Dinge rapide. Der neue Klassenvorstand ist eine Frau, die ihn nicht ausstehen kann. Bei der Vorbereitung eines Sportfests, an der vier Klassen beteiligt sind, kommen 200 Euro abhanden. Der erste Verdacht fällt auf ihn, Ahmad. Im Zimmer der Direktorin gehen mehrere Lehrerinnen und Lehrer auf den 13-Jährigen los. Jemand habe ihn gesehen. Man droht ihm mit der Polizei. Ahmad setzt sich zur Wehr. Vergeblich, man glaubt ihm nicht. Und dann fällt der Satz, der sich bei ihm einbrennt: „Wer soll es sonst gewesen sein?"

Der wahre Dieb fliegt kurze Zeit später auf. Ein Bursche aus seiner Klasse kann es sich nicht verkneifen, mit der Beute zu prahlen, und lädt ein paar Kinder zum Essen ein. Das wirft natürlich Fragen auf. Schließlich gibt der Bub zu, das Geld genommen zu haben. Niemand hält es für angemessen, sich bei Ahmad für die falschen Verdächtigungen zu entschuldigen. Er erzählt seinen Eltern von dem Vorfall. Sie geben ihm eine Lehre mit auf den Weg, die sie aus ihren Erfahrungen in Tschetschenien und der Geschichte gezogen haben und die sich bei ihm tief einprägt: „Ahmad,

Ahmad im Alter von 13 Jahren in der Großfeldsiedlung, Wien
Foto: privat

du musst damit klarkommen. Das haben wir den Russen zu verdanken, dass die Leute so schlecht über uns denken. Sie erzählen über Tschetschenen überall nur das Schlimmste."

Die Klasse fährt auf Sprachlernwoche nach England, er ist der Einzige, der nicht mitfahren darf. „Warum?", fragt Ahmad. Er sei noch nicht lange genug in der Schule, sagt die Klassenlehrerin. Ein Mädchen, das ein halbes Monat nach ihm kam, ist dabei. „Warum sie?", fragt er. Das habe ihn nicht zu interessieren. Einige Monate später gibt ihm die Deutschlehrerin eine mit „Sehr gut" benotete Schularbeit mit der Bemerkung zurück: „Na, da wird jemand wohl ziemlich geschummelt haben." Ahmad sitzt in der ersten Reihe, rechts, direkt vor der Lehrerin. Sie wendet sich der Klasse zu: „Leute, wer ist der Meinung, dass Ahmad geschummelt hat?" Bis auf Kevin, ein nigerianischer Bub, und Murat, ein Kind mit kurdischen Wurzeln, zeigen alle auf. Sie selbst hebt beide Arme hoch.

Ahmad fühlt sein Gesicht anschwellen. Bevor ihm die Tränen kommen, stürzt er mit zusammengezogenen Lippen aus dem Klassenzimmer. Kevin und Murat kommen ihm nach. Sie versuchen, ihn aufzurichten, wollen ihn trösten. Vergeblich. In Ahmad zerbricht etwas. „Ich ziehe einen Strich", denkt er. Noch einmal die Schule wechseln erscheint ihm aussichtslos, sich bis zum Ende durchbeißen unerträglich. Seine Eltern brachten ihm bei, Lehrerinnen und Lehrer wie Mütter und Väter zu achten. Daran hielt Ahmad sich bis dahin. Doch er ist nicht gewillt, Ungerechtigkeiten einzustecken. „Ich versuche mein Bestes, die Lehrerin aber scheißt mich nur zusammen und stempelt mich als Deppen ab." Der 13-Jährige fasst einen Entschluss: „Ich scheiße auf die Schule!"

Die folgenden Tage fährt er wie immer mit der U-Bahn, als ob er in die Schule wolle, steigt aber in Wien-Kagran aus, setzt sich in der Shoppingmall „Donau Zentrum" in eine ruhige Ecke und schaut am Handy stundenlang Filme an, bis der Unterricht aus ist und er nach Hause fahren kann. „Warum erzählst du nichts?", fragen die Eltern. Es kommt ihnen komisch vor, dass er sich über nichts mehr aufregt, auch nicht mit seinen Noten prahlt. „Habt ihr keine Tests mehr?" – „Nein, wir haben alles abgeschlossen, die Noten stehen fest", lügt er. Ein halbes Jahr später wird er in Untersuchungshaft landen.

Erst bleibt er dem Unterricht fallweise fern. Dann immer öfter. Als er sich mehrere Wochen lang nicht mehr in der Klasse blicken lässt, stellt er fest, dass seiner Lehrerin seine Abwesenheit nicht viel auszumachen scheint. Zwar droht sie mehrfach, seine Eltern anzurufen und ihnen Briefe zu schreiben. Doch zu Hause kommt davon nie etwas an. Das erleichtert es dem 13-Jährigen, seinen Eltern vorzugaukeln, dass er sich zwar in einem schwierigen Alter befinde, aber sonst alles „normal" sei. Im Donau Zentrum kommen Ältere auf ihn zu. „Was machst du da?", fragen sie. Er warte auf einen Freund, macht Ahmad ihnen vor, damit es nicht so peinlich ist. „Bist du Tschetschene?", wollen sie wissen. Er könne seinen Freund mitnehmen, wenn er auftauche. „Willst du mit uns chillen?" Sein neuer Freundeskreis ist ziemlich durchmischt, zwei, drei österreichischstämmige Jugendliche sind darunter, ein Mädchen, zwei Jungs, außerdem ein Tunesier, ein Italiener und zwei Tschetschenen, die so wie er „keinen Bock auf Schule" haben. Jeden Tag kommen weitere Schulschwänzer dazu.

An winterlichen Tagen laufen sie durch das Einkaufszentrum oder hängen bei den Notausgängen herum. Wenn es wärmer ist, treffen sie einander auf der Donauinsel, legen sich mit Chips und

Energydrinks ins Gras und verdösen die Stunden. Ab und zu springt jemand ins Wasser. Meldet sich das schlechte Gewissen, muss Ahmad nur an seine Lehrerin mit ihrer scheußlichen 80er-Jahre-Frisur denken, und daran, wie sie ihn vor der Klasse zusammenstaucht, schon ist er wieder total im „Scheiß drauf! Ich schwänze weiter!“-Modus. Was ist aus dem Buben mit dem Bärenpulli geworden?

Eine Körperverletzung als Mutprobe

Anfangs ist Ahmad mit Gleichaltrigen unterwegs. Doch je länger er sich draußen herumtreibt, desto älter und zwielichtiger werden seine Weggefährten. Schließlich erlegen sie ihm, dem Jüngsten in der Runde, eine Feuerprobe auf. Er soll zwei Burschen, die zwei, drei Jahre älter sind als er und im Käfig im Park Fußball spielen, „eine auf die Schnauze geben“. Ahmad schlägt die beiden zusammen. Die Anstifter sind beeindruckt. Er selbst liegt in der darauffolgenden Nacht wach im Bett und fragt sich, wie es so weit habe kommen können. Ausgerechnet er, von dem es immer geheißen hat, dass er ein gutes Herz hat und keiner Fliege etwas zuleide tun kann – ein Schläger? „Das bin doch nicht ich“, sagt er sich.

Die „Mutprobe“ ist der Anfang, so etwas wie seine Aufnahmeprüfung in die Kriminalität, und sie bleibt vorerst sein gut gehütetes Geheimnis. Erst als er auf der schiefen Bahn abwärts schlingert und im Gefängnis landet, wird er seinen Eltern einen Großteil seiner Taten gestehen und erzählen, wie alles begonnen hat, damals als 13-Jähriger mit seinen Freunden im Park. Sollte er eines Tages aus dem Hinterhalt angegriffen werden oder die Polizei an der Türe läuten und nach ihm fragen, sollten sie wenigstens Bescheid wissen. So werden seine Überlegungen sein. Und noch viel später wird er – für sich – resümieren, dass er, wenn er ehrlich ist, für vieles, das er angestellt hat, sich nie vor einem Strafgericht verantworten musste.

Die Sorge von Ahmads Vater, dass sein Sohn wegdriftet, wird immer größer, aber jedes Mal, wenn er ihn sich vorknöpft, macht Ahmad zu. Der Vater droht, er werde nicht zulassen, dass seine Kinder Mist bauen. Die Mutter habe unter den Folgen der giftigen Gase und der Bombardierungen in Tschetschenien genug gelitten und schwere gesundheitliche Schäden vom Krieg und von der Flucht davongetragen. Kinder, die ihr Kummer bereiten und sie ins Grab bringen, brauche er nicht. „Ich brauche Kinder, die für sich sorgen und für ihre Mitmenschen eine Hilfe sind", sagt der Vater.

Ahmad trägt sich mit dem Gedanken, reinen Tisch zu machen und seinem Vater zu gestehen, dass er zwei 16-Jährige zusammengeschlagen hat. Er will ihm sagen, wie leid ihm das tut und dass es nicht mehr vorkommt. Die Freunde, mit denen er sich diesbezüglich bespricht, sind dagegen: „Geh, scheiß auf die Eltern! Die verbieten dir alles! Mach einfach, was du willst. Am Ende werden sie dir sowieso verzeihen." Ahmad ist unschlüssig, sucht einen Mittelweg, überlegt, die halbe Wahrheit zu sagen, und beschließt nach einigem Hin und Her: „Ich stehe meinen Mann und erzähle es."

Zu seiner Überraschung reagiert der Vater milde, lobt Ahmads Mut, den Fehler einzuräumen, und erklärt, dass die Sache anders aussähe, wären ihm seine Untaten von anderen Leuten zugetragen worden: „Versprich mir nur eines: Das kommt nicht wieder vor." – „Ist okay, ich halte mich daran", sagt Ahmad. Dann setzt der Vater zu einer Rede an: „Du weißt, wo wir herkommen und weshalb wir geflüchtet sind. Du darfst nie so werden wie die Menschen, die uns so viel Schlimmes angetan haben, indem du Leute zusammenschlägst, um deinen Mut zu beweisen oder dich zu befriedigen. Und was sollte es dir bringen? Irgendwann kommst du ins Gefängnis und dein ganzes Leben ist zerstört." Und, „ehrlich, wenn es das ist, was du vorhast, sorge ich dafür, dass du nach Tschetschenien zurückfahren kannst. Du bist in Österreich, um in Frieden zu leben, zu arbeiten oder zu studieren. Wenn sich das mit deinen Zielen nicht deckt, sondern du kriminell werden willst, kannst du nach Tschetschenien zurückgehen – und dir auch gleich einen anderen Nachnamen suchen."

Den Vater zu enttäuschen oder der Mutter zu schaden, ist das Letzte, das Ahmad will. Davon abgesehen findet er, dass der Typ, der im Park Jugendliche, die zufällig im Fußballkäfig spielen, zusammenschlägt, „arg nicht zu mir passt“. Seine neuen Freunde wollen um jeden Preis „Geld machen“; er hingegen will sich zusammenreißen. Er beginnt, Zeitungen zu lesen, sucht auf Youtube Videos, die ihm erklären, was in der Welt abgeht, und hört den Älteren beim Politisieren zu. Irgendwann will er mitreden können. Sein Hunger nach Verstehen ist groß. Doch seine guten Vorsätze halten nicht lange.

In den Augen seiner neuen Freunde hat Ahmad das Zeug zum Alphatier, seit er die beiden älteren Burschen verprügelt hat. Der junge Tschetschene steht vor seinem 14. Geburtstag. Er ist nun jemand und beginnt mit Kampfsport und Thaiboxen, um gesund zu bleiben, wie er sich einredet, um sich verteidigen zu können, wenn es hart auf hart kommt, jedenfalls nicht, um Leute zu überfallen. Im Mixed-Martial-Arts-Club ist er ebenfalls der Jüngste. Er trainiert zwei bis drei Stunden am Tag und härter als alle anderen, um es bei den Sparrings mit den Älteren aufzunehmen. Auf der Straße stumpft er mit jedem Tag ein Stück weiter ab. Ahmad verhärtet.

Als der Vater später erfährt, dass aus seinem Buben ein Bandenmitglied geworden ist, das Menschen überfällt und ausraubt, wird er darüber „so schockiert sein, wie noch nie in seinem Leben“. Er wird sich vorwerfen, das Aufwachsen seines mittleren Sohnes auf die leichte Schulter genommen zu haben. Doch der Gedanke, er könnte etwas Illegales tun, erschien zu abwegig. Die Kinder hatten doch alles, was sie brauchten, Essen, Trinken, Gewand. Im Gegensatz zu anderen bekamen sie auch Taschengeld. Noch einmal zwei Jahre wird es dauern, bis der Vater das Ausmaß der Katastrophe erfasst. Ahmad wird in die Fänge der IS-Propagandisten geraten sein, und er, der Vater, der meinte, Ahmad besser zu kennen als irgendwer sonst, wird es erst mitbekommen, als es fast zu spät ist.

Erste unfreundliche Begegnungen mit der Polizei

Streifenbeamte werden auf die Schulschwänzer aufmerksam. Es vergeht kaum ein Tag, an dem Ahmad seinen Ausweis nicht herzeigen muss.

„Was macht ihr schon wieder hier?"

„Wir machen nichts, dürfen wir nicht hier sein?"

„Na, wen habt ihr ausgeraubt?"

„Wen sollen wir ausgeraubt haben?"

„Seid ihr Tschetschenen oder nicht?"

„Ja, sind wir."

„Also, wen habt ihr ausgeraubt?"

Ahmads Landsleute pauschal als gewalttätig hinzustellen, ist nicht nur in der Polizei, sondern auch in weiten Teilen der Bevölkerung zu dieser Zeit bereits salonfähig geworden, was sich nicht zuletzt den menschenverachtenden Kampagnen Jörg Haiders (FPÖ, später BZÖ, von 1999 bis zu seinem Tod im Oktober 2008 Landeshauptmann von Kärnten) verdankt, der die Bevölkerung in offenen Briefen aufforderte, „problematische Asylwerber" bei einer eigens eingerichteten Hotline zu melden, angebliche Kriminelle mit Bussen abtransportieren ließ und im Wahlkampf versprach: „Kärnten wird tschetschenenfrei." Seit damals ist in Medien von Tschetschenen fast ausschließlich dann die Rede, wenn einer von ihnen jemanden niedersticht, wenn Tschetschenen sich mit Afghanen prügeln oder ein tschetschenischer Familienvater seine kleine Tochter aus dem Fenster wirft. Nie hört, sieht oder liest man etwas Gutes. Das Bergvolk gilt als ungestüm, tschetschenische Flüchtlinge sind schlecht beleumundet.

Für den mittlerweile 14-jährigen Ahmad, der sich einen ersten Bart stehen lässt und mit Cargohosen und schwarzen, engen T-Shirts, die seinen durchtrainierten Oberkörper zur Geltung zu bringen, zusehends martialisch auftritt, ist das fast ein Auftrag. Der nette Junge ist nun hauptsächlich nicht mehr nett. Jede Begegnung mit Polizisten ist von wechselseitiger Unfreundlichkeit geprägt: „Halt's Maul!", sagen Ahmad und seine Freunde. Oder:

„Bist ein Wappler!“ Die Beamten fixieren sie, drücken sie an die Wand, verpassen ihnen Faustschläge.

Ahmad fühlt sich vom Leben in die Mangel genommen. Geht er in die Schule, machen ihn Lehrerinnen „die ganze Zeit blöd an“; bleibt er dem Unterricht fern, will er sein Leben „draußen in Ruhe genießen“, stellen ihm die „Drecksbullen“ nach und behandeln ihn wie einen Kriminellen. Die Jugendlichen ziehen daraus den aus ihrer Sicht logischen Schluss und beginnen, auf Autos einzudreschen, Geschäftsvitrinen einzuschlagen und U-Bahn-Stationen zu beschädigen, alles nur, „damit die Polizei die ganze Zeit herumlaufen muss und sich ärgert“.

Im Machtrausch: Pistolen und Raubüberfälle

Bald reichen den Burschen Vandalenakte und Sachbeschädigungen nicht mehr. Sie beginnen mit Raubüberfällen, und Ahmad ist mittendrin. Geld spielt keine Rolle mehr, man besorgt es sich, wann immer einem danach ist. Die Gier ist kaum zu stillen. Immer tiefer gerät Ahmad in einen delinquenten Sog. „Wie ein Junkie“, wird er rückblickend sagen. Manchmal geht er mit Kumpels auf Jagd. Es kann jeden treffen, der des Weges kommt und aussieht, als könnte er Geld haben. Nur weibliche Opfer sind tabu, darauf verständigen sich die „kleinkriminellen Pisser“ (Ahmad über seine frühere Bande), und daran halten sie sich, egal, wie sie gerade drauf sind.

Burschen und Männern nehmen sie Geld, Handys und Bankomatkarten weg. Meistens müssen sie ihnen gar nicht weh tun, weil die Opfer angesichts der Schreckschusspistolen, die laut knallen und ziemlich echt aussehen, freiwillig alle Habseligkeiten hergeben. Einmal, kurz nach Silvester, zieht Ahmad mit einem Österreicher und einem Somalier los, um Studenten, die in Wien-Meidling Party machen, auszurauben. Sie maskieren sich mit Skihauben, die sie zuvor in der Lugner-City gekauft haben und rechnen damit, mindestens tausend Euro zu „machen“, vielleicht mehr. Der erste Passant, den sie überfallen, ist ein Anwalt, der neben viel Bargeld auch eine teure Uhr bei sich hat. Der Mann wehrt sich. Als die Jugendlichen ihn mit der Pistole in der Hand auffordern, den Aktenkoffer auf den Boden zu stellen und seine Taschen zu leeren, rät er ihnen, keinen Blödsinn zu machen: „Schleicht's euch, Kinder. Ich sehe doch, dass die Waffe nicht echt ist. Bitte, geht einfach weg. Das ist besser für euch." Erst als Ahmad zweimal in die Luft schießt, gibt er klein bei: „Okay, okay, alles gut, ich mache, was ihr wollt." Am Ende bleiben von dem nächtlichen Raubzug 6 500 Euro übrig, für die Uhr allein kassieren die Burschen später 3 500 Euro.

Ab nun gibt es kein Halten mehr. Anfangs sorgt das Geld für den Kick. „Verdammt, mit dieser Scheiße können wir richtig viel verdienen", sagen die Burschen. Im Laufe der Zeit werden die Raubüberfälle jedoch zu einer Art Selbstzweck. Es geht nur mehr darum, anderen etwas wegzunehmen, sie zum Opfer zu machen. Die Gewalt entwickelt sich zur Droge, von der Ahmad nicht mehr lassen kann. Jugendlichen, die davor sind, in die Kriminalität zu kippen, wird er später aus eigener Erfahrung schildern, wie schwer es ist, wieder herauszukommen, wenn nicht ein Wunder geschieht. Noch hält er die Pistole, das Stück Metall in seiner Hand, für einen Teil von sich, fühlt sich mit seinen 14 Jahren überlegen und mächtig, wenn er andere unterdrückt, zumal wenn sie kräftiger und älter sind als er.

Nun fangen die kleinkriminellen Pisser an, sich lose zu organisieren. Sie teilen sich auf, streichen in Dreiergruppen um die Häuser und machen die Donauinsel unsicher. Ahmad, immer noch einer der Jüngsten, steigt zur rechten Hand des Anführers auf. Ist der Capo gerade nicht abkömmlich, hat er das Sagen. Man hört auf Ahmads Wort, so wie auch später, als er auf der „anderen, der besseren Seite" landet und migrantische Jugendliche bei ihm Rat wie bei einem älteren Bruder suchen, egal, ob es um die Schule, die Eltern, Beziehungen, Geldsorgen oder Probleme mit der Polizei geht.

Nicht einmal ein Jahr währt der kriminelle Rausch. Der junge Tschetschene fühlt sich wie ein König. Bis die Polizei die Bande ins Visier nimmt. Eine Woche lang ist Ahmad draußen unterwegs, dann sitzt er für ein paar Tage normal in der Klasse, um danach wieder mit der Waffe und der Skihaube loszuziehen. Die Bandenmitglieder prassen mit Bündeln von Euro-Scheinen. Einmal lädt Ahmad fünf aus seiner Klasse im Buffet ein. Ein Lehrer beobachtet ihn dabei, wie er Fünfziger- und Hunderter-Noten aus seiner Tasche zieht und klopft ihm von hinten auf die Schulter.

„Was ist das in deiner Hand?"

„Das Geld, das Sie nicht einmal in einem ganzen Jahr verdienen."

„Woher hast du das?"

„Das hat Sie nicht zu interessieren!"

„Ich werde deine Eltern informieren!"

„Sie können gern meinen Urgroßvater im Grab anrufen."

In der Schule ist Ahmad nicht wiederzuerkennen. Die Schulsozialarbeiterin will mit ihm reden; der junge Tschetschene zeigt ihr die kalte Schulter: „Ihr Pädagogen seid alle die gleichen Arschlöcher." Was bloß mit ihm los sei, fragt sie. „Ich will mit euch nichts zu tun haben, lasst mich in Ruhe. Ich erfülle meine Anwesenheitspflicht in der Schule, dann verpisse ich mich." Hausaufgaben lässt er von einer Klassenkollegin erledigen, der er 20 Euro dafür in die Hand drückt. Was immer Lehrer versuchen, um ihn wieder an Bord zu holen, prallt an ihm ab. Er hat nur mehr Verachtung für sie übrig.

Manchmal schützt der 14-Jährige Bauchweh vor, um bei Ausflügen nicht dabei sein zu müssen. Die Mutter drängt ihn, in die Schule zu gehen. Er pocht darauf, dass es ihm schlecht geht, und bleibt zu Hause. Er funktioniert wie ein Roboter. Wenn der Vater zu ihm durchzudringen versucht: „Ahmad, setz dich mal hin. Ist irgendetwas?", fragt er zurück: „Warum denkt ihr das?" – „Deine Mutter fühlt etwas. Was ist los?" – „Nein, es ist wirklich nichts. Ihr könnt in der Schule anrufen und nachfragen." Ahmad rechnet sich aus, dass sie nicht nachforschen werden. Er liegt richtig. „Wir glauben dir, du hast uns noch nie angelogen, wir müssen das nicht nachprüfen. Wir wissen, dass du uns sagst, wenn etwas ist, bevor wir es von jemand anderem erfahren." – „Ganz genau, wenn ihr das eh wisst, warum stresst ihr euch unnötig?"

Ahmad weiß, wie gut seine Mutter ihre Kinder kennt, wie sehr sie sich auf ihren Instinkt verlassen kann, und dass sein Vater

„diesen sauberen Durchblick“ hat, was Menschen im Allgemeinen und ihn, den mittleren Sohn, im Besonderen angeht. „Ahmad, es ist was los, ich weiß es“, sagt der Vater immer wieder. Und er: „Nein, es ist nichts.“ Was ahnen sie von seiner Traurigkeit? Seiner Wut, die erst nachlässt, wenn er sie an jemanden auslässt, wenn Unschuldige dafür büßen? Es gelingt Ahmad, ihre Sorgen für eine Weile zu zerstreuen, bevor sie nach ein, zwei Wochen erneut nachzufragen beginnen. Zumindest denkt er das. Was er damals nicht ansatzweise erfasst, ist, wie groß ihre Angst um ihn ist, und das hat auch mit den epileptischen Anfällen zu tun, die sich häufen, sobald er unter Druck steht.

Der Geruch in der Nase und der Pfeil im Kopf

Anfangs, mit neun, hat Ahmad nur „diesen Geruch“ in der Nase. Gleich darauf sieht er doppelt und fällt zu Boden. Die Ärzte sind ratlos. Mit elf, zwölf Jahren werden seine Anfälle stärker. Erst kommt immer „dieser Geruch“, der im Raum blieb, damals, als die schwarz Vermummten weg waren und sein Onkel tot in seinem Blut lag. Dann wird es für Ahmad schwarz. Aus der Finsternis taucht ein Bild auf. Er steht mit am Rücken gefesselten Händen an einem Baum, Auge in Auge mit jemandem, der zehn Meter von ihm entfernt einen Bogen spannt und ihm einen Pfeil in den Kopf schießt. Währenddessen spuckt Ahmad um sich und stampft mit den Beinen auf.

Auf der Kopfschmerzambulanz im Spital kann man damit nichts anfangen. Die Eltern klappern Ärzte ab. Niemand kann helfen. Die vermutete Diagnose lautet Epilepsie. Ahmads Mutter ist überzeugt, dass ihr Sohn versucht, durch das Stampfen den Schmerz loszuwerden. „Du musst die Angst überwinden“, sagt sie, „versuche, das Bild aus deinem Kopf zu entfernen“. Der junge Tschetschene findet ein Handyspiel, in dem „sein“ Bild eins zu eins vorkommt. Ein Typ wird an die Wand gestellt, auf seinem Kopf liegt ein Apfel, den man mit einem Pfeil treffen muss. Ahmad weiß nicht, dass dieses Spiel Anleihen bei der Geschichte des Freiheitskämpfers Wilhelm Tell nimmt, der Anfang des 14. Jahrhunderts lebte und als Schweizer Nationalheld gilt. Der Legende nach zwang der Landvogt den aufmüpfigen Untertanen Wilhelm Tell, einen Apfel vom Kopf seines Sohnes zu schießen. Ahmad verbringt mehrere Stunden mit dem Handyspiel, bis er keine Angst mehr vor dem Bild hat. Tatsächlich taucht es irgendwann nicht mehr auf.

Als er 14 ist, werden die Anfälle seltener. Sie reduzieren sich auf ein-, zweimal im Monat. In der Untersuchungshaft, in der er 2014 landet, kehren sie schlimmer und häufiger zurück als je zuvor. Wieder reibt Ahmad sich das Gesicht und spuckt, doch in seinem Kopf geistert ein neues Bild herum. Er sieht jemanden, der sich aus einer Art Kuppel freikämpfen möchte. Er kann nicht genau sagen, ob er selbst das ist. Bei den Ärzten herrscht weiter Ratlosigkeit. Die Eltern versuchen, Stress von ihrem Sohn fernzuhalten, so gut es geht.

Vergeblich. Der Stress hält Ahmad noch lange in seinen Fängen, und die epileptischen Anfälle ändern erneut ihre Gestalt. Seine Freunde sind eingeweiht, sie wissen, was im Ernstfall zu tun ist. An seinem 22. Geburtstag überwirft sich Ahmad mit einem Landsmann. Die beiden vereinbaren ein persönliches Treffen, um ihre Unstimmigkeit auszuräumen. Doch der Streit lodert hoch, der Tschetschene, ein geübter Boxer, holt aus, schlägt Ahmad mit der Faust ins Gesicht und trifft mit einem kantigen Wolfsring sein Auge, worauf der junge Tschetschene die Kontrolle verliert und so lange auf den Angreifer eintritt, bis ihn Umstehende wegziehen.

So seltsam es klingt, der brutale Faustschlag erweist sich als immenses Glück. Ahmads verletztes Auge wird im Spital versorgt; eine Magnetresonanztomographie wird veranlasst. Der Arzt, der die Bilder befundet, entdeckt zwei verschobene Knochenstücke im Hinterkopf, die aus seiner Sicht keinen Grund zur Besorgnis darstellen. Es vergehen Monate, Ahmads Bruder heiratet, und irgendwann erzählt er seiner Schwägerin, die im Spital arbeitet, von den verschobenen Knochenstücken. Sie zeigt die MRT-Bilder einem Neurologen. „Das sind keine Knochen, das sind zwei Venen, die sich verheddert haben“, sagt er, „und wahrscheinlich lösen sie die Anfälle aus.“

Im Dezember 2022 werden die Venen operativ voneinander getrennt. Die Anfälle, die Ahmad so lange gequält haben, sind Geschichte.

Auf der schiefen Bahn

Zurück zur kleinkriminellen Karriere des jungen Schulschwänzers. Der 14-jährige Ahmad und seine Freunde überlegen fieberhaft, wie sie an Geld kommen. Eine Idee wird geboren. Man will eine Gang gründen, vor der alle Angst haben. „Liberté“ soll sie heißen, französisch für Freiheit. Ahmad zählt zum Kernteam, das die nächsten Coups plant, über Racheaktionen beratschlagt, wenn jemand aus der Gang angegriffen oder beleidigt wird, und über mögliche neue Mitglieder befindet. Anwärter werden nicht nur ausspioniert, um herauszufinden, ob sie loyal sind, sondern von mehreren zusammengeschlagen und getreten, um zu testen, wie viel Schmerzen sie ertragen.

Bevorzugt nehmen die Burschen Wiener „Tschuckseln“ als Raubopfer ins Visier, Gymnasiasten, von denen Ahmad und seine Freunde meinen, dass man ihnen alles wegnehmen kann und sie immer noch genug haben oder es von ihren Eltern am nächsten Tag ohnedies ersetzt bekommen. Und weil es nicht einfach ist, jemandem Gewalt anzutun, legt man sich Geschichten zurecht, die das eigene Verhalten rechtfertigen: Das sind Gestopfte, die spüren das gar nicht. Oder Ungläubige, die haben es nicht anders verdient. Das Leben ist ungerecht, eigentlich holen wir uns das, was uns zusteht.

Mit jedem Überfall, mit jedem Raub stumpfen die Jugendlichen ein Stück mehr ab. Bald geben sie sich mit Kleinscheiß nicht mehr ab. Die Bandenmitglieder kennen Leute vom Balkan, die Waffen aus Bosnien und Serbien heranschaffen und in einer Wohnung in Wien-Ottakring bunkern. Für eine normale, scharfe 9-Millimeter-Pistole sind am Schwarzmarkt 2 000 bis 3 000 Euro bar auf die Hand zu bekommen; für eine Kalaschnikow 10 000

Euro und mehr. Außerdem bewaffnen sie sich mit Sturmgewehren, um Schutzgeld zu erpressen. Lokalbesitzer werden vor die Wahl gestellt, ein paar Tausend Euro im Monat zu entrichten oder sich gröbere Probleme einzuhandeln. Einige Bars und Restaurants sperren zu.

Fabian Reicher, ein gebürtiger Salzburger, ist seit einigen Jahren für die mobile Jugendarbeit „Back Bone“ als Streetworker in Wien-Brigittenau unterwegs. Zu dieser Zeit beobachtet der Jugendsozialarbeiter, wie nach Erfolg und Status strebende „Migra-Kids“ den Verlockungen des schnellen Reichtums erliegen. Wenn sie am Arbeitsmarkt nicht reüssieren oder der Weg zu Ansehen und Wohlstand zu anstrengend ist, zweigen sie in die Kriminalität ab, indem sie beginnen, Jüngere und Mitschüler auszurauben. Das steigert sich mitunter bis zum Straßenraub, Drogenverkauf oder Schutzgelderpressen. Es geht ums Geld, aber nicht nur. Andere werden erniedrigt, um sich selbst zu erhöhen. Ahmad und seine Bandenfreunde kommen in der Woche auf mehrere Tausend Euro und beschönigen ihre Taten vor sich selbst damit, dass sie die eigentlichen Opfer seien.

Über die schlimmste Zeit der Delinquenz, in der Ahmad Liberté entwächst, spricht er unter Aussparung einiger schrecklicher Details. Einmal sollen bei einem Lokalbesitzer 56 000 Euro „Schulden“ eingetrieben werden. Der Mann flüchtet aus Wien, wird von Handlagern in Linz aufgestöbert und in einem Keller festgehalten, bis seine bewaffneten Peiniger vor Ort sind. Einer hat eine Machete dabei und droht, die Eichel des zu Tode verängstigen Mannes abzuschneiden, sollte dieser nicht innerhalb von zwei Stunden den verlangten Betrag herbeischaffen. „Da bin ich nicht dabei!“, sagt Ahmad. Ein paar Faustschläge, Geld wegnehmen, das gehört für ihn inzwischen zum kriminellen Geschäft; jemandem Geschlechtsteile abzutrennen, ist über der roten Linie. „Dann müsst ihr zuerst mir etwas abschneiden“, sagt er zu seinen Kumpels. Sie lenken ein. Das Opfer, ein älterer Mann, der einige Shisha-Bars und Restaurants besitzt, erhält ein paar Stunden Aufschub: „Aber wenn du zu den Bullen gehst, wird das, was heute nicht passiert, passieren.“

Einige Jahre später läuft Ahmad dem Mann über den Weg.

Sie kommen über „damals“ ins Gespräch. „Der Grund, warum ich nicht zur Polizei ging, warst mehr oder weniger du“, behauptet der Gastronom, der selbst ein wenig „Dreck am Stecken“ hatte, wie Ahmad es ausdrückt. Spätestens in dem Keller in Linz war dem Mann klar geworden, dass er nirgends sicher ist, bevor er seine „Schulden“ beglichen hat; und er hat sich an Ahmads seinerzeitige Zusicherung gehalten, danach in Ruhe gelassen zu werden.

Die meisten von Ahmads früheren „Dudes“ sind inzwischen im Gefängnis oder wurden abgeschoben. Einer kratzte die Kurve, studierte und wurde beruflich erfolgreich. Ahmad selbst wird im April 2014 in Untersuchungshaft landen, nicht für Taten, die er sich zuschulden kommen hat lassen, sondern für einen Raub, an dem er nicht beteiligt war. Er wird zu diesem Zeitpunkt immer noch 14 Jahre alt und der jüngste U-Häftling in Österreich sein. Nach sieben Monaten Gefangenschaft, die sein weiteres Leben extrem prägen werden, wird ein Gericht ihn freisprechen.

Wut. Wut. Wut

Die Liberté-Bande treibt sich vor allem im 20. Wiener Gemeindebezirk herum. Sie ist nicht die einzige Jugendgang, auch „Terror 20“ ist hier aktiv. Beide bleiben – anders als die berüchtigte „Goldenberg“-Bande, die unaufhörlich an ihrem Ruf arbeitet, die schlimmste zu sein – eher unter dem medialen Radar. Die Gruppe mit der jüdisch klingenden Bezeichnung besteht aus vier, fünf Profiboxern und einigen Laufburschen. Angeführt wird sie von einem gebürtigen Tschetschenen, der sich „Max Goldenberg“ rufen lässt und den Namen der von ihm kreierten Figur später sogar in seinen Pass eintragen lassen wird. Er wird ordentlich Geld abwerfen, denn Oligarchen werden diese „krassen Typen“ ihren Töchtern gerne als Personenschützer zur Seite stellen. Ahmad und seine Freunde halten sich vom Goldenberg-Kosmos indes fern. Aus ihrer Sicht gehen Schein und Sein nicht zusammen: „Die schreien am lautesten und nehmen jeden Versager.“

Den Liberté-Mitgliedern ist öffentliche Aufmerksamkeit eher zuwider; schließlich stammen einige von ihnen aus Elternhäusern, die in der Community hoch angesehen sind. Was die Gruppierungen verbindet: Alle gefallen sich in der idealisierten Rolle selbst ernannter Rächer der Enterbten, die reichen Arschlöchern etwas von ihrem Überfluss wegnehmen, um damit jene zu beglücken, die im Leben zu kurz kommen. So mancher von Ahmads Kumpeln verübt seine ersten Überfälle, um jüngeren Geschwistern Süßigkeiten und Gewand zu checken, damit sie in der Schule nicht verspottet werden. Auch Ahmad und seine Freunde wollen anfänglich nicht „die Brutalsten sein und viel Geld machen", sondern „auch einmal von der Süße des Reichtums und der Macht kosten". Manchmal lassen sie sich mit Bündeln von Hundertern und Zweihundertern in Wiener Parks blicken, um Jugendlichen, die ein paar Hundert Euro Strafe bekommen haben, aus der Patsche zu helfen.

Von der international und vor allem im Ölhandel operierenden Schwerkriminalität, die im Windschatten der Tschetschenienkriege auflebt – wie die amerikanisch-russische Reporterin und Menschenrechts-Aktivistin Anna Politkowskaja in ihrem Buch „Tschetschenien. Die Wahrheit über den Krieg" (erschienen 2003) nachzeichnet – bekommen die Jugendsozialarbeiter höchstens ein schwaches Echo mit. Was ihnen ins Auge sticht, sind kulturelle und soziale Muster. So waren etwa viele der Afghanen, die sie ab 2015 vermehrt auf der Straße treffen werden, nur bis zum Alter von 10 Jahren in der Schule, dafür jahrelang auf der Flucht, auf sich allein gestellt, oft schwerer Gewalt, Ausbeutung und Missbrauch ausgesetzt. Entsprechend verroht werden sie in Europa landen. Auf dem Weg werden sie vor allem eines gelernt haben – um jeden Preis zu überleben. Die jungen Tschetschenen hingegen flüchteten mit ihrer Familie und stehen in der Diaspora unter starker Beobachtung der gesamten Community. Drogen zu verkaufen, gilt in ihrer Welt als so ziemlich das Letzte. Auch Ahmad lässt davon die Finger.

Er hat seinen eigenen, subkulturellen Kompass, demzufolge man vor Tschetschenen auf der Hut sein muss, denn sie halten zusammen wie Pech und Schwefel. Wenn einem von ihnen etwas passiert, wird er von starken Burschen und Männern, die sich aufs Kämpfen verstehen, gerächt. Vor Afghanen wiederum gelte es sich in Acht zu nehmen, weil sie hinterhältig sind und nicht davor zurückschrecken, zu Hundert Mann anzurücken, um jemanden abzustechen.

Für das junge, kriminelle Milieu, in dem er sich bewegt, gilt der französische Rap als Bezugspunkt, denn er transportiert jene aus den Banlieues befeuerte Wut, die im 14-jährigen Tschetschenen in Wien ebenso brodelt. Wut auf die Schule. Wut darauf, auf der Straße gelandet zu sein. Wut auf die Polizei, die ihn ständig kontrolliert. Nicht zu reden von jener Wut, die für die Jugendlichen unaussprechlich ist. Die Wut auf den Krieg in den Herkunftsländern. Die Wut auf ihre Eltern, die ihn verloren. Die Wut darüber, an diesem Ort gelandet zu sein, weit weg von der Heimat, wo man einen Platz hätte, eine angestammte Rolle, eine Zukunft. Was soll man hier, als Muslim, an diesem noch dazu gottlosen Ort? Genau hier wird die Terrormiliz IS ansetzen.

Wut. Wut. Wut. Wo soll sie hin? Die Burschen gehen wegen Kleinigkeiten aufeinander los, dabei wollen sie eigentlich gar nicht schlagen. Die Gruppe beschließt, die Wut nach außen zu richten. Gegen andere. Vermeintlich nach oben. Sie erfinden sich die Mär von den privilegierten, weißen „Tschuckseln", damit sie über andere herfallen und sich dabei wie Robin Hoods vorkommen können. Diese Heldenfigur gibt es in zahlreichen Kulturen. In der tschetschenischen Überlieferung fällt diese Rolle Abrek Zelimkhan (1872–1913) zu, einem geächteten Gesetzlosen, der gegen russische Unterdrückung kämpfte und das bei spektakulären Überfällen auf Banken und Eisenbahnen erbeutete Geld an Arme verteilte. Der enge Liberté-Kreis, zu dem Ahmad gehört, beginnt mit vier, fünf Leuten und weitet sich im Laufe der Zeit auf zwanzig Tschetschenen, Türken, Serben, Bosnier, Afghanen und Kurden aus. Die Mitglieder stammen aus vom Krieg verrohten Herkunftsmilieus, in denen Waffen als normal gelten. Auch die Rap-Idole in den Videos sind mit Pistolen und Messern schnell zur Hand.

Als der Kopf im Gefängnis landet, soll mit Ahmad einer der Jüngsten nachrücken. Er lehnt ab. Schließlich fällt die Wahl auf einen um zwei Jahre älteren Tschetschenen, einen der Protagonisten der 2016 gedrehten ORF-Doku „Kampf im Park", der später, im Gefängnis, kurz Ahmads Zellengenosse sein wird. Medien spielen in der kriminellen Laufbahn der Burschen eine unfreiwillig hilfreiche Rolle, denn das Beste, das ihnen in ihrer „Gangsta"-Welt passieren kann, ist, das eigene Fahndungsfoto in Boulevardmedien abgedruckt zu sehen.

Wie Trophäen halten sie Jugendsozialarbeitern Titelseiten unter die Nase, auf denen „Tschetschenenbande" oder „Jugendgang" steht. Im Februar 2016 vermeldet die Tageszeitung „Die Presse" über eine „extrem gewaltbereite Gruppe von Tschetschenen", allesamt durchtrainierte Kampfsportler, die sich als Sittenwächter aufspielen, um exzessive Gewalt auszuüben: „Sie schlagen ohne Vorwarnung zu, tragen Pistolen und Messer", und: „Sogar die Polizei fürchtet sich vor ihnen." Burschen, die zuvor in Wien-Brigittenau ein Polizeiauto zertrümmerten, feiern diesen Satz wie ihren größten Erfolg. Wenn die staatliche Gewalt schon vor ihnen zittert, sind sie in ihrer Welt am Zenit. Streetworker hadern mit medialer Zuspitzung am Rande des Ausnahmezustands, die wenig Luft nach oben lässt. Auch vorschnell angeheftete, kriminelle Labels wie Clankriminalität oder Migrantengangs, erschweren ihre Arbeit. Welche bleiben für organisierte, schwere Kriminalität dann überhaupt noch übrig?

Die Burschen gieren nach Action, nach Abenteuer und wollen sich messen. Einer der Orte, wo sie das ausleben, ist der inzwischen geschlossene „Fight Club", den Max Goldenberg auf der Wiener Donauinsel führt. „Proleten" aus ganz Wien versammeln sich am ehemaligen Hausmeisterstrand der „Copa Cagrana", in dem sich vermodernde Holztavernen, billige Cocktailbars und heruntergekommene Shishalokale aneinanderreihen. Jeder, der Lust hat sich zu schlägern, kann im Fight Club in den Ring steigen. Professionelle Schiedsrichter gibt es nicht. Manchmal übernimmt einer der Anwesenden diese Rolle. Wegen einer blutenden Nase geht man in der Regel nicht dazwischen. Unterbrochen wird erst, wenn einer der Kämpfer nicht mehr aufstehen kann. Das Geld, das gesetzt wird, behält der Sieger.

Liberté und Allah: Kriminelle und Dschihadis

Etwa 2013 fallen dem Jugendsozialarbeiter Fabian, der in Wien-Brigittenau als Streetworker unterwegs ist, Jugendliche auf, die sich halbkriminell organisieren. Gleichzeitig entwickelt sich eine für die Ideologie des sogenannten Islamischen Staates (IS) entflammbare Dschihadi-Szene. Die Grenzen dazwischen verschwimmen. Erst als die Rekrutierungen für die Terrormiliz beginnen, trennen sich die Wege der Jugendlichen. Während die einen Richtung IS abbiegen, unter ihnen ein Liberté-Mitglied, tendieren die anderen zu Drogen.

Bei Ahmad stellen sich im Laufe der Monate Verdruss und Zweifel ein. Eine Freundin, zu der er eine zwischen Kumpel und Jugendliebe changierende Beziehung pflegt, liegt ihm schon die längste Zeit in den Ohren, „mit dem Scheiß aufzuhören. Der passt gar nicht zu dir, und irgendwann passiert etwas und ich verliere dich für die nächsten Jahre“. Insgeheim stimmt er ihr zu. Er fragt sich selbst ja auch: Wozu das alles? Das Geld ist mindestens so schnell zerronnen wie gewonnen. Einmal schafft der Liberté-Kern um 50 000 Euro einen „richtig sauberen“ SUV von BMW an. Damit kurven die Burschen, von denen keiner einen Führerschein hat, herum und fahren ihn gleich zu Schrott. Jeder Kick ist bloß von kurzer Dauer. Ein Geschäft lässt sich mit dem Geld nicht aufbauen, ohne die Aufmerksamkeit des Finanzamts auf sich zu ziehen. Ahmad und seine Freunde lassen den teuersten Champagner für Partys springen, zu denen sie teilweise selbst nicht einmal hingehen. Es geht nur mehr darum zu zeigen, dass man es sich leisten kann. „So geht das nicht weiter“, denkt er.

Der Vater hat immer noch keine Ahnung, was der junge Tschetschene den ganzen Tag so treibt, dass er zu einer Jugendbande gehört und unentwegt „Scheiße baut“. In der „Millennium City“, einem großen Einkaufszentrum am Wiener Handelskai, bewahrt Ahmad in einem Spind eine Tasche mit Gewand auf, das er anzieht, bevor er sich mit einem Taxi zu einer U-Bahn-Station in der Nähe der elterlichen Wohnung bringen lässt. Das letzte Stück geht er zu

Fuß, damit ihn niemand sieht. Er könnte einen Schlussstrich unter das unrühmliche Kapitel seines Lebens ziehen. Er könnte aufhören „mit dem ganzen Scheiß". Wenn er es könnte.

In die Kriminalität zu schlittern ist das reinste Kinderspiel verglichen mit dem Weg heraus. Am schwersten fällt Ahmad, die Waffe loszulassen. Sie ist ein Teil von ihm geworden, macht ihn überall zu einem Chef, dem man Respekt zollt. Zumindest fühlt es sich so an. Dass man ihm nicht Respekt, sondern Angst entgegenbringt, begreift er damals zwar noch nicht. Doch in einem russischen Shishalokal bekommt er es selbst erstmals mit der Angst zu tun.

Er sitzt mit zwei seiner engsten Bandenkollegen im Keller, wo für VIP-Gäste ein eigener Raum reserviert ist. Mafiosi gesellen sich an ihren Tisch und bieten eine Zusammenarbeit an. Das ist der Punkt, an dem sich für Ahmad ein Schalter umlegt. Etwas in ihm schreit: „Nichts wie weg!" Wenn er sich mit Leuten dieses Kalibers einlässt, landet er schon bald für zwanzig Jahre im Gefängnis. Einer tschetschenischen Redewendung zufolge soll man mit einer Leiche nicht so lange spielen, bis sie furzt. Anders ausgedrückt: Hör auf, wenn es am schönsten ist!

Von den „richtigen, großen Sachen" will er sich fernhalten. Er ist noch manchmal bei „Kleinigkeiten" dabei, etwa, wenn ein Streit zu schlichten ist, und nicht viel mehr zu machen ist, als da zu stehen und Präsenz zu zeigen. Bei diesen Gelegenheiten, die er beim Hinausgehen gewissermaßen noch mitnehmen will, fallen 2 000 oder 3 000 Euro ab. Und genau da geht die Gefängnistür, an die er schon die längste Zeit geklopft hat, plötzlich auf. Wie sein Vater es prophezeit hat.

April 2014: Verhaftung beim Trampolin

Zwei seiner damaligen Freunde nehmen auf der Copa Cagrana, gegenüber vom Fight Club, ein paar U-Bahn-Stationen von der Wiener Innenstadt entfernt, zwei Burschen ins Visier. Sie verwickeln die beiden in ein Gespräch. Es stellt sich heraus, dass sie Austauschstudenten aus Schweden sind und nur Englisch sprechen. Unter der Reichsbrücke wollen sie ihren Opfern auflauern und sie ausrauben. Ahmad findet, dass er genug Geld und auf diese Art von Action keine Lust mehr hat. Vor allem aber ist er mit seiner Freundin unterwegs. Sie steuern die große, in der Donau schwimmende Trampolinanlage unter der Reichsbrücke an. Ahmad will mit dem Mädchen hier eine Runde springen. „Ich bin nicht dabei", sagt er.

Die Kumpels lassen sich nicht abhalten, wie Ahmad aus dem Augenwinkel beobachtet. Er kennt sie gut genug, um zu erkennen, dass sie gleich zuschlagen werden. Einmal noch versucht er, sie umzustimmen: „Lasst die in Ruhe, wenn ihr wollt, gebe ich euch das Geld." Er will sich den schönen Tag nicht versauen lassen. Außerdem trägt Ahmad sich, wie erwähnt, mit dem Gedanken, sein Leben zu ändern.

Seine Freunde schicken ihn weg. Noch im Weggehen hört Ahmad einen der Studenten fluchen: „Motherfucker." „Bitch". Er dreht sich um: „Redest du mit mir?" – „Nein, du hast uns ja nichts getan." – „Tut mir leid, ich habe versucht, mit denen zu reden. Ich kann euch nicht weiterhelfen." Der junge Tschetschene steuert das Trampolin an. Es dauert nicht lange, da hüpfen auch die beiden Räuber neben ihm auf und ab. „Verpisst euch! Ich bin mit meiner Freundin hier, lasst mich aus dem raus." Die Jungs fühlen sich sicher: „Die rufen nicht die Polizei."

Innerhalb weniger Minuten werden sie eines Besseren belehrt. Gleich mehrere Blaulicht-Autos bremsen sich vor den Sprunggeräten ein. Das polizeiliche Aufgebot ist dem berüchtigten Ruf des Einsatzortes geschuldet. Rund um den Fight Club geht es mit Messerstechereien, Schlägereien und Raufhändeln oft zur Sache. „Kommt da runter!", befehlen die Typen in Kampfmontur, die aus den Funkwägen steigen, alle eher groß und kräftig gebaut. Die beiden Jungs kommen der Aufforderung nach, Ahmad fühlt sich nicht gemeint.

„Heast Gschissener, brauchst eine Extraeinladung?"

„Reden Sie mit mir?"

„Ja, ganz genau!"

„Warum ich?"

„Sofort runter da!"

Ahmad hält es in der Situation für angebracht, die paar Minuten, für die er bezahlt hat, zu Ende zu hüpfen. „Tut mir leid, ich will die drei Euro nicht umsonst investiert haben", ruft er den Beamten zu. „Was bist du für ein Scheiß-Clown?" – „Schauen Sie mal in den Spiegel!" Das Mindeste, das er jetzt noch tun kann, um vor dem Mädchen gut dazustehen, ist, den Coolen zu spielen, findet er. Kaum ist er vom Trampolin geklettert, fixieren die Polizisten ihn mit Handschellen. Ein Stück geht es zu Fuß weiter, fünf Polizisten, drei Burschen mit gefesselten Händen, vorbei an Bekannten und Freunden. „Heast, was ist los?" – „Bitte, sagt meinen Eltern nichts." Dann wird er in ein Polizeiauto bugsiert.

Ahmads Freundin ruft seinen jüngeren Bruder an; der versucht, sie zu beruhigen: „Wie ich Ahmad kenne, ist er in zwei Tagen wieder draußen." Es ist der 10. April 2014. Bis zu seiner Freilassung wird es noch sieben Monate und 16 Tage dauern.

Zu Hause lügt der jüngere Bruder, um Zeit zu gewinnen. Er erzählt, er hätte sich mit Ahmad gestritten. Dieser schlafe heute deshalb bei einem Klassenkollegen, spätestens übermorgen sei er wieder da. Tatsächlich wird Ahmad nach zwei Tagen in die Justizanstalt Josefstadt überstellt. Auch das geht nicht ganz ohne Eklat über die Bühne. Der minderjährige Tschetschene darf eine Vertrauensperson namhaft machen, die über seinen Verbleib in Kenntnis gesetzt wird. Seinem älteren Bruder getraut er nicht zu gestehen, was passiert ist. Sein Vater ist gerade auf Haddsch, der islamischen Pilgerfahrt nach Mekka, die als eine der fünf Säulen des Islam gilt. Seiner Mutter geht es gesundheitlich sehr schlecht, ihr kann er die Wahrheit über seine Lage keinesfalls zumuten. Bleibt seine ältere Schwester. Ihre Nummer ist zudem die einzige, die er auswendig weiß.

Sie ist mit ihrem kleinen Sohn zu Hause. Wenn ihr Mann von der Arbeit zurück ist, frühestens in einer Stunde könne sie da sein, sagt sie. „Ah, darf das kleine Weib mit Kopftücherl alleine nicht raus?", spottet der Beamte. Ahmad, der davor schon öfter als Zeuge auf einer Polizeiinspektion einvernommen wurde und sich einen aggressiven, rotzigen Ton gegenüber Uniformierten angewöhnt hat, spuckt ihm ins Gesicht: „So kannst du mit deiner Tochter reden, du Hund!“ Wie auf ein Kommando stürmen Beamte aus Nebenräumen herbei, bringen Ahmad zu Boden, boxen ihn in die Rippen und fixieren ihn. „Was machst du jetzt, Kleiner?“ „Jetzt fällt dir wohl nichts mehr ein!“ „Kannst dich nicht mehr wehren, häh?“ Dann landet er für die nächsten 48 Stunden in einer Zelle. Nach einer Weile taucht ein Beamter auf.

„Hast du dich beruhigt?“

„Ja, ja“, sagt Ahmad.

„Möchtest du eine Aussage machen?“

„Ich habe nichts getan.“

„Das sagen sie alle, wenn sie einmal bei uns sind.“

„Das ist meine Aussage. Soll ich mich hinsetzen und etwas erfinden?“

Ahmad denkt nicht im Schlaf daran, die anderen Jungs zu verpfeifen, die – wie er später erfahren wird – den Studenten 14,50 Euro raubten.

„Dürfte ich kurz aufs Klo?“, fragt er.

„Geh mal, aber piss dich nicht an.“

Ahmads Hände sind gefesselt, seine Beine kann er bewegen. Das nützt er, um einem Beamten mit einem gezielten Kick ein auf dem Tisch stehendes Telefon ins Gesicht zu schleudern. Es trifft ihn am Auge. Ahmad rechnet mit einer Anzeige. „Dieser Rassist wird alles tun, um mich lange im Gefängnis zu sehen,“ denkt er. Ahmads Bruder bringt ein paar Sachen und 150 Euro vorbei, die auf das Gefängniskonto eingezahlt werden.

„Wenn du sagst, dass du unschuldig bist, dann erzähle uns, was du weißt.“

„Ich weiß nichts.“

„Deine Freunde haben sehr wohl erzählt, was du getan hast.“

„Dann haben sie Ihnen Lügen erzählt. Ich habe nichts getan, nichts gesehen, nichts gehört. Ganz einfach. Machen Sie, was Sie wollen. Im besten Fall lassen Sie mich laufen, denn Sie haben den Falschen.“

„Wir werden schon sehen.“

So geht es die nächsten 24 Stunden weiter. Raus aus der Zelle. Wieder zurück. Raus. Rein. Es ist arschkalt. Ahmad liegt auf einer dünnen, kratzigen Filzmatte, wobei diese Unterlage die Bezeichnung Matte kaum verdient, es ist eher eine Decke. Der junge Tschetschene ist am Verzweifeln. Wäre er bloß in der Schule geblieben, hätte er sich irgendwie arrangiert, rassistische Bemerkungen über sich ergehen lassen und den Abschluss gemacht, hätte er sich als „Opfer" durchlaviert, statt zum Täter zu werden, hätte er diese Leute auf der Straße nie getroffen. „Weiß Mutter Bescheid?", fragt er sich. „Hat es jemand schon Vater erzählt?"

Ein Beamter bietet dem 14-Jährigen eine Zigarette an, und fragt, bevor er zum Spar geht: „Soll ich dir etwas mitnehmen?" Ahmad ist misstrauisch. Spielt er den Good Cop? Will er Informationen aus mir herauslocken? Das wird nicht gelingen! „Ich wollte nur nett sein", sagt der Beamte. Mit seinen Gedanken alleine in der Zelle gehen Ahmad alle möglichen Gerüchte durch den Kopf, die unter Jugendlichen kursieren. Wer auf einen Polizisten losgehe, müsse sich darauf einstellen, dass die Rache folgt, und man von ein paar Kollegen zusammengeschlagen werde.

Ahmad hatte von Leuten gehört, die im Polizeigewahrsam und Gefängnis ums Leben gekommen sind. Warum sollte man das bei ihm nicht versuchen? Die Lehrer behandelten ihn wie „wie ein Stück Scheiße", draußen, auf der Straße, war es die Polizei. Hier herinnen sollte alles korrekt ablaufen? Je länger der junge Tschetschene darüber nachdenkt, desto wahrscheinlicher erscheint ihm der drohende Angriff. Er spielt sein Überleben durch. In welche Ecke des drei Mal drei Meter großen Raums kann er springen, wenn sie kommen? Wie kann er mögliche Angreifer mit der Filzdecke erwürgen?

Die Tür geht auf. Herein kommt der nette Polizist mit einer schlechten Nachricht: „Ahmad, Sie kommen jetzt in U-Haft." – „Bitte, was?" – „Sie werden überstellt, der Bus wartet schon." Dort wird er von einem Zwei-Meter-Riegel begrüßt: „Na, du Hundsvieh!" Ahmad antwortet, nicht minder freundlich: „Du hast Glück, dass ich Handschellen habe, du Fettsack!" – „Weil sonst?" – „Nimm sie runter, dann zeige ich es dir!" – „Du sammelst haufenweise Anzeigen, gelt?"

Das Blut des 14-Jährigen gerät in Wallung. „Du meinst wohl, du bist hier der König. Ich werde dir beweisen, dass es nicht einmal zum Prinzen reicht“, denkt Ahmad. Beim Aussteigen packt ihn der Polizist am Nacken und stößt ihn vorwärts: „Komm, beweg dich!“ Abrupt bleibt der Tschetschene stehen. „Ich werde dich gleich dazu bringen, dass du dich bewegst“, sagt der Polizist. Ahmad spürt einen Schlag auf seinen Hinterkopf, wendet sich ruckartig um, läuft auf den Beamten zu und springt ihm in den Bauch. Drei Polizisten stürzen sich auf Ahmad. Und dann ist er drin, im Gefängnis.

Im Trakt der Erwachsenen

Genau genommen landet der 14-Jährige zunächst in einer Art Vorraum, wie alle anderen U-Häftlinge vor ihm. Offenbar haben diese sich die Wartezeit bis zum endgültigen Einlass damit vertrieben, sich an den Wänden zu verewigen. Ahmad sucht die Namen von Bekannten, die er seit ein paar Wochen nicht mehr auf der Straße gesehen hat. „Liberté“ ritzte jemand in den Verputz, den Namen seines Clans. „Wer weiß, wann ich da rauskomme, ich muss schauen, dass ich überlebe“, sagt er sich. „Drei meiner Leute sind schon einmal da.“ Im Rückblick wird er sich wundern, wie schnell er sich in seine Lage fügt.

Ein Beamter erklärt dem Neuling, dass er sich nackt ausziehen und vor zwei Beamten duschen müsse. „Was?!“ – „Wir checken, ob du Tattoos hast und ob du dir etwas reingeschoben hast.“ In Ahmad schreit es: Nein! Eine halbe Stunde streitet er herum, bis ein Beamter vorschlägt, er könne seine Genitalien verdecken, während man ihn auf Tattoos inspiziere, anschließend müsse er ein paar Übungen absolvieren, damit die Beamten sehen, ob etwas rausfliegt. Als Alternative bliebe das „Achterkommando“, die Sondereinheit der Justiz, um ihn für eine gewaltsame Durchsuchung festzuhalten.

Unter den gegebenen Umständen wählt Ahmad die freiwillige Option. Danach händigt man ihm eine Zahnbürste, Duschgel und ein Handtuch aus und bringt ihn in den Trakt D 2 hinauf, der für die nächsten Wochen seine Welt sein wird. Ahmad braucht nicht lange, um festzustellen, dass er hier wieder einmal der Jüngste ist. Er landet in einer Zelle mit zwei Algeriern, 19 und 21 Jahre alt, immerhin Muslime, keine Schläger-Skinheads. Es könnte schlimmer sein.

Die anfängliche Erleichterung verflüchtigt sich rasch. Die Männer, von denen einer angeblich wegen einer Serie von Ladendiebstählen sitzt, vom anderen heißt es, er habe im Zuge einer Familienfehde jemanden mit dem Messer attackiert, lassen die Zelle völlig verdrecken. Ahmad putzt und mistet aus, bevor er sich auf das ihm zugewiesene Bett legt, unentwegt beobachtet von seinen Zellengenossen. Ein Justizwachebeamter steckt den Kopf herein, um den Neuen zu fragen, ob er etwas aus der Bibliothek haben wolle. „Gibt es den Koran auf Deutsch?", fragt Ahmad.

Als der Beamte damit zurückkommt und fragt: „Kennen Sie sich schon aus hier?", entspannt er sich erstmals ein wenig. Routinen zeichnen sich ab. Die Häftlinge werden um 6:30 Uhr geweckt. Dann gibt es Frühstück, bis sieben Uhr, danach Spazierengehen im Hof, um acht Uhr geht es zurück in die Zelle, wo man bis zum Mittagessen um zwölf Uhr herumliegt. Bis 14 Uhr ist Pause. Nur die unter 18-Jährigen dürfen dann noch ein paar Extrarunden im Hof drehen. Ahmad sitzt im Trakt der jungen Erwachsenen. Er ist der Einzige, der sich am Nachmittag im Hof zu den spazierenden Jugendlichen gesellen darf.

Hier trifft er auf ein paar vertraute Gesichter. „Bruder, steh das durch. Versuche, zu uns auf E 2 zu kommen. Wir haben so ein geiles Leben hier. Es gibt alles, Essen, Trinken, du kannst chillen. Das Stockwerk gehört uns", muntern seine Bekannten ihn auf. Doch Ahmad wurde, wie er später herausfindet, mit dem Begleittext überstellt, dass es sich bei ihm um keinen gewöhnlichen 14-Jährigen handelt und er zu aggressiv ist, um unter Gleichaltrigen zu sein. Alle seine Versuche, verlegt zu werden, laufen ins Leere.

Wenn die Psychologin oder die Sozialarbeiterin bei ihm vorbeischauen, ist ihm zum Weinen. „Ich bin hier fehl am Platz", klagt er. In der Zelle wird es für den 14-Jährigen zusehends ungemütlich. Während er am Bett liegt und im Koran liest, ziehen sich seine algerischen Mitbewohner „X-Diaries" rein, eine Love-, Sun- und Fun-Serie auf RTL II, und masturbieren dazu. „Was soll der Scheiß?", schimpft Ahmad. „Das könnt ihr nicht bringen!" – „Halt besser die Schnauze. Du hast hier nichts zu melden." Der junge Tschetschene sieht es anders: „Leute, habt Respekt vor eurer Religion. Ihr könnt das am Abend machen, wenn ich schlafe. Oder geht aufs Klo." – „Wenn es dir nicht gefällt, mach die Augen zu!" – „Hört auf, oder ich haue euch die Fernbedienung so lange auf den Kopf, bis sie kaputtgeht." – „Mach das mal!"

Ahmad schlägt zu. Unmittelbar danach bricht Chaos bricht aus. Der Tschetschene rutscht auf ausgeschüttetem Wasser aus. Einer der Algerier läuft mit einem Buttermesser auf ihn zu. Der 14-Jährige springt unter seinem Arm durch, packt ihn und wirft ihn auf den Boden, wo er mit dem Hinterkopf aufschlägt. Ahmad hört ein knackendes Geräusch. In ihm schießt Panik hoch. „Der Typ ist vielleicht tot", denkt er und drückt die Notruftaste.

Kurz darauf stürzt das sogenannte Achterkommando, der bewaffnete Justizwachetrupp für eskalierte Lagen, in die Zelle und zerrt Ahmad nach draußen. Am Gang knöpft ein Uniformierter ihn sich vor: „Kleiner Mann, du bist hier im Gefängnis. Vergiss das nicht. Sehr leicht kommt es vor, dass Häftlinge hier verschwinden." „Willst du mir drohen?", fragt Ahmad. Sein verletzter Zellengenosse wird auf die Krankenstation gebracht. Ahmad erhält Besuch vom Traktkommandanten. „Wirst du dich endlich benehmen?", fragt er den Tschetschenen. – „Endlich benehmen?" – „Na, du hast deine Zellengenossen geschlagen und einen Beamten bedroht." – „Ich habe ihn nicht bedroht. Und gegen die anderen habe ich mich nur gewehrt."

Da ist es wieder, dieses nagende Gefühl, ungerecht behandelt zu werden. Ahmad wird zu einem Albaner verlegt, der als Koksdealer mit dem Gesetz in Konflikt geraten ist. Die Wohngemeinschaft lässt sich gut an. „Bruder, passt alles?", erkundigt sich der Mitbewohner. Doch auch diese Harmonie währt nicht allzu lange. Am nächsten Tag wird die Zellentür aufgerissen: „Wie schaut es hier aus? Ein Schweinestall!" – „Fühl dich wie zu Hause", schnappt Ahmad zurück. Kurz darauf schaut die Einsatztruppe bei ihm vorbei: „Du kleiner Pisser! Bist ein paar Tage hier und gehst schon allen auf den Keks." Der Kommandant boxt Ahmad auf die Brust, der Bursche schlägt ihm ins Gesicht.

Ab nun reiht sich Vorfall an Vorfall. „Die haben sich wohl gedacht, diesen Typen nehmen wir komplett durch", sagt Ahmad im Rückblick. Zwei Wochen lang darf er nachmittags nicht mehr mit den Jugendlichen spazieren gehen, in der Zelle geht abends der Strom aus, Fernsehen gibt es nicht. Sein albanischer Mitbewohner muss die Sanktionen, die Ahmad sich eingebrockt hat, mittragen und ist entsprechend sauer. Immer öfter gibt es nun auch mit ihm Streit. Drogen sind für Ahmad das Letzte, Dealer nennt er „die größten Hurenkinder". „Wie kannst du das sagen?", beschwert sich der Albaner. „Ich sitze wegen Koks." Er meine das nicht wortwörtlich, sondern charakterlich, beschwichtigt Ahmad: „Die kümmern sich null um andere, es ist ihnen scheißegal, ob jemand an den Drogen krepiert, die sie verchecken." So sei das Geschäft, erwidert der Albaner: „Das kann mit Zuckergetränken genauso passieren." „Vergleiche einen Vogel nicht mit einem Drachen", schimpft Ahmad. So geht es Tag für Tag, zunehmend gereizter.

Am Gang steht eine Playstation zur Verfügung, auf der er sich jede Woche ein paar Stunden mit dem Online-Fußballspiel „FIFA" die Zeit vertreibt. Eines Dienstags, an dem ein Wischmopp in einem Kübel auf Rädern von Zelle zu Zelle gerollt wird, scheucht ihn sein Mitbewohner von der Playstation auf: „Ahmad, geh putzen!" – „Was hast du gesagt?" – „Zelle putzen!" Ahmad strafft sich: „Geh scheißen! Wenn ich will, wirst du die Zelle putzen!" Der Albaner schlägt ihm vor den anderen in den Nacken: „Was willst du?" Ahmad erhebt sich und sagt so laut, dass alle es hören: „Ich soll die Zelle putzen. Und ich sage, wenn ich will, wird er die Zelle putzen, mit seinem Körper." Dann bringt er seinen Zellenkollegen mit zwei Faustschlägen zu Fall, schleppt ihn in die Zelle, verschüttet Wasser am Boden, packt den Albaner am T-Shirt und an der Hose, und beginnt, mit ihm den Boden zu wischen.

Mit diesem für ihn siegreichen Kräftemessen handelt er sich den zweifelhaften Ruf ein, der übelste Typ des Stockwerks zu sein, und zieht sich nebenbei die spezielle Aufmerksamkeit einer Justizwachebeamtin zu, die ihn, so ist er überzeugt, „am liebsten mit bloßen Händen erwürgen würde". „Du gehst mir schön langsam am Arsch", zischt sie ihm bei nächster Gelegenheit zu. Kurz darauf muss Ahmad sich an einen neuen Mitbewohner gewöhnen. Es ist ein Landsmann; was die Gefängnisleitung nicht weiß, einer, mit dem er draußen „Scheiße gebaut“ hat. Die jungen Tschetschenen sind auf Anhieb ein eingeschworenes Team.

Über ihnen sind fünf, sechs ältere Kurden und Türken untergebracht, die sich einen Spaß daraus machen, von oben dreckiges Wasser auf ihr Fensterbrett herunterzuschütten. Es spritzt auf Ahmads Bett, das neben dem Fenster steht. Ein unfreundliches Hin und Her hebt an.

„Könnt ihr damit aufhören?“

„Nein, wir hören nicht auf. Was jetzt?“

„Ich bitte darum!“

„Bist du nicht der übelste König hier drin? Jetzt flehst du jemanden an? Wo ist denn der böse Tschetschene?“

„Schau mal runter! Ich will dein Gesicht sehen, damit ich weiß, wen ich als nächstes verprügeln muss.“

Als sich oben jemand zeigt, stößt er ihm einen vorbereiteten, zwischen die Gitterstäbe geschobenen Besenstil ins Auge. „Ich bringe dich um!“, brüllt es von oben.

Es folgt noch mehr dreckiges Wasser. Pisse. Heißes Öl. Die Untersuchungshäftlinge haben Induktionsplatten in ihren Zellen und können selbst kochen. Schließlich drückt Ahmad auf den Notruf. „Könnten Sie bitte kommen?“ – „Welche Zelle?“ – „Nummer acht.“ In der Durchreiche erscheint der Kopf der Justizwachebeamtin, die von Ahmad längst die Nase voll hat. Sie lässt sich die Situation schildern. „Wart ihr goschert?“, fragt sie. „Nein! Waren wir nicht!“, beteuern die Burschen. Ihrer Bitte, sie möge veranlassen, dass die Häftlinge im Stockwerk über ihnen aufhören, sie zu belästigen, will sie, wenig überraschend, nicht nachgeben. Ahmad schlägt vor, zu den Störenfrieden gebracht zu werden. Er würde es allein mit allen aufnehmen. „Das Einzige, was ihr tun könnt, ist: Fenster zu, Licht aus, Goschn halten“, sagt die Beamtin. Bevor sie das Fenster zuschlägt, hat Ahmad einen hinterlistigen Einfall. „Halt, ich möchte mich entschuldigen“, sagt er. – „Brauchst du nicht!“ – „Doch, bitte kommen Sie näher!“ Er weiß, dass die Beamtin mit jemandem aus der Sondereinheit liiert ist. Als ihr Kopf wieder auftaucht, spuckt er ihr ins Gesicht: „Es tut mir nicht leid.“

Ahmad hat nun keine Lust mehr, sich nur mit Häftlingen zu

schlagen. Er will es mit den Beamten aufnehmen. „Provozieren wir ein wenig, damit es richtig eskaliert?“, fragt er seinen tschetschenischen Kumpel, der sofort dabei ist. Die Burschen bauen eine Stolperfalle, Schutzschilde, legen sich Teller als Wurfgeschosse zurecht und wickeln Bettüberzüge um ihre Arme, um die Schläge des „Achterkommandos“ abzuwehren, das kurze Zeit später vor ihrer Zellentür in Stellung geht.

Die Häftlinge und die Beamten lauschen von drinnen und von draußen an der Tür. „Heast, dieser Freund von der T., das ist schon der größte Hurensohn“, sagt Ahmad. „Ja, das ist ein richtiger Bastard“, sein Zellengenosse. „Und die anderen Futlappen, das sind seine Hunde. Seine Lakaien“. Die Tür fliegt auf. „Wer hat gesagt, dass ich ein Hurensohn bin?“ Ahmad: „Ich habe das gesagt.“ Sein Zellengenosse: „Nein, ich war es.“ Dann geht es los. Teller fliegen. Prügel. Tritte. Mit Schlagstöcken und Stahlkappenschuhen. „Ned ins Gsicht!“, bremst ein Beamter seinen Kollegen ein. Ahmad stöhnt: „Ich bin jetzt noch mehr davon überzeugt, dass du ein Hurensohn bist.“

Danach ist Ahmad bei der Justizwache komplett unten durch. „Ich weiß, wie ich dich bändigen werde“, droht seine Lieblingsbeamtin. „Was hast du vor?“ – „Ich werde dich mit bestimmten Leuten in eine Zelle stecken.“ – „Mit wem?“ – „Das wirst du früh genug sehen.“ Einige Tage später ist es so weit. Sie kann es kaum erwarten, ihm die Schreckensmeldung zu überbringen, dass er sich die Zelle künftig mit zwei Nigerianern, die sie mit dem N-Wort bezeichnet, teilen wird. „Die werden dich richtig in den Arsch ficken“, verspricht sie. Dazu macht sie obszöne Gesten.

Doch der in Aussicht gestellte Übergriff, der für die Beamtin fast ausgemachte Sache zu sein scheint, findet nicht statt. Ahmad versteht sich „top“ mit seinen Mitbewohnern. Die beiden kümmern sich sogar ausgesprochen rührend um den jungen Tschetschenen. „Fühl dich hier wohl. Wir haben Karten und können gemeinsam spielen“, sagen sie. Mehrmals schaut die Justizwachebeamtin durch den Türspion, als erwartete sie, die friedliche Szenerie würde bald kippen. Nach einem Hofspaziergang passt sie Ahmad am Gang ab. „Hast schon Poschmerzen?“ – „Nein, warum sollte ich?“ Sichtlich verärgert stößt sie mit der geballten Faust in die Luft und schlägt sich mit der anderen Hand auf ihren Bizeps. „Na, du weißt schon!"

Offenbar gibt sie die Hoffnung nicht auf, der Tschetschene würde für seine Untaten richtig büßen. Wieder wird er verlegt. Dieses Mal findet Ahmad sich in einer Zelle mit Somalis wieder. Er fühlt sich in ihrer Gesellschaft auf Anhieb wohl. Die beiden Männer empfangen ihn mit einem fröhlichen „Hey, Habibi!", kochen Speisen mit Honig, trinken Tee, erzählen von zu Hause und wollen alles über Tschetschenien wissen, von den dort üblichen Hochzeitsritualen über die Rolle der Älteren bis zum Krieg. Das passt der Justizwachebeamtin gar nicht. „Was soll man mit einem Arschloch wie dir machen?", entfährt es ihr. „Nichts, lass mich einfach da drin", knurrt Ahmad. – „Ich werde mir etwas überlegen." Kurz darauf muss er erneut übersiedeln.

Dieses Mal werden seine ärgsten Befürchtungen wahr. Zwei polnische Glatzköpfe, Hooligans mit rechtsextremen Tattoos, sind seine neuen Zellengenossen, eine Tatsache, die Ahmad als eine Angelegenheit von „Entweder-ich-schlage-die-tot-oder-die-bringen-mich-um" einordnet. Es beginnt ein wechselseitiges Abtasten. „Woher kommst du?" – „Ah, Tschetschenien!" „Du bist ja noch ein größerer Nazi als wir." Dröhnendes, derbes Lachen. „Was soll das bedeuten?", gibt Ahmad zurück. „Was Nationalismus betrifft, seid ihr Tschetschenen unschlagbar."

Sie spielen auf 1944 an, das Jahr, als Stalin eine halbe Million Tschetschenen und Inguschen, denen er vorwarf, mit den deutschen Nationalsozialisten zu kollaborieren, aus Tschetschenien vertreiben ließ. Ein Drittel überlebte die Deportationen nicht. Sechzig Jahre später erkannte das Europäische Parlament dieses Verbrechen als Völkermord an. „Wir sind stolz auf unsere Nation. Aber wir sind keine Nationalisten", erklärt Ahmad. Und dann berichtet er den Hooligans, dass seine Familie auf der Flucht durch Polen gekommen ist und der Vater dort im Gefängnis war. Die Geschichte scheint den beiden Glatzköpfen halbwegs zu passen. Man arrangiert sich. Das mulmige Gefühl, das Ahmad beim Betreten des Haftraums sofort beschlich, geht trotzdem nie ganz weg. Die Lage erscheint ihm explosiv. Ein falsches Wort, und er muss sich darauf einstellen, in der Nacht zusammengeschlagen zu werden.

Auch diese fragile Harmonie missfällt der Justizwachebeamtin. Es dauert nicht lange, bis sie ihren Ärger offen kundtut: „Was soll ich mit dir Hundsvieh tun?“ – „Lassen Sie mich – verfickte Scheiße – einfach in Ruhe“, schlägt Ahmad vor. Sie wird eine „letzte Option“ aus dem Ärmel schütteln. Und das sind die IS-Leute. Die Beamtin beabsichtigte gewiss nicht, dass er sich unter ihrer Obhut radikalisiert. Doch genau das wird passieren.

Das lange Schweigen des Vaters: „Was ist bloß aus dir geworden?“

Etwas Schlimmeres konnte Ahmad seinen Eltern kaum antun. Nur Drogendealer, die Geld damit machen, das Leben anderer zu zerstören, rangieren für Tschetschenen im Ansehen noch tiefer. Räuber kommen gleich dahinter. Sie gelten als elende Feiglinge, die Schwächere überfallen, um ihnen etwas wegzunehmen. Seine Eltern bringen es nicht über das Herz, den Verwandten in Tschetschenien zu berichten, was ihren Sohn, den sie in so guter, warmer Erinnerung behalten haben, in der Fremde ins Gefängnis gebracht hat. Es hätte sie gebrochen.

Ahmad weiß das natürlich, so sehr er auch versucht, seine kriminelle Seite zu beschönigen und sich selbst als edlen Helden zu charakterisieren, der nie nach unten, sondern nur nach oben tritt. Seine Eltern muten ihren Lieben, die Tausende Kilometer entfernt leben, eine Version der Geschehnisse zu, die gerade noch verkraftbar erscheint, und diese geht so: Ahmad ist in Streit geraten und muss sich nun wegen Körperverletzung verantworten. Die Verwandten sind bestürzt: „Das hätte nicht passieren sollen“, sagen sie. „Aber es kann passieren.“

Zwischen Ahmad und seinen Eltern hingegen erübrigt sich im Laufe der Wochen und Monate jede Verschleierungstaktik. Nach zwei Tagen in Untersuchungshaft empfängt der 14-Jährige erstmals familiären Besuch. Sein Vater, der seinen Kindern mitgegeben hat, dass „wer ins Gefängnis kommt, unseren Nachnamen gleich streichen kann", ist noch in Mekka, verschanzt sich dort in einem Hotelzimmer, hält Kontakt mit seiner Frau und grämt sich fast zu Tode. Seine Mutter erscheint mit dem älteren Bruder. „Ich bin unschuldig", versichert Ahmad. „Ich werde bald frei sein, ihr werdet sehen." – „Boah, in deiner Haut möchte ich nicht stecken. Du hast es richtig verkackt", antwortet der Bruder. „Du warst von uns immer der Vernünftigste." Zum Abschied hinterlässt er einen guten Rat: „Reite dich nicht noch mehr rein, lass dich nicht mit älteren Insassen ein."

Die ersten Wochen sind für Ahmad schwer zu ertragen. In der Nacht liegt er wach. Er markiert den Capo, auf den alle hören, in Wirklichkeit sperrt man ihn ein und lässt ihn aus der Zelle, wann immer anderen es passt. Plötzlich hat er nichts mehr zu sagen, ist er nicht der Anschaffer, sondern das Opfer. Über Stunden und Tage zermartert er sich den Kopf: „Was habe ich getan? Was denken die Eltern von mir? Wie kommen sie mit alldem zurecht?" Und er malt sich die Zukunft aus. Wenn er erwachsen ist, mit seiner Frau und den Kindern spazieren geht, werden ihn die Leute, die er ausgeraubt hat, noch erkennen? Was wird das für ein Gefühl sein? Wie soll er damit leben?

Eines Tages ist der Vater von der Pilgerreise zurück und sitzt Ahmad im Gefängnis Wien-Josefstadt gegenüber, wütend, aufgebracht, kaputt im Kopf, durch eine Glasscheibe von ihm getrennt, und sagt – nichts. Zehn Minuten lang schaut er sein mittleres Kind nur an. Die Mutter sitzt daneben und weint. „Rede mit ihm", fleht sie. Schweigen. Ahmad hält dem Blick des Vaters nicht stand. Er will losheulen. „Vater", sagt er. Und dann, endlich, der Vater: „Nein, jetzt rede ich."

Er könne damit anfangen, wie oft er, der Vater, zu ihm, dem Sohn, gesagt habe: „Du klopfst an die Tür zum Gefängnis, irgendwann werden sie aufmachen." Aber das erspare er sich nun. Was er ihm stattdessen mitgebe, sei: „Bleib stark hier drin, lass dir nichts gefallen, beiß dich durch." Der Vater fährt fort: „Ich war in etlichen Gefängnissen, ich kenne das Gefühl, unschuldig in Haft zu sein." Am Ende sei er freigekommen. „Wenn du sagst, dass du nichts getan hast, glaube ich dir aufs Wort." Das schwört der

Vater bei Gott. Dreimal. Wenige Monate später, als die IS-Ideologen Ahmad einreden werden, dass seine Eltern ihm nichts Gutes wollen und ihn von seiner wahren Bestimmung bloß abhalten, wird ihm diese Szene in den Sinn kommen: „Mein Vater? Meine Mutter? Nein, niemals!"

Anfangs lügt ihnen Ahmad, der Untersuchungshäftling, noch ins Gesicht. „Es passt alles. Mir geht es gut. Weil ich ein Jugendlicher bin, werde ich von allen bevorzugt und gut behandelt." Er will nicht, dass seine Eltern sich Sorgen machen. Jeden Montag, Mittwoch und Freitag wäscht er sich, deckt die Augenringe ab, zieht ein sauberes T-Shirt an und ordnet die Frisur, bevor er um zehn Uhr ins Besucherzimmer gebracht wird, wo sie immer schon auf ihn warten. Doch die Spuren der Knüppel und Stahlkappenschuhe, die Hämatome, Kratzer und Platzwunden lassen sich beim besten Willen nicht kaschieren. Entgeistert starren die Eltern auf die blauen Flecken und seine übel zugerichtete Stirn. „Was ist mit dir?" – „Ich habe Fußball gespielt."

So wütend hat Ahmad seinen Vater noch nie erlebt. „Wer hat das gemacht?", bricht es aus ihm hervor. „Ich bringe den Typen um!" – „Setzt euch hin, es war meine Schuld", sagt der 14-Jährige daraufhin. „Ich erkläre euch die ganze Geschichte." Die Mutter bricht in Tränen aus und kippt um. Ein Beamter läuft um ein Glas Wasser. „Ahmad, du bist ein Volltrottel", schimpft der Vater, als der Sohn mit seiner Schilderung der Geschehnisse fertig ist. „Mit Durchbeißen und Keine-Schwäche-Zeigen habe ich nicht gemeint, dass du Leute provozieren sollst." Dann schweigt er wieder. Als wäre er verstummt. Nach einigen Minuten fragt er in die Stille hinein: „Was ist aus dir geworden?"

Auch dieser Moment brennt sich ein. Der Auszucker des Vaters. Der Vortrag, zu dem er schließlich anhebt. In der ganzen Familie sei nie jemand so weit gegangen wie er, Ahmad. „Schau dir deine Mutter an. Wenn dir etwas zustößt, glaubst du, sie wird das überleben?" Seine Mutter, die im Besucherraum des Gefängnisses zusammenklappt. So darf das nicht weitergehen, schwört sich Ahmad.

Beim nächsten Termin mit der Sozialarbeiterin und der Psychologin erzählt der junge Tschetschene, dass er sich von Grund auf ändern wolle. Sie unterrichten die Justizwache von seinem Entschluss. Ahmad will den Hauptschulabschluss nachholen. Der Gefängnislehrer schätzt ihn. „Du bist gescheit, schreibst gute Noten. Ich frage mich schon die ganze Zeit, warum du dir selbst so im Weg stehst", sagt er. Und ein anderes Mal: „Wenn du hier rauskommst, gehst du in eine höhere Schule. Du wirst studieren. Und wenn nicht, reden wir draußen noch ein ernstes Wort miteinander." Dass Ahmad eben dabei ist, auf einen anderen, nicht minder gefährlichen Abgrund zuzusteuern, ahnt zu diesem Zeitpunkt weder der Lehrer noch er selbst.

Die Saat der Radikalisierung

Im irren Kosmos des Gefängnisses stehen die Dschihadisten hoch im Kurs, weil sie sich nicht brechen lassen. Die Vorarbeit für Ahmads Radikalisierung leisten ältere Mitgefangene, die auf dem Weg nach Syrien abgefangen wurden oder bereits dort waren, um die Terrormiliz IS zu unterstützen. Sie belegen im Gefängnis Wien-Josefstadt ein Stockwerk gegenüber vom Trakt D 2, in dem Ahmad eingesperrt ist. Manchmal hört er sie nächtens an offenen Fenstern sitzen und miteinander reden. Ihre Gespräche hallen im Hof wider. Schon bald wird auch Ahmad an der Unterhaltung teilnehmen, und obwohl sie auf Deutsch geführt wird – sein Arabisch reicht bloß für Small Talk – werden sich die Justizwachebeamten nicht besonders dafür interessieren.

Nun soll er also zu ihnen in die Zelle. Die Justizbeamtin, die es als ihre besondere Aufgabe betrachtet, dem jungen Tschetschenen das Leben im Gefängnis möglichst schwer zu machen, hält die IS-Anhänger offenbar für das Schlimmste, das sie ihm antun kann. Der 14-Jährige ist entsprechend angespannt. Was ihn in der Runde von IS-Leuten, in der er landet, schließlich erwartet, haut ihn fast um. Sie bereiten ihm nicht nur einen überschwänglich herzlichen Empfang, sondern umschwirren ihn in den kommenden gemeinsamen Wochen mit nicht nachlassender Aufmerksamkeit.

Sie flöten „As-salamu alaykum!", schmieren ihm Honig ums Maul: „Ein Tschetschene, ein richtiger Löwe!" Und wenn er sich einmal nützlich machen will, wehren sie ab: „Setz dich, du bist jung. Wir machen das schon." Sie putzen, bereiten das Essen zu, während Ahmad es sich am Bett gemütlich macht und zum ersten Mal in Haft keine Angst haben muss, dass ihm etwas passieren könnte, wenn er kurz einmal nicht aufpasst. Irgendwann, wenn er längst wieder draußen ist, wird es ihm wie Schuppen von den Augen fallen, dass die Freundlichkeiten, die sie ihm angedeihen ließen, die Geheimwaffe der Dschihadis sind. Als Häftling aber wähnt er sich unter den richtigen Leuten. „Sie werden mir den Weg weisen."

Unentwegt gehen die Gespräche von Fenster zu Fenster. Die harten Rekrutierer und IS-Ideologen sitzen nebenan in Einzelhaft. Ein kurdischstämmiger Häftling, der in Syrien gekämpft hat, kümmert sich wie ein älterer Bruder um den jungen Tschetschenen. Er besorgt ihm neue Schuhe und T-Shirts, erörtert mit ihm den Islam, spricht ihm Mut zu: „Du bist jung und kommst mit Bewährung raus. Nach der Verhandlung wird man dich entlassen."

Ahmad bekommt genau das zu hören, wonach er sich sehnt. „Schau, Bruder, du bist unschuldig im Gefängnis." „Schau, in der Schule, wo man denkt, die Lehrerinnen und Lehrer wollen eigentlich das Gute für die Kinder, wie ungerecht hat man dich dort behandelt." „Schau, was für Eltern sind das, die sagen, du sollst diese Lehrerinnen achten wie deine Mutter." „Und schau, die Sozialarbeiter, diese Verräter, die hinter dir her sind, bis du etwas ausplauderst, das sie der Polizei erzählen können." „Es ist immer dasselbe, sie wollen dir nichts Gutes, diese Sklaven des Staates und des Systems. Wenn sie dir helfen, dann nur, weil es ihr Job ist und sie dafür Geld bekommen."

Für den 14-Jährigen fügt sich das zunächst nicht zu einem Bild zusammen. Seine Eltern sollen ihm Schlechtes wollen? Fabian, der Streetworker, mit dem er in der Jugendeinrichtung Back Bone in Wien-Brigittenau über Gott und die Welt diskutiert hat, mit dem er im Bezirk unterwegs war, soll nichts an ihm liegen? Julia, die Jugendsozialarbeiterin, die ihn in der Haft besucht, mit ihm Karten spielt, über Gefühle mit ihm redet und ihn umarmt, wenn er am Boden ist, obwohl sie das gar nicht machen müsste und genauso in ihrer Einrichtung chillen könnte, sie soll nur ihren Job machen? Die beiden, Julia und Fabian, die ihn selbst dann nicht hängen lassen, wenn keiner seiner Freunde von der Straße sich mehr blicken lässt, die mit ihm zu Gericht gehen und seinen Eltern zur Seite stehen, wenn diese nicht weiterwissen – Sklaven des Systems?

Die Gespräche von Fenster zu Fenster reißen nicht ab. „Denkst du, Sozialarbeiter behandeln dich besser als deine Lehrerinnen und Lehrer? Sie schleichen sich in dein Leben. Wenn sie dich verpfeifen, wirst du es nie erfahren." Er bekommt Namen genannt. „Schau, Bruder, den haben sie gepackt und eingesperrt, nachdem er sich einem Sozialarbeiter anvertraut hat." Seine fürsorglich-väterliche Gefängnisbekanntschaft lässt nie locker. „Schau mal, gegen den Machthaber Assad in Syrien zu kämpfen, der vom russischen Präsidenten Putin gestützt wird, ist deine Chance, dich für all das Unrecht, das deiner Familie und deinem Volk angetan wurde, zu rächen." „Das sind doch keine Menschen." Stetig tröpfelt das klebrig-süße Gift.

In der Zelle laufen rund um die Uhr Nachrichten aus Syrien und Dokus über Baschar al-Assad, unentwegt schreckliche Bilder, die das Leid der Bevölkerung zeigen, verletzte Menschen, tote Kinder, völlig zerstörte Häuser und Straßen, Berichte über Giftgasangriffe, die ihm nicht aus dem Sinn gehen. Überall Blut, Schutt und Asche. Irgendwann schließt sich für Ahmad der Kreis dann doch: „Boah, das stimmt schon, alles ergibt plötzlich einen Sinn." Auch für ihn persönlich, den jungen tschetschenischen Löwen.

Für den sogenannten Islamischen Staat zu kämpfen, bedeutet nicht weniger, als es Putin heimzuzahlen, dessen Soldaten seinen Onkel umgebracht haben. „Vor deinen Augen!", bekräftigt der IS-Mann. „Stell dir vor, wie es wäre, vor deinen Onkel hinzutreten mit den Namen aller, die du in Syrien abgeschlachtet hast. Mit jedem Einzelnen würde er dich noch mehr lieben." Der Gedanke trifft ins Herz. Der junge Tschetschene ist sich zwar völlig im Klaren, dass sein Vater ihn nie im Leben in den Krieg ziehen lassen würde. Aber wäre er am Ende insgeheim nicht doch stolz auf ihn, den unerschrockenen Sohn, der sein Leben für eine wahre, gerechte Sache hingibt? Und natürlich rechnet der kurdischstämmige Dschihadist auch mit Österreich ab: „Schau, wie die reden im Fernsehen. Die wollen uns nicht, die wollen uns tot sehen, die sperren uns ein, die hören nicht auf, bis wir an das glauben, an das sie selbst glauben." „Genau meine Erfahrung", sinniert Ahmad, „da hat er schon recht." Er schwankt.

Der IS-Mann, der mehr als doppelt so alt ist, überhäuft ihn mit Komplimenten. Wie fühlt sich der 14-Jährige endlich gesehen! „Die Brüder unten in Syrien sind froh über Leute wie dich", bekommt er zu hören. „Du bist scharf im Denken, präzise im Tun, körperlich fit, du wirst eine große Hilfe sein." Wieder draußen wird Ahmad erfahren, dass derselbe Mann nach seiner Freilassung nach Deutschland zog und sich von der IS-Ideologie abgewandt haben soll. Im Gefängnis Wien-Josefstadt ist er es jedoch, der Ahmad empfiehlt, nach der Enthaftung einen versteckten Keller aufzusuchen, um jene „wahren Brüder" zu finden, die „ganz und gar" für ihn da sein werden.

Tatsächlich wird Ahmad diesen Leuten in einer Art Gebetsraum begegnen, der unter dem Radar von Behörden und islamischer Glaubensgemeinschaft betrieben wird, und sie werden den jungen Tschetschenen in atemberaubender Geschwindigkeit für den militärischen Dschihad entflammen. Bis zu seiner Festnahme auf der Wiener Donauinsel war Ahmad überzeugt, die besten Freunde der Welt zu haben und sich in jeder Lage auf sie verlassen zu können. Die Straßenehre schweißte sie zusammen, sie wollten füreinander einstehen, wie die räuberische Truppe rund um die Sagengestalt Robin Hood. Das Gefängnis belehrt ihn eines Besseren. Kein Einziger von ihnen lässt sich blicken.

Der immer noch 14-Jährige ist weit davon entfernt zu durchschauen, dass das Versprechen des IS-Anhängers, er, Ahmad, werde schon bald Leute treffen, die sich „wirklich" für ihn einsetzen, bei ihm deshalb auf besonders fruchtbaren Boden fällt. Erst als er später kurz vor einem bodenlosen Abgrund kehrtmacht, wird er nicht müde, anderen, gefährdeten Jugendlichen die Perfidie dieser Gehirnwäsche zu veranschaulichen: „Die IS-Leute haben meine Lebenssituation blitzschnell durchschaut, haben sich ausgerechnet, was mir fehlt, und mir genau das geboten."

Zwischenstopp Jugendgefängnis Gerasdorf: Die Saat keimt

Bei einem Hofspaziergang in herbstlicher Witterung trägt Ahmad über dem T-Shirt seine Bomberjacke von „Alpha Industries", ein Kultteil, mit dem sich auch berühmte Rapper und Popstars wie Rihanna gerne zeigen. 280 Euro hat sie gekostet. Ein 35-jähriger Untersuchungshäftling will sie ihm abspenstig machen und verpasst ihm eine Ohrfeige. Ahmad wehrt sich, schlägt dem Mann ins Gesicht und bricht ihm die Augenhöhlen, die Nase und das Kiefer. Der Vorfall wandert in Ahmads noch offenen Strafakt.

Ein Prozesstermin wird angesetzt und vertagt. Sechs Monate im Gefängnis Wien-Josefstadt liegen hinter Ahmad. Für die bis zur Verhandlung verbleibende Zeit wird er in die Jugendstrafanstalt Gerasdorf überstellt. Er landet im C-Trakt, wo sich die Neuankömmlinge einfinden, und bekommt eine Einzelzelle. Hier kann er ungestört den Koran lesen und seine Gebete verrichten; das ist in seiner ideologisch sich neu ausrichtenden Welt das Wichtigste. Mit seiner Freundin hat er mittlerweile gebrochen. Sie weigerte sich, ihn in Haft zu besuchen. Nach ein paar Briefen war für ihn Schluss. Es kommt ihm nicht ungelegen, dass die Beziehung zu ihr aus religiöser Sicht ohnedies verboten ist.

Verglichen mit der explosiven Anspannung im Gefängnis Wien-Josefstadt, ist der Alltag in Gerasdorf geradezu chillig. Der 14-Jährige bewegt sich unter Gleichaltrigen. Der Hof ist riesig. Selbst wenn hier 500 Insassen spazierten, fände jeder noch ein paar Quadratmeter und eine ruhige Ecke für sich allein. Die Beamten sind vergleichsweise cool drauf, für Späße und Late-Night-Sessions zu haben, reden mit den Jugendlichen und spielen mit ihnen. Die jungen Häftlinge können sogar eine Lehre absolvieren. Für Ahmad kommt das nicht infrage. Er ist gerichtlich noch nicht verurteilt und hofft, bald freigelassen zu werden. Seine Zukunft liegt im Nebel. Zwei Wege scheinen möglich. Soll er der Faszination für den sogenannten Islamischen Staat nachgeben und sich darauf konzentrieren, ein guter Kämpfer zu werden? Oder soll er weiter in die Schule gehen, heiraten, eine Familie gründen?

In Gerasdorf trifft er Bekannte von früher, spielt mit ihnen Fußball und führt oberflächliche Gespräche. Innerlich bleibt er auf Distanz. Seine Gedanken schweifen herum. Er versucht, sich selbst zu finden, trainiert jede freie Minute in der Kraftkammer, denkt viel nach und wird mit jedem Mal, da er die Ungerechtigkeiten, die er schon erfahren hat, noch einmal durchgeht, wütender. Die Jugendsozialarbeiter, die er von früher kennt, Fabian und vor allem Julia, schauen ab und zu vorbei, sind aber vor allem mit jenen beschäftigt, die schon in Strafhaft sitzen.

Ahmad lässt niemanden in sich hineinschauen. Seine Gedanken gehören ihm allein. Die kriminellen und die dschihadistischen Jugendmilieus fließen ineinander. Erfahrene Streetworker, die erste Anzeichen für eine nie dagewesene Radikalisierung in Richtung IS erkennen, betreten völlig unbekanntes Terrain. In der Sozialen Arbeit ist die IS-Terrormiliz noch kein Thema. Fabian beratschlagt sich mit Extremismus-Experten, und mit Leuten wie dem Politologen Thomas Schmidinger, der sich mit Tschetschenien auskennt, zur Region forscht und publiziert. Ahmad gehört in dieser Phase nicht zu den Burschen, um die er sich die allergrößten Sorgen macht. Er weiß den jungen Tschetschenen in engem Kontakt mit seiner Familie. Seine Eltern reisen jede Woche aus Wien an, um ihn zu besuchen. Viele andere Jugendliche haben niemanden und stehen am Tag ihrer Enthaftung allein vor dem Gefängnistor.

Der leitende Beamte des Stockwerks, in dem Ahmad untergebracht ist, zeigt sich großzügig, wenn die Eltern sich anmelden. „Ihr könnt eine halbe Stunde länger reden, ich gehe einstweilen eine rauchen“, sagt er – und in Richtung Ahmad: „Ich kann mich auf dich verlassen.“ Meistens bleibt er eine Stunde lang weg. Ahmad kann seine Eltern endlich umarmen. Seine Mutter lässt eine Stunde lang seinen Arm nicht mehr los. „Ich würde euch gerne noch zehn Stunden geben“, sagt der Beamte, als er zurückkommt. „Aber es geht leider nicht.“ Und zu den Eltern: „Er ist ein super Junge!“

So vergehen in Gerasdorf die Wochen. Schließlich kommt es zur Gerichtsverhandlung. Bei der Gegenüberstellung erkennen die beiden beraubten Studenten die Täter wieder, obwohl sich diese äußerlich mittlerweile stark verändert haben. Mit Ahmad können sie nichts anfangen. „Den haben Sie uns wahrscheinlich reingesetzt, um uns zu verwirren", sagt einer. „Warum haben wir den Tschetschenen überhaupt eingesperrt?", fragt die Richterin. Ahmad wartet draußen vor dem Verhandlungssaal. Danach bringt man ihn nach Gerasdorf zurück.

Das Gericht wird ihn schließlich vom Vorwurf des Raubs, der ihn ins Gefängnis gebracht hat, freisprechen. Für die Schlägerei wegen der Alpha-Jacke in der Justizanstalt Wien-Josefstadt wird es ihn wegen Körperverletzung bestrafen und die Zeit der Untersuchungshaft auf die Strafhaft anrechnen. Kurz darauf wird er frei sein.

Ahmad verrichtet das Mittagsgebet in seiner Zelle. In der Niederwerfung, also mit dem Kopf am Boden und nach muslimischer Auffassung Allah am nächsten, bittet er: „Bring mich mit deiner Barmherzigkeit hier raus." Er steht auf, legt sich auf das Bett. Die Zellentür geht auf, herein tritt der Gefängniskommandant: „Sie können nach Hause!" Ahmad hält die Nachricht für einen „schlechten Witz". Nach allem, was der Staatsanwalt im Gerichtssaal über ihn ausgebreitet hat, rechnet er damit, in ein, zwei Jahren heimzukommen. Der Beamte hält ihm die Enthaftungspapiere hin. Ahmad beginnt zu lesen und fühlt sich davongetragen, als würden alle Glücksgefühle, die Menschen haben können, auf einmal auf ihn einströmen. Er packt den Überbringer der Botschaft und hebt ihn hoch. „Wenn du mich jetzt niederhaust, bist du schneller wieder drin, als du schauen kannst," warnt der Gefängniskommandant. „Pack deine Sachen, ich hole eine Kiste. Geh runter zur Sozialarbeiterin und ruf deine Eltern an. Sie sollen dich abholen."

Ein Beamter händigt ihm 858,47 Euro aus, die er in Gerasdorf verdient hat, wenn er in der Werkstatt Armbänder oder Ketten für diverse Märkte angefertigt hat. „Das ist gutes Geld für einen Jugendlichen", denkt Ahmad, „damit werde ich etwas Spaß haben". Er ruft seinen Vater an. Seine Mutter ist mit ihrer Schwester und ihrer Tochter gerade im Donau Zentrum einkaufen. Den freudigen Schreck, dass er freikommt, muss sie erst einmal verkraften. Ahmads Schwester spritzt ihr ein wenig kaltes Wasser ins Gesicht.

Auf dem Weg zum Ausgang sieht Ahmad durch ein Fenster seine Eltern durch das Tor treten. Ihr Auto, ein Volkswagen Sharan, parkt draußen. Sie unterschreiben, dass sie nun wieder für ihren minderjährigen Sohn verantwortlich sind. Ahmad geht ihnen entgegen. Seine Mutter wird ihm später schildern, dass seine Augen vor Glück funkelten. Sie weint, die Stimme des Vaters klingt gebrochen. Dann umarmen die Eltern ihr Kind und lassen es eine gefühlte Viertelstunde lang nicht mehr los, bis ein Beamter sich räuspert: „Wollt ihr gar nicht mehr raus aus dem Gefängnis?"

Es ist derselbe Beamte, der bei der Besuchszeit immer etwas draufgegeben hat. „Auf Wiederschaun!", sagt Ahmad.

„Hey, auf Nimmerwiedersehen!"

„Ja, ganz genau!"

„Zumindest hier nicht."

„Ich verspreche es!"

„Ich nehme dich beim Wort."

Einige Jahre werden vergehen, bis Ahmad in Wien-Brigittenau den Beamten in ziviler Kleidung vor einer Bäckerei in seinem Bezirk stehen sehen und denken wird: „Verdammt, der kommt mir abnormal bekannt vor." „Martin?" – „Bist du das Ahmad?" – „Ganz genau!" – „Komm, lass dich drücken. Wie geht es dir?" Der frühere Stockwerksbeamte wird einen Verein gegründet haben, der jungen Leuten im Gefängnis hilft. Ahmad wird zu diesem Zeitpunkt an einem Videoprojekt beteiligt sein, um Jugendliche vom IS abzuhalten, jenem Weg in die finstere Irre, der noch vor ihm liegt.

Nach sieben Monaten und achtzehn Tagen ist er frei. Es ist November 2014. Ahmad ist im Gefängnis 15 Jahre alt geworden. Er feierte seinen Geburtstag mit einem Apfelstrudel, den der Kommandant seines Stockwerks auf dem Weg in die Arbeit für ihn gekauft hat.

Wieder frei, aber verloren

Auf dem Weg nach Wien bleibt der Vater stehen, um Getränke und Süßigkeiten einzukaufen. Beim Heimkommen die große Überraschung: Tante, Geschwister, die ganze Familie ist versammelt, außerdem Freunde von früher, die er nach der Kindheit aus den Augen verloren hat. Mit ihnen hat er am wenigsten gerechnet. Seine Mutter nimmt eine Mappe, schreibt Ahmads Namen darauf, legt die Gerichtsprotokolle, das Urteil und die Enthaftungspapiere hinein und verstaut sie in einem Schrank.

Ahmad umarmt alle Gäste. Man verteilt sich im Wohnzimmer und trinkt gemeinsam Tee, bis die Eltern zu Verwandten aufbrechen und die Jungen sich selbst überlassen. Viele Fragen prasseln auf den jungen Tschetschenen ein. „Ist das wie in den Filmen? Wie in den Dokus?“ – „Ganz und gar nicht“, sagt Ahmad. Er erzählt von den Kämpfen in der Justizanstalt Wien-Josefstadt, seiner Anspannung als Jugendlicher unter Erwachsenen, von seiner Erleichterung, nach der Überstellung ins Jugendgefängnis wieder unter Gleichaltrigen zu sein, davon, dass es in Gerasdorf wie in einer Jugendeinrichtung gewesen sei, ganz gut auszuhalten, wäre nicht diese ständig schwelende Wut darüber gewesen, unschuldig im Gefängnis zu sein. Dass er einiges angestellt hat, für das er nicht zur Rechenschaft gezogen wurde, spricht er nicht aus, sondern denkt nur: „Vielleicht ist es eine Lektion von Gott, dass ich für etwas sitzen musste, das ich nicht gemacht habe.“

Irgendwann ist es drei Uhr früh. Sein jüngerer Bruder schlägt vor, „so wie früher“ zur Tankstelle zu gehen. Sie liegt ein paar Gehminuten entfernt. Es ist eine laue Novembernacht. Als sie mit Chips und Energydrinks zurückkommen, sind wieder drei Stunden wie im Flug vergangen. Niemandem ist zum Schlafen zumute. Der Fernseher läuft, die Playstation wird angeworfen. Am nächsten Tag schmerzt Ahmads Kiefer vom vielen Lachen. Er weiß von Ex-Häftlingen, die nach ihrer Freilassung in ein tiefes Loch fallen. Er fühlt sich zu Hause. Willkommen. Auch der zweite, dritte, vierte und fünfte Tag vergehen in ausgelassener Runde. Schließlich sagt der Vater: „Es ist Zeit, wieder Fuß zu fassen. Was wirst du weiter machen?“

Er wolle in die Schule gehen, danach sehe er weiter, antwortet Ahmad. Er will die Handelsakademie machen, sein Leben kommt allmählich in ruhige Gewässer. Doch es schleicht sich eine seltsame, innere Leere ein. Die Freunde von früher werden ihm zunehmend fremd. Ahmad ist auf der Suche nach der „Wahrheit“, einer Rolle, die ihm sinnvoll erscheint, einer Aufgabe, er will unabhängig sein, ein Auto, einen Job, etwas aus seinem Leben machen, eine Familie, Kinder. Seine Kumpels wollen bloß im Park chillen, Drogen einwerfen und von einem Lottogewinn träumen, der sie zu Millionären macht. Ein halbes Leben später wird Ahmad jedes Mal, wenn er zufällig an ihnen vorbeikommt, erschüttert sein, wie „komplett kaputt“ Drogen und Perspektivenlosigkeit sie gemacht haben. „Das waren keine dummen Jungs“, wird er denken, und gegen jede Wahrscheinlichkeit inständig hoffen, dass sie „noch auf einen guten Weg finden“.

Eltern, Sozialarbeiter und IS-Rekrutierer kämpfen um Ahmad

Von Kindesbeinen an hörte Ahmad vom Vater, dass er vor den schwarzgekleideten, vollbärtigen Predigern auf der Hut sein solle, überhaupt vor allen, die meinen, sich über den Rest der Menschen erheben zu können, insbesondere Sektenführern und Übertreibern. Die Warnungen klingen ihm im Ohr, auch wenn er inzwischen 15 ist, also in einem Alter, in dem man auf das, was die Eltern predigen, nicht mehr allzu viel gibt. Ahmad reißt es hin und her. Fühlt er sich von der Polizei „wie ein Stück Scheiße“ behandelt, sieht er die Bilder aus Syrien, denkt er an die Schule, möchte er vor Wut zerspringen und „es endlich allen einmal so richtig zeigen“.

Die mobile Jugendeinrichtung Back Bone, für die Fabian und Julia arbeiten, beginnt 2014, gemeinsam mit Jugendlichen,

Spendeninitiativen ins Leben zu rufen. Das Ziel ist es, Burschen wie ihn aus ihrer unerträglichen Ohnmacht herauszuholen. „Ihr braucht euch nicht dem IS anschließen, wenn ihr den notleidenden Geschwistern helfen wollt“, sagt Fabian. Ahmad arbeitet an einigen Projekten mit. Doch er findet keinen Halt. Was soll er glauben? Woran soll er sich orientieren?

Da sind seine Eltern, die es zweifellos gut mit ihm meinen. Da sind die Jugendsozialarbeiter Julia und Fabian, die an ihm dranbleiben. Und da sind die IS-Leute, die sich mit psychologischem Geschick durch seine Kränkungen und seinen Hass hindurch bis zu seinem Innersten vorarbeiten und in ihm das euphorische, grandiose Gefühl hervorrufen, auserwählt zu sein. Daneben kann der leise Zweifel, der an dem jungen Tschetschenen immer noch nagt, kaum bestehen. Rückblickend wird Ahmad sagen, dass man ihn manipuliert und sein Gehirn gewaschen hat.

Dabei hat er früh gelernt, seine Gedanken und Argumente zu schärfen, denn er war stets von Älteren umgeben und wollte es in Debatten mit ihnen aufnehmen. Schon mit 13 chillt er mit Burschen, die um die 20 sind. Nach seiner Enthaftung setzt sich das Muster mit den Dschihadis fort. Auch in ihrem Kreis ist er der Jüngste. Seine Neugierde ist kaum zu stillen. Die gelehrigen Erörterungen der IS-Männer begeistern ihn. Es stört ihn nicht einmal besonders, dass sie neben ihren Ansichten keinerlei abweichende dulden. „Mach die Ohren zu, wenn andere dich belehren. Glaub nur uns, wir sprechen die Wahrheit“, sagen sie. Insgeheim wundert er sich zwar, dass er keine anderen Meinungen anhören soll. Wenn seine neuen Gefährten ohnedies die Wahrheit vertreten, warum fürchten sie, man könnte ihn vom Gegenteil überzeugen? Dennoch folgt er ihnen fast bedingungslos.

Es wird Monate dauern, Ahmad wird im Begriff sein, in den Bus nach Syrien zu steigen, bis die zurückgehaltenen Zweifel aus ihm hervorbrechen und er aus einem Impuls heraus seine Schwester anrufen wird. Das wird ihm im buchstäblich letzten Moment das Leben retten.

Selbst der Koran ist zunächst keine große Hilfe. Ein berühmter, auf fast alle Lebenslagen anwendbarer Vers besagt, dass jene am richtigen Weg sind, die Gott am meisten prüft. Unter jungen Muslimen in Ahmads Umfeld aber kursiert vor allem jene Passage, wonach „die Juden und Christen niemals mit dir zufrieden sein werden, bis du an das glaubst, woran sie glauben“. Die Stelle bezieht sich ursprünglich auf die Auseinandersetzung des Propheten mit jüdischen und arabischen Stämmen, die ihn bekämpften. Die IS-Anhänger münzen sie nun auf Sozialarbeiter, Lehrerinnen und die christlich geprägte Mehrheitsgesellschaft insgesamt, um Burschen wie Ahmad aus ihren sozialen Bindungen zu lösen und ihren Argwohn zu nähren, dass jene, die vorgeben, an ihrer Seite zu stehen, sie bei nächstbester Gelegenheit verraten werden. Die einzigen, wahren Brüder seien sie, die auserwählte Gruppe, *ad-daula al-islāmīya* auf Arabisch. So lautet ihre Botschaft.

Julia und Fabian, die den Jugendlichen in der Justizanstalt Wien-Josefstadt besuchten, ahnen zwar, dass sie in den IS-Rekrutierern starke Konkurrenz haben. Wie gefährlich sie wirklich ist, stellt sich aber erst nach und nach heraus. Die Jugendsozialarbeiter kennen den Tschetschenen erst seit einem Jahr, zu kurz für eine vertrauensvolle, belastbare Beziehung. Vor seiner Verhaftung schaute er ein paar Mal mit Freunden in der Jugendeinrichtung vorbei, um Billard zu spielen, Sport zu treiben oder einfach nur zu reden. Ahmad zählt aus ihrer Sicht zu einer kleinkriminellen Szene, in der sich neben Tschetschenen auch Afghanen und Bosnier tummeln und einige allmählich in Richtung IS abbiegen.

Er ist bereits ein paar Wochen eingesperrt, als Fabian und Julia ihm im Besucherraum erstmals gegenübersitzen und er sich freut, sie zu sehen. „Wie geht es dir? Brauchst du etwas?“, fragen sie. Bevor sie die Justizanstalt wieder verlassen, zahlen sie jeweils 50 Euro auf sein Gefängniskonto ein. Das wird er ihnen nicht vergessen. Sie kommen wieder, oft Julia, manchmal Fabian, und spielen mit ihm Uno, Schach oder Tischtennis. Ahmad gibt sich umgänglich, redet mit Julia über seine Gefühle und lässt Fabian Anteil an alltäglichen, eher harmlosen Problemen haben. Wie es wirklich um ihn steht, die Gewaltexzesse in der Zelle, seine erwachende Faszination für das IS-Gedankengut, bemüht er sich, vor ihnen zu verbergen. „Es ist alles gut, ich habe einen Fehler gemacht, es kommt nicht mehr vor“, sagt er. Genauso hält er es mit dem Bewährungshelfer, der ihm nach seiner Freilassung zur Seite gestellt wird.

In raren, unkontrollierten Momenten verspricht sich der junge Tschetschene und verrät mehr, als ihm recht ist. Seine Veränderung bleibt den Jugendsozialarbeitern deshalb nicht gänzlich verborgen. Nach Ahmads Freilassung gehen ihre gemeinsamen Gespräche und Aktivitäten weiter. Ahmad rechnet damit, wegen seiner zunehmend extremen Sichtweisen zurechtgewiesen zu werden. „Heast, was redest du? Du warst doch vorher nicht so", auf Kommentare dieser Art stellt er sich ein. Fabian und Julia lassen sich jedoch nicht provozieren. „Wenn du meinst!", sagen sie. „Du weißt natürlich, dass es kein Mensch in Ordnung findet, jemandem den Kopf abzuhacken." Oder: „Wenn ihr der Zivilbevölkerung helfen wollt, gibt es andere Wege als mit einer Kalaschnikow." Oder: „Ich persönlich glaube nicht, dass der IS für eine gerechte Sache kämpft." Oder: „Kann nicht einzig Gott darüber urteilen, wer Muslim ist und wer nicht, wer leben darf und wer sterben muss?" Jugendlichen, die darauf beharren, nach Syrien zu reisen, mitunter auch, um die Erwachsenen aus der Fassung zu bringen, antwortet Fabian: „Bitte geh nicht! Ich will nicht, dass dir etwas passiert. Wenn man in ein Kriegsgebiet fährt, ist es sehr wahrscheinlich, dass man getötet wird oder selbst jemanden töten muss. Und wenn man andere tötet, tötet man auch immer einen Teil von sich selbst."

Je öfter sie einander sehen, desto stärker beschleicht Fabian und Julia, was Ahmad betrifft, ein „ungutes Gefühl". Sie gehen davon aus, dass er einiges am Kerbholz hat, von dem sie nichts wissen, glauben ihm aber, dass er unschuldig in U-Haft war. Später, als IS-Aussteiger, wird Ahmad sich ihre zahllosen Unterhaltungen in Erinnerung rufen, sie akribisch auseinandernehmen, befinden, dass die Jugendsozialarbeiter ihn nie in die Ecke getrieben haben, mit ihren Ansichten aber auch nicht hinter dem Berg gehalten haben, und er wird zum Schluss kommen: „Wow! Die haben das wirklich gut gemacht."

Die IS-Treffen im Keller schafft Ahmad allerdings, völlig geheim zu halten. Sein Vater ist der Einzige, den er einbindet, allerdings ohne ihn ins Vertrauen zu ziehen. Um theologisch umstrittene Positionen abzuklären, löchert er ihn mit allen Fragen, die ihm durch den Kopf gehen. Sein Vater antwortet, ohne sich seinerseits anmerken zu lassen, dass er Verdacht schöpft. Schon bei den Besuchen im Gefängnis hat er seinem Sohn eingeschärft, sich von den IS-Leute nichts einreden zu lassen, doch konnte er sich in seinen schlimmsten Träumen nicht vorstellen, wie schnell und tief Ahmad in ihre Welt eintaucht.

Die Kellermoschee: Sport, Videos und Gehirnwäsche

Ahmad ist auf der Suche nach etwas ist, das sich wie „Wahrheit" anfühlt. Und er sehnt sich nach Zugehörigkeit. In der Moschee, die ihm in Haft empfohlen wurde, hofft er, die „wahren Brüder" kennenzulernen. Es handelt sich um einen Keller im zweiten Wiener Gemeindebezirk, zu dem nicht jeder Zutritt hat. Der 15-Jährige wird empfangen, als hätte man ewig auf ihn gewartet: „Komm herein, Bruder, wir haben viel von dir gehört und uns so auf dich gefreut." Man umringt ihn, fragt ihn aus, streut ihm Rosen, bis einer der Männer vorschlägt: „Gehen wir Kebab essen! Ich lade euch ein."

Es dauert nicht lange und Ahmad gehört völlig selbstverständlich dazu. „Was machen wir?", heißt es nun Wochenende für Wochenende. Er fühlt sich willkommen, bald auch geborgen. Man spielt miteinander Fußball, springt in die Donau, wenn man Abkühlung sucht, grillt und radelt gemeinsam, trifft sich zum Wandern und organisiert Survival-Camps. Was Ahmad wie harmlose Freizeitvergnügungen erscheint, soll in Wirklichkeit das Kameradschaftsgefühl stärken. Auch mit Hinblick auf den Dschihad in Syrien. Die IS-Rekrutierer beobachten den jungen Tschetschenen auf Schritt und Tritt, um herauszufinden, wie belastbar er ist und wo er gegebenenfalls eingesetzt werden kann.

Nach einigen Wochen halten sie die Zeit für gekommen, mit seiner ideologischen Unterweisung zu beginnen. Man will gemeinsam ein Video anschauen. „For the sake of Allah" heißt der kurze Film, der Ahmad in einen Bann schlägt, aus dem er nicht mehr loskommt. Bis heute kann er den Text fast auswendig. „For the sake of Allah. We will march to the gates. Of the paradise where our maidens await. We are Men that love Death. Just as you love your Life. We are soldiers that fight in the day and the night. Going forth. Preparing to roar. We are the Brothers of Light. With Kuffar in Sight. The rains are many. Weapons are heavy. But the soldiers of Allah are more than ready."

Bam! Boah! Yeah! Ahmad ist überwältigt. „Stimmt genau!" Zweieinhalb Minuten dauert das Kampfnaschid, der einlullende Soundtrack zum Video. „Defending the pride of our sisters who have cried." Und: „Their voices have motivated the men who have migrated to fulfill their duty of making Gods word the greatest. Oh, my brothers, Jihad is the way to bring back the honour of our glorious days. The promise of Allah will always remain that fighting for his sake is the ultimate gain." An einigen Stellen stoppt das Video für den dazwischen geschobenen Kommentar eines IS-Predigers, dann geht es weiter: „And now the time has come for the battles to be won. Shahadah (das islamische Glaubensbekenntnis, Anmerkung) on our tongues as our hearts beat as one."

Naschids sind keine Erfindung des sogenannten Islamischen Staats, sondern haben als religiöse Lobgesänge in der arabischen Welt eine lange, reichhaltige Tradition. Deren bedient sich die Terrormiliz für ihre propagandistischen Zwecke. Ahmad fühlt sich mit dem Video auf fast magische Weise gemeint. Wortlose Träume bekommen eine Sprache; Türen und Fenster fliegen auf. Das ist es, was er im Innersten will: Der Ungerechtigkeit auf der Erde ein Ende setzen, auf dem heiligen Boden vom syrischen Damaskus bis nach Mekka, über den alle Propheten gegangen sind, wo islamischen Quellen zufolge das Jüngste Gericht stattfinden wird, seinen Beitrag leisten. Der Ruf des sogenannten Islamischen Staates in seinen Anfängen, als es darum geht, möglichst viele Anhänger für seine Ideologie zu entzünden, geht ihm durch Mark und Bein.

Er kann sich der Reime und des Rhythmus kaum erwehren. Die mörderische, eigentliche IS-Agenda dahinter tritt für den Jugendlichen nicht zutage. „Die wissen wirklich, wovon sie reden", denkt Ahmad. Als hätte sich ein Schalter umgelegt, sind seine Augen und Ohren von nun an auf Syrien und den sogenannten Islamischen Staat gerichtet. Im Moscheekeller sitzen an diesem Tag mehrere Dutzend Burschen und Männer. Der Prediger scheint nur zu dem jungen Tschetschenen zu sprechen. Ahmads Sitznachbar bemerkt, dass sich auf seinen Armen eine Gänsehaut bildet und wirft ihm Blicke zu: „Gut, gell?" Ahmad fühlt sich auserkoren.

„Brüder, das ist das beste Video, das ich in meinem ganzen Leben gesehen habe", sagt er im Anschluss an die Vorführung. „Das Beste ist, er spricht die Wahrheit", antwortet jemand. „Dein Herz fühlt sich wohl, weil es im Einklang mit der Botschaft ist." – „Ja, das ist es", bestätigt Ahmad. – „Schau, wie schön es wäre, wenn du mit einer Kalaschnikow in der Hand eine ganze Armee hinter dir weißt. So einer wie du würde sofort zum Kommandanten aufsteigen. Du bist perfekt dafür." Genau das hat er sich wie viele in seinem Alter ersehnt. Der harte Kerl sein, der das Sagen hat, wie die Helden in den amerikanischen Filmen, der übelste Boss von allen, der aller Welt den Krieg erklärt, der ausrückt, um die weinenden Schwestern zu befreien, zu trösten und ihre Ehre zu verteidigen, und der am Ende siegt, weil er unter dem Schutz Gottes steht. Für den Jugendlichen ergibt das alles Sinn.

Die folgenden Wochen und Monate zieht Ahmad sich zahllose weitere IS-Propagandavideos rein. Je tiefer er in diesen Kosmos aus verheißungsvollen Bildern und hypnotischen Naschids eintaucht, desto ferner rücken seine Familie, die Freunde und auch die Schule. Medienberichte, die Lehren der IS-Ideologen in dem versteckten Keller in Wien, die Drohnen und das Giftgas in Syrien, ermordete Dorfbewohner, die Angst des Westens vor dem IS, die aus Ahmads Perspektive nur bedeuten kann, dass die islamische Bewegung so stark ist wie nie: Er will dabei sein, auf der richtigen Seite stehen.

Noch ringt er mit Argumenten, klopft er Erklärungen ab, geht Für und Wider durch, versucht, die mäßigenden Werte, die sein Vater und seine Mutter ihm mitgegeben haben, mit der Radikalität der IS-Anhänger in Einklang zu bringen. Seine Eltern haben alles in die Waagschale geworfen, damit er in Österreich ein gutes Leben hat. Was aber ist mit der ungerechten Behandlung in der Schule, den Beleidigungen durch Polizisten auf der Straße, die ihm widerfahren sind? Wie viel Bestätigung braucht er noch dafür, dass der Westen Muslime nicht leiden kann? Wie viel wiegt das? Am Ende erliegt Ahmad der Verführungskunst der IS-Rekrutierer und rebelliert gegen den Vater.

Sommer 2015, Ahmad wird 16 Jahre alt.

Der junge Löwe auf dem Sprung nach Syrien

Die unentwegten Huldigungen seiner neuen Freunde sind Balsam auf Ahmads Seele. „So schön zu sehen, dass so ein junger Mensch nicht auf dumme Gedanken kommt, sondern auf dem Weg Allahs standhaft bleibt", sagen sie. Ihr Lob nimmt er sich ebenso zu Herzen wie ihren Tadel. Ahmad weiß, dass er als Muslim fünf Mal am Tag beten muss, schließlich stammt er aus einer sehr religiösen Familie. Wie andere Menschen es mit dem Koran halten, kümmerte ihn bisher kaum. Das ändert sich allmählich. Ahmad missbilligt zunehmend nicht nur Menschen, die rauchen, Drogen nehmen oder andere Fehler haben, sondern zunehmend auch jene, die aus seiner Sicht einen schwachen Glauben pflegen und sich nicht für die leidenden Geschwister in Syrien einsetzen.

Keine zehn Jahre später wird nach dem Attentat der Hamas an Jüdinnen und Juden, der Vergewaltigung, Verschleppung und Geiselnahme von jüdischen Zivilistinnen und Zivilisten am 7. Oktober 2023 und der folgenden flächendeckenden Bombardierung des Gazastreifens durch das israelische Militär erneut eine Welle von Ohnmacht und Wut muslimische Jugendliche erfassen. Wieder werden TV-Sender, dieses Mal aber vor allem soziale Plattformen, Bilder der leidenden Bevölkerung rund um die Uhr verbreiten und junge Tschetschenen, Afghanen, Bosnier und Palästinenser in Europa werden nicht wissen, wohin mit ihren Gefühlen. Ahmad wird dann Mitte zwanzig und ein TikTok-Idol sein, der Burschen, wie er selbst einer war, viel zu sagen hat.

Noch befindet er sich im Jahr 2015, in der Zeit der geheimen Zusammenkünfte in einem IS-Keller in Wien. Die Rekrutierer für den sogenannten Islamischen Staat registrieren die zunehmende

Veränderung Ahmads wohlwollend. Sie werten es als Zeichen, dass er angebissen hat. Ab nun vergeht kaum ein Tag, an dem sie nicht seine Verachtung für all jene weiter nähren, die am vermeintlich falschen Pfad unterwegs sind: „Weißt du Bruder, es erwarten sie harte Strafen", versichern sie, und wenn der 16-Jährige sich mitunter immer noch wundert, dass Gott so drakonisch gegen Menschen vorgeht, besänftigen sie ihn mit vermeintlichen Beweisen. Zu Hause bleibt Ahmad mit seinen Eltern zwar im Gespräch; Religion hat für sie einen hohen Stellenwert, er sieht keine Veranlassung, ihnen den Glauben grundsätzlich abzusprechen. Aber er findet immer öfter ärgerliche Anzeichen dafür, dass er einfach „zu schwach" ausgeprägt ist. Es kommt zu Diskussionen, manchmal auch heftigen.

Die IS-Brüder können aus Ahmads Sicht schlicht alles schlüssig erklären und Widersprüche in Luft auflösen. Selbst wenn seine Eltern „die Wahrheit" wüssten, hielten sie damit hinter dem Berg, weil sie nicht wollten, dass ihre Kinder nach Syrien in den Dschihad aufbrechen und ihnen etwas passiert, behaupten sie. Sie würden seine neuen Freunde, die IS-Brüder, schlecht machen, würden versuchen, ihn zu überzeugen, dass ihre Ansichten falsch sind, und ihn, den Sohn, gewiss vor ihren Manipulationen warnen. Sie würden unter Umständen sogar so weit gehen zu erklären, dass die Psychologie die stärkste Waffe seiner neuen Freunde ist, mächtiger als alle ihre Kalaschnikows zusammen.

Jedes Mal, wenn seine Eltern sich genau so verhalten wie vorhergesagt, ist Ahmad ein Stück mehr von der Weitsicht seiner Dschihadi-Brüder beeindruckt. Er beginnt, Bekannte und frühere Freunde, die den Islam aus seiner Sicht nicht ernst genug nehmen, zu meiden und ändert seinen Kleidungsstil. Statt T-Shirts und Hoodies trägt er neuerdings schwarze Cargo-Hosen, lange Gebetskleider und Mützen. Sich zu stylen, um fresh auszusehen, verliert an Bedeutung. Im IS-Keller heimst er Komplimente ein: „Bruder, wir freuen uns sehr über dich. Obwohl du jung bist, verhältst du dich wie ein Erwachsener."

25-Jährige, 30-Jährige fragen ihn um seine Meinung, bescheinigen ihm Ernsthaftigkeit, preisen seine Kraft und sein Durchhaltevermögen, nennen ihn unentwegt einen „jungen Löwen". Ahmads

Selbstbewusstsein schwillt. Als sie ihn eines Tages zur Seite nehmen, um über „eine Sache" zu sprechen, sagt er: „Ich bin ganz Ohr." Im Keller kleben Alufolien an den Wänden. Die IS-Anhänger ziehen sich in eine Ecke zurück, die ihnen abhörsicher erscheint, dann raunen sie ihm zu: In zwei Wochen fahre ein Bus in die Türkei, von dort gehe es weiter nach Syrien. Er, Ahmad, solle sich bereithalten. Der junge Tschetschene fühlt sich geschmeichelt – und komplett überrumpelt.

Das größte Problem sind Mutter und Vater. „Was soll ich ihnen sagen?" Nach islamischer Auffassung müssen die Eltern die Erlaubnis geben. Einer der IS-Männer antwortet: „Bruder, wenn du deine Eltern ins Vertrauen ziehst, wie werden sie reagieren? Antworte nicht gleich, versetze dich in ihre Lage, spiele sie." Ahmad ist sofort in der Vaterrolle drin: „Bist du verrückt? Du gehst nirgendwo hin, außer in dein Zimmer! Lass dich nicht mehr blicken, bis du diese Scheiße aus deinem Kopf entfernt hast!", schreit er. Alle Blicke sind auf ihn gerichtet. „Siehst du", sagt der IS-Mann, „deine Eltern sind Ungläubige". – „Meine Mutter? Mein Vater?" Ahmad ist fassungslos: „Sie beten, fasten, glauben an Gott, versuchen, gut zu allen Menschen zu sein. Ungläubige?" „Genau", bekräftigt der IS-Mann. „Ungläubige heucheln. Sie beten zwar, fasten und helfen anderen, aber sie lehnen den wahren Dschihad ab und tun nichts für die Geschwister in Syrien."

Das Gesagte bleibt im Raum stehen. Ahmad schweigt. „Wir akzeptieren deine Entscheidung", versichern die Dschihadi-Freunde schließlich. „Aber du musst daran denken, dass unsere Geschwister vergewaltigt, umgebracht und verbrannt werden, wir brauchen dort Löwen wie dich." – „Gebt mir zwei Tage", sagt Ahmad.

Stundenlang spaziert er an der Donau entlang, setzt sich ans Ufer, starrt ins Wasser, zupft Blätter von Ästen, um sich zu beruhigen, zermartert sich das Gehirn. Er denkt an seine Zukunft. Nach zwei Tagen ist er zurück im Keller. „Es ist mein Weg, ich muss ihn gehen", sagt er. „Weißt du, was auf dich wartet, wenn du als Märtyrer stirbst?", fragen die IS-Männer. Ahmad soll kämpfen. Wie und wo er zum Einsatz kommt, bleibt unklar. Bei ihren gemeinsamen Ausflügen zum Neusiedlersee oder in tschechische Wälder hat er geübt, mit Pfeil und Bogen umzugehen, sich im

Gelände zu orientieren, Sprints hinzulegen, Hindernisse zu überwinden und Feuer zu machen, ohne die Bäume anzuzünden. Er wiegt 70 Kilo bei fast 1,80 Meter Körpergröße, hat sich Sixpacks antrainiert und ist körperlich topfit. Vor Ort soll er ein zweimonatiges Training erhalten. In seiner Vorstellung sieht Ahmad sich als Soldat im Kampfanzug, bis an die Zähne bewaffnet, der die gepeinigten Menschen, von denen in den Nachrichtensendungen die Rede ist, aus Gefängnissen befreit. Selbst wenn er in Syrien sein Leben lässt, ist es für eine gute Sache. So denkt er.

Als er in die Runde fragt, wer sonst noch mitfährt, bleibt es still. Es berührt ihn seltsam zu erfahren, dass er der Einzige ist, der aufbricht. „Wir sind noch nicht bereit“, antwortet man. Über Wochen und Monate waren die Brüder an seiner Seite gewesen, nun soll er allein durchs Ziel? „Hast du nicht bemerkt, dass du bei unseren Trainings immer der Beste bist? Wenn wir dort hingehen, sind wir Kanonenfutter“, sagen sie.

Das Schuljahr hat begonnen. Der 16-Jährige war nur wenige Tage in der Klasse. Die IS-Freunde wussten ihn ungern an diesem „dreckigen Ort“, aber sie unterstützen ihn und hätten ihm sogar Nachhilfe bezahlt, um ihm zu helfen, seine wahren Absichten zu verschleiern. Als das Finanzamt die Kinderbeihilfe zurückverlangt, weil Ahmad den Unterricht schwänzt, greifen sie ihm finanziell unter die Arme. Die IS-Rekrutierer selbst sind durchwegs gebildet, einige von ihnen studierten, und sie sind für den jungen Tschetschenen auf eine Art und Weise da, wie niemand zuvor – seine Familie ausgenommen – je für ihn da war. „Wie sollten sie nicht das Beste wollen?“, fragt sich Ahmad.

Es wird Herbst 2015. In zwölf Tagen geht der Bus.

Drei Stunden bis zur Abfahrt

Die Dschihadi-Freunde bringen den 16-Jährigen nach Graz. Im Auto reißt es Ahmad hin und her zwischen der Aussicht, bald alle nur erdenklichen Freiheiten zu genießen, und der Möglichkeit zu sterben und als Märtyrer ins Paradies zu gelangen. Um die 70 Jungfrauen, von denen in den Medien dauernd die Rede ist – nur um IS-Kämpfer wie notgeile Idioten dastehen zu lassen, wie Ahmad findet – geht es ihm nicht. Er will helfen. Ein Held werden. In die Geschichte eingehen. Er kennt an die hundert Leute, die vor ihm nach Syrien aufgebrochen sind. Die meisten von ihnen haben die ersten Tage nicht überlebt. Doch das schreckt ihn nicht ab; die IS-Gehirnwäsche entfaltet mittlerweile ihre ganze Wirkung. „Dann bin ich schneller bei Gott", sagt er sich. Für „die Gerechtigkeit" sein Leben hinzugeben, war das nicht der letzte Grund seines Daseins, das einzig Richtige, das es für ihn zu tun gibt?

Seine Begleiter muntern ihn auf: „Wir sind stolz auf dich." Deutschsprachige Brüder würden ihn „unten" bereits erwarten und sich um alles Weitere kümmern. Wie oft hatte er sich fremd gefühlt, falsch am Platz, seit er als kleiner Flüchtlingsbub nach Österreich kam? „Dort werde ich nicht fremd sein, ich werde mich an das neue Leben bald gewöhnen", denkt Ahmad. Seine IS-Freunde geben ihm 800 Euro, mit dem, was er selbst erspart hat, kommt er auf 7 000 Euro. Damit kann er ein Auto und Waffen kaufen, und sich in der Türkei ein paar Prepaidhandys zulegen. Am Busbahnhof entdeckt Ahmad bekannte Gesichter, aber niemanden, mit dem er jemals näher zu tun gehabt hätte, was ihn insofern nicht erstaunt, als er unter den Wartenden der mit Abstand Jüngste ist. Wieder einmal.

Er denkt an seine Eltern. Werden sie ihm jemals verzeihen? Wird er sie wiedersehen? Was werden sie über ihn denken? „Willst du noch jemandem Bescheid geben?", fragen seine Begleiter. Ahmad muss nicht lange überlegen. Wenn es auf der Welt einen Menschen gibt, der seine Eltern dazu bringen kann, ihn zu verstehen, ist es seine ältere Schwester. Sie war immer seine wichtigste Vertraute. Bei ihr suchte er Rat. Auf sie war immer Verlass, sie hütete alle seine Geheimnisse. Würde es dieses Mal auch so sein? Ahmad schreibt ihr über einen Messengerdienst. Sie beschwört ihn, nicht zu gehen. Dann bietet sie an, ihm Geld vorbeibringen zu lassen. Er überlegt. Geld könnte er brauchen. Sie fragt, wo er ist. Er zögert. Schließlich antwortet er: „Am Busbahnhof in Graz".

Ahmad hat keine Ahnung, was er damit auslöst.

Die Schwester wohnt zu dieser Zeit mit ihrem Mann in Graz. Sie ruft den Vater an: „Ahmad ist auf dem Weg nach Syrien“. Ihre Worte hallen wie aus weiter Ferne an sein Ohr und detonieren im kurzen Stillstand der Welt, der ihnen folgt, wie eine Bombe. Bus? Graz? Syrien? Ahmad? Dann fährt dem Vater wie ein Blitz der Kampfgeist ein. Drei Stunden hat er, um den Schergen des IS seinen Sohn zu entreißen. Er will ihn heimholen. Um jeden Preis. Kurz darauf sitzt der Vater im Auto.

Auf der Fahrt nach Graz geht er seine Optionen durch. Entweder er schafft es rechtzeitig zum Bahnhof und kann Ahmad dort abpassen. Andernfalls würde er versuchen, den Bus unterwegs einzuholen und zu stoppen. Sollte ihm das vor der Grenze nicht mehr gelingen, würde er im nächsten Schritt Freunde in der Türkei instruieren, Ahmad ausfindig zu machen und daran zu hindern, nach Syrien weiterzureisen. Sollte er ihnen entwischen, würde er, der Vater, ins Kriegsgebiet aufbrechen und seinen Sohn nach Hause bringen. Im Kopf zählt er Freunde und Bekannte auf, die ihm für das Vorhaben Geld leihen könnten.

Er rast die Autobahn entlang. Ist er ein schlechter Vater? Zu wenig präsent? Hat er an Weggabelungen falsch entschieden? War er nicht jeden Tag in den Köpfen seiner Kinder gesessen, hat er nicht alles darangesetzt, ihnen zu vermitteln, was richtig und falsch ist? Der Vater hält sich am Lenkrad fest, als in seinem Inneren eine Art Jüngstes Gericht anhebt. Er war überzeugt gewesen, seine Kinder von Abgründen fernhalten zu können; er kannte sie besser als alle anderen. Selbst wenn eines mit dem Gedanken spielen sollte, sich der Terrormiliz IS anzuschließen, er, der Vater, würde die Gefahr wittern. Und bannen. Hat er das Richtige gewollt und das Falsche hervorgerufen, wie die Helden griechischer Tragödien? Schuldgefühle, Zweifel, Ohnmacht, Wut drohen ihn zu überwältigen. Er ringt um Beherrschung.

Im Zeitraffer spulen sich die Jahrzehnte zurück, bis zu dem jungen Familienvater in Tschetschenien. Allein, auf sich gestellt, hätten keine zehn Pferde ihn von der Heimat fortgebracht. Doch die Russen setzten alles daran, ihn zur Strecke zu bringen, und er hatte eine Frau und Kinder, für die er um jeden Preis überleben wollte. Freiheitskämpfer wie er waren Geächtete, die nicht auf

Wohlwollen, ein Dach über dem Kopf oder auch nur Almosen zählen konnten. Die russische Regierung und die von ihren Gnaden eingesetzte politische Führung in Tschetschenien hetzte sie wie Freiwild. Sie wurden verhaftet, geschlagen, missbraucht. Spuckten die Folterkeller sie je wieder aus, mussten sie sehen, wo sie blieben, auf der Straße oder im Wald, außer ihren Familien kümmerte es niemanden.

Auch er hetzte von Versteck zu Versteck. Jedes vorbeifahrende Auto spannte seine Nerven wie eine Bogensehne. Ein Tag hat 24 Stunden, sein Kopf aber fühlte sich an, als hätte er jeden einzelnen davon 30 Stunden gearbeitet: Bleibt das Fahrzeug stehen? Fährt es vorbei? Wer sind die Männer, die darinsitzen? Was passiert als Nächstes? Wird jemand sterben? Seine Familie brauchte ihn, es blieb ihm irgendwann nichts mehr anderes übrig als zu flüchten. Sie sind aufgebrochen, über die Grenze, weiter nach Europa. Polen. Deutschland. Tschechien. Österreich. Hier erst hat er, der Vater, aufgehört, bei jedem vorbeifahrenden Auto zusammenzuzucken. Vor dem Krieg hatte er hohe Ansprüche an das Leben, wie alle jungen Leute. Er wollte Architektur studieren. Die Welt bereisen. Interessante Erfahrungen sammeln. Der Krieg zerstörte alles, die großen Pläne ebenso wie die bescheidenen Vorhaben. Er hat sich damit abgefunden. Irgendwann war es nicht mehr wichtig, wie seine Tage verliefen, ob er Freude empfand oder nicht. Mehr als alles andere zählten die Kinder, seine Tochter und seine vier Söhne, der Jüngste kam bereits in Österreich auf die Welt. Sie sollten in Freiheit aus dem Vollen schöpfen, eine Lehre machen oder studieren, ihre Meinung offen sagen, Geld verdienen, in eigenen Wohnungen leben. Und, so hoffte er, eines Tages ihre frühere Heimat wiedersehen.

Je mehr Zeit in diesem anfangs so fremden Land verstrich, desto weniger glaubte er allerdings noch daran, dass sich in Tschetschenien die politischen und sozialen Verhältnisse bessern würden, wenigstens so weit, dass seine Familie im Sommer die Verwandten besuchen kann, wie die Menschen vom Balkan, die er in Österreich kennengelernt hat. Nachdem er selbst diesen Traum aufgegeben hatte, wünschte er sich nur mehr, dass seine Kinder Staatsbürger ihres neuen Heimatlandes werden.

Er, der Vater, machte schlimme Zeiten durch. Manchmal bewahrte ihn allein die Zwiesprache mit Allah davor, mental zusammenzubrechen. Jede Mühsal, alle Schwierigkeiten betrachtete er als Prüfungen, die ihm Gott in seiner unendlichen Weisheit auferlegt. Es verbot sich aufzugeben. Er wollte das Aufwachsen des Jüngsten in Österreich begleiten und ihm helfen, sich hier zurechtzufinden. Wie wird er mit 16 sein, so alt wie Ahmad, der Mittlere, heute? Wie mit Mitte 20, so alt wie er, der Vater, in jenem eiskalten Dezember, als die Familie die gefährliche Flucht nach Europa wagte? Ahmad war damals keine vier Jahre alt, ein kleiner Bub, der keiner Fliege etwas zuleide tun konnte.

Die Anfänge in Österreich waren schwierig. Er saß auf den Koffern, bildlich gesprochen, und wartete auf das Zeichen, dass sie wieder nach Tschetschenen heimkehren können. Sein Herz weinte, als die Lage dort schlimmer und schlimmer wurde. Er sah seine Kinder viel zu schnell heranwachsen, arbeitete bis zum Umfallen, denn es sollte ihnen an nichts fehlen. Oft stellte er bis spät in der Nacht Lebensmittel und Waren zu. Das Einkommen reichte für das Nötigste, aber es war nicht genug für die Staatsbürgerschaft. Damit haderte er. Schließlich fand er sich sogar damit ab, dass er in dem Land, das vor allem seinen Kindern allmählich zur einzigen Heimat wurde, keinen Reisepass bekam und nicht wählen durfte. Seine Tochter und seine Söhne würden die Hürden für die Einbürgerung schaffen. So hofft er.

Und jetzt? Ahmad ist auf dem Weg nach Syrien. Ahmad, der ihm von seinen Kindern immer am nächsten stand, zieht in den Krieg. Hinter dem Rücken seines Vaters. Ohne sich von seiner Familie zu verabschieden. Was wusste der Junge von Waffen? Was wusste er vom Krieg? Was wusste er vom Leben? Wie konnte es so weit kommen? Hat er als Vater alles falsch gemacht? Die Fragen ziehen ihm den Boden weg. Er rast weiter, die Hände am Lenkrad. Seine Tochter ruft an. Er hört nur ungefähr, was sie sagt. Aber es beruhigt ihn, ihre Stimme zu hören. Sie hört nicht auf zu reden, als hinge davon ab, dass der Vater einen kühlen Kopf behält, als könnte er den Verstand verlieren, sobald der Strom ihrer Worte versiegt.

Ein schwarzer Mercedes

Während Ahmad am Busbahnhof in Graz auf seinen Schwager und die versprochenen 900 Euro wartet, gesellen sich einige Burschen und Männer zu ihm, die ebenfalls nach Syrien wollen. Mehr als ein Dutzend Gleichgesinnter wird in den Bus steigen. Man tastet sich ab. „Woher bist du?“ – „Ah, aus Tschetschenien! Da kenne ich nur stabile Leute.“ Für Ahmad scheint sich ein Kreis zu schließen. Er war ein Kind, als russische Soldaten seinen Onkel erschossen. Jetzt ist er ein junger Löwe, der Rache üben will. Der russische Präsident Wladimir Putin steht auf der Seite des syrischen Machthabers Baschar al-Assad. Schließt er, Ahmad, sich nun dem sogenannten Islamischen Staat an, um gegen Assad zu kämpfen, stellt er sich auch gegen Putin, dessen Häscher seinen Onkel ermordeten.

Ahmad vernimmt den Hauch der großen Geschichte, als ein schwarzer Mercedes mit getönten Scheiben zum Busbahnhof einbiegt, genau genommen eine Limousine, die jener, die sein Vater vor Kurzem gekauft hat, ziemlich ähnlich schaut. Es werden „irgendwelche Leute“ sein, die „irgendjemanden verabschieden“, denkt er. Dann sieht er das Nummernschild. Die Fahrertür schwingt auf. Ein Mann mit Vollbart und schwarzer Sonnenbrille steigt aus. Und genau in der Sekunde, die Ahmad braucht, um zu begreifen, dass er „nichts wie weg von hier“ muss, trifft ihn der Blick des Vaters.

Schon ist der Vater neben ihm: „Na, was machst du denn hier?“ – „Ich will weg!“, sagt Ahmad. „Du kommst weg. Nach Wien!“, sagt der Vater. „Dein Dschihad beginnt jetzt!“ Der 16-Jährige rührt sich nicht von der Stelle. „Bring ihn zum Auto“, sagt der Vater zum Schwager, der inzwischen auch ausgestiegen und nähergekommen ist, während er, der Vater, auf die Dschihadi-Freunde zusteuert. Ahmad möchte im Erdboden versinken, als sein Vater den IS-Männern, die seinen Sohn zum Bus brachten, in den sie selbst nicht einsteigen, ins Gesicht brüllt und sie „feige Schweine“ nennt. „Warum zieht ihr nicht selbst in den Krieg, statt die Kinder von anderen nach Syrien zu schicken?“ Ahmad ist überzeugt, dass ihn die unendliche Schmach, die sich vor seinen Augen abspielt, „für immer verfolgen“ wird. Schließlich zischt er dem Vater zu: „Wenn du mich jemals geliebt hast, lass uns jetzt sofort abhauen.“

Auf der Fahrt zurück nach Wien sitzt der 16-Jährige auf der Rückbank hinter dem Vater, der ihn immer wieder im Rückspiegel fixiert, und sagt kein Wort. Er spürt, wie angespannt sein Vater ist, wie aus seinem tobenden Inneren ab und zu ein Satz, eine Frage herausbrodelt – „Gefällt es dir nicht in Österreich?“, „Haben wir es als Eltern verkackt?“ –, und lässt alles an seinem Schweigen abprallen. Ab und zu hebt Ahmad den Blick und senkt ihn gleich wieder, um zu signalisieren, dass er nicht gewillt ist zu antworten. Gleich geht er in die Luft, denkt der Sohn. Doch der Vater schreit nicht. Er schimpft nicht. Er beleidigt Ahmad nicht.

Es bleibt bei den Fragen, die am Ende zu einer einzigen, großen Frage verschmelzen: „Warum hast du das getan?“ Ahmad glaubt, dass sein Vater ihm böse ist, er hält seinen Schmerz für Zorn oder Wut. Doch der Vater fühlt vor allem Mitleid mit Ahmad. Ein Mitleid, das ihm fast den Atem raubt. Wie er da am Steuer sitzt, den vor Wut kochenden Sohn im Rücken, sein eigener Körper zum Panzer verhärtet, innerlich „hochgefahren, wie knapp vor einem Totalausfall“, fokussiert er mit den letzten Reserven seiner Kraft darauf, den Sohn nicht spüren zu lassen, wie kaputt er ist. Er, der Vater, will Ahmad keine Schwäche spüren lassen. Er muss für ihn der Fels in der Brandung sein. Sein Sohn braucht ihn jetzt mehr denn je.

Ahmads Schwester. Vertrauen und Verrat

Ahmad hegt Groll sowohl gegenüber sich selbst als auch gegenüber seiner Schwester. Warum bloß hat er ihr erzählt, wo er sich befand? Warum hat sie ihn verraten? Auf Antworten wird er lange warten. Er muss erst noch durch einige Täler gehen, bevor er sich mit der Idee anfreunden kann, dass ein Teil von ihm schlicht gerettet werden wollte, und dass die Person, der er zutraute, ihn vom

Rand des Abgrunds wegzuholen, seine Schwester war. Noch ist er 16, und weit davon entfernt, das so zu sehen. Wenn er später, mit großem Abstand, auf sich zurückblickt, wird er darüber erschrecken, wie weit dieser wütende Bursche auf seinem Weg zum vermeintlichen Märtyrer gegangen ist. Seine Schwester wird mit ihrer Familie mittlerweile von Graz in eine andere Stadt gezogen sein. Sie werden einander noch seltener sehen. Er wird ihr ab und zu Geschenke machen, einfach so, und sie wird genau wissen, warum. Seine Dankbarkeit wird riesig sein.

Seit Ahmad denken kann, war seine Schwester seine Vertraute. Sie hat als ältestes der Geschwister als erstes das Gymnasium abgeschlossen. Danach wollte sie nicht studieren, sondern möglichst schnell auf eigenen Beinen stehen. Einige Jahre zuvor hatte sie begonnen, ein Kopftuch aufzusetzen. Zwei Freundinnen trugen eines, und sie wollte es ihnen gleichtun. Dass sie es am Arbeitsmarkt damit schwer haben würde, nahm sie in Kauf. Ihr Vater betrieb zwei Lebensmittelgeschäfte; nach der Schule begann sie hier mitzuarbeiten und ihr eigenes Geld zu verdienen.

Wann ist der Faden zwischen ihnen gerissen? Die Schwester sagt, es habe mit dem Gefängnis zu tun. Davor war Ahmad für sie der nette, intelligente Junge, der mit freshem Haarschnitt und in kurzen Hosen herumspazierte, nichts anderes im Sinn als Ballspielen, mit Freunden abhängen und Kampfsport. Nach seiner Enthaftung wurde er viel zu schnell erwachsen, findet sie. Nicht nur sein Äußeres veränderte sich. Er trug schwarze, lange Kleider mit IS-Symbolen, vermied die früheren Freunde, fand neue, redete über Rache an Russland und Genugtuung für „unsere Geschwister", die auf der ganzen Welt unterdrückt werden. Es kam ihr unpassend vor. Er war noch ein halbes Kind, mit einem Drang zu handeln, der ihr unheimlich war. „Wir müssen etwas tun!", sagte er immer öfter.

Manchmal fragte sie sich, ob sie diesen Wandel, den sie innerhalb bestürzend kurzer Zeit an ihm bemerkte, jemandem melden sollte, doch zögerte sie diesen Schritt immer wieder hinaus. Es sei besser abzuwarten, bis er wieder zu Besinnung kommt, redete sie sich ein. Ihre Gefühle gerieten durcheinander, sie fühlte sich hilflos. Ihr Verhältnis zu Ahmad war enger, als es zwischen besten

Freunden hätte sein können. Aber es war etwas zwischen sie getreten. Sie erreichte ihn nicht mehr, stand zwischen ihm und den Eltern, sorgte sich um sie nicht weniger als um ihren jüngeren Bruder, und suchte Zuflucht in Gebeten. Sie bat Allah um ein Zeichen. Monate verstrichen.

Eines Morgens liest sie auf ihrem Handy die Nachricht: „Ich kann nicht mehr bleiben. Ich muss weg hier, Schwesterherz. Meine Geschwister leiden, und ich lebe hier im Luxus. Ich kann das am Tage des Jüngsten Gerichts vor Gott nicht rechtfertigen. Mein Onkel, meine Tante, meine Bekannten, alle wurden umgebracht. Es ist Zeit, es Russland heimzuzahlen." Sie kann nicht fassen, was sie da liest. „Ya Allah, das war doch nicht, worum ich dich gebeten habe", denkt sie – und ruft sich innerlich sogleich zur Ordnung: „Alles Lob gebührt dir und mit deiner Entscheidung sind wir zufrieden, unser Schöpfer." Dieser Satz, davon wird sie später überzeugt sein, rettet ihrem Bruder das Leben, den Geschwistern den Bruder, den Eltern den Sohn.

Kurz darauf trifft Ahmads nächste Nachricht ein: „Schwester, es ist so weit. Wir fahren heute los mit Allahs Willen. Sag den Eltern nicht, dass ich unterwegs bin. Erst wenn ich ankomme, berichte ihnen bitte davon. Überrede sie, dass sie mir verzeihen sollen, dass ich ohne ihre Erlaubnis hinfahre. Ich liebe euch alle. Vor allem dich und Mama."

Rasenden Herzens bombardiert sie ihn mit Nachrichten:

„Ahmad das ist nicht dein Ernst????"

„Bitte mach das nicht … Sei kein Idiot."

„Du bist noch jung, du hast noch viel vor dir."

„Bleib hier und hilf den Leuten in Not hier, denk an deine Eltern."

Sie spürt ihre Sätze wirkungslos verpuffen und verlegt sich darauf, Ahmad mental zu brechen und seine Überzeugung anzugreifen, er könnte in Syrien von Nutzen sein.

„Was wirst du schon dort ausrichten? Du hast doch nicht mal ein Schwert in der Hand gehalten. Von einer Kalaschnikow möchte ich gar nicht reden. Wirst Kanonenfutter dort sein. Schmeiß ruhig dein Leben für etwas weg, was dir nichts bringen wird."

Seine Antwort ist schneidend kalt: „Ihr seid vom Westen besessen. Ihr habt eure Geschwister für ein Leben im Luxus verraten. Auch wenn ich nur mit Steinwerfen helfen kann, werde ich das für das Wohlgefallen Allahs tun."

Die Angst, es könnte zu spät sein, raubt der Schwester die Besinnung. Sie geht zu Boden und bleibt mehrere Minuten lang liegen. Unfähig, aus eigener Kraft wieder aufzustehen, hebt sie die Hände und fleht: „Oh du, der Kraft gibt, oh du, der Weisheit gibt, oh du, der Menschen in Not hilft! Bitte, gib mir Kraft, gib mir Weisheit und hilf mir!" Dann blitzt ein Gedanke auf. Er könnte rettend sein. Ahmad ist Schüler. Er finanziert sich alle Anschaffungen selbst und hat kaum Ersparnisse. Er wird Geld brauchen.

Sie schreibt: „Ahmad, dann werde ich dich nicht aufhalten können. Du bist kein Kind mehr, du bist ein erwachsener Mann. Lass mich eine gute Tat für dich tun und sag mir, ob du Geld brauchst. Ich will teilhaben an deinem Märtyrertum."

Zehn bis fünfzehn Minuten vergehen. Eine Ewigkeit. Dann schreibt er: „Bräuchte ich schon, ja. 500 bis 600 Euro wären sehr hilfreich. Aber ich weiß nicht, ob ich dir sagen kann, wo ich bin." Sie antwortet: „Tu, was du für richtig hältst, will es dir auch nicht aufzwingen." – „Na gut, ich vertraue dir. Ich bin in Graz." Und dann gibt er seinen Standort durch. Sie fragt: „Wie lange werdet ihr dort noch brauchen? Ich könnte erst in ein bis zwei Stunden kommen, da dein Schwager noch nicht zu Hause ist. Und der Jüngste krank ist." Ahmad schreibt: „Ist kein Problem, unser Fahrer meint, dass er sich um geschätzt drei Stunden verspätet."

Drei!!! Stunden!!! Zeit genug, um von Wien nach Graz zu kommen. Die Schwester alarmiert den Vater und ihren Mann, der in Graz an einer Straßenecke warten, zum Vater ins Auto steigen und ihn zum Busbahnhof lotsen wird. Mehr kann sie im Moment nicht tun. Die Schwester wartet. Hofft. Bangt. Spricht sich selbst Mut zu: „Es wird alles gut." Macht sich Gedanken: „Er wird wütend auf mich sein." „Er wird mich hassen." „Aber nach einer Zeit wird er mir dankbar sein." „Gott hat mir ein Zeichen gegeben, dass ich so handeln muss."

Als ihr Mann sich endlich meldet, ist Ahmad auf dem Weg zurück nach Wien. Sie bittet ihren Mann, den Bruder mit dem

Handy heimlich zu fotografieren und ihr das Bild zu schicken. Sie will mit eigenen Augen sehen, dass Ahmad im Auto des Vaters sitzt. Das Foto, das kurz darauf auf ihrem Handy ist, rührt sie wie ein Donnerschlag. Sie erkennt den bärtigen Jungen, das Innere des schwarzen Mercedes, und sieht noch etwas anderes. In Ahmads Gesicht zeigt sich eine unendliche Traurigkeit. Darüber weint sie sehr lange. „Wird er mir je wieder vertrauen?“, fragt sie sich. „Werden die Leute ihn verabscheuen und schlecht von ihm reden?“ „Wann wird er im Leben Fuß fassen?“

Danach hört sie wochenlang nichts von ihrem Bruder. Eines Abends schreibt er: „Wallahi, ich danke dir für deine Entscheidung. Allah hat dich als Grund genommen und mich verschont, ich verdanke dir mein Leben. Du bist der beste Mensch, den ich bis jetzt kennengelernt habe. Ich werde alles dafür tun, dass es dir immer gut geht. Danke für alles! Ich liebe dich, Schwesterherz.“

„Du bist nicht mein Sohn, und ich bin nicht dein Vater“

Seit der junge Tschetschene am Busbahnhof in Graz in den schwarzen Mercedes gestiegen ist, lässt ihn der Gedanke nicht mehr los, dass sein Vater die Beherrschung verlieren und die aufgestaute Anspannung aus ihm hervorbrechen wird. Er stellt sich darauf ein, dass er zu Hause „richtig verprügelt“ wird. In der Wohnung angekommen, herrscht der Vater die Mutter an: „Nimm den Kleinen und geh zu deiner Schwester!“ Sie schreit zurück: „Wehe, du rührst ihn an!“ – „Was fällt dir ein, Frau?“ – „Wenn ihm etwas passiert, werde ich dir das nicht verzeihen!“ – „Nimm den Kleinen und geh!“ – „Bitte, sei nicht grob!“

Noch nie hat Ahmad seine Eltern in diesem Ton miteinander reden gehört. „Lass uns unsere Zeit! Du wirst deine mit Ahmad auch bekommen“, sagt der Vater, bevor die Wohnungstür ins Schloss fällt. Dann schiebt er den Sohn ins Wohnzimmer. „Jetzt geht es los“, denkt Ahmad. „Setz dich hin!“, sagt der Vater. „Nicht auf das Sofa, auf den Boden!“ „Okay!“, denkt Ahmad, „Gleich geht es zur Sache. Vielleicht ist das schon der Jüngste Tag und das Wohnzimmer der Gerichtssaal.“

Der Vater wird seinem Sohn erst acht Jahre später gestehen, dass die Szene beim Hereinkommen mit seiner Mutter vorher abgesprochen und gespielt war.

Ahmad setzt sich im Schneidersitz auf den Teppich, der Vater, ebenfalls im Schneidersitz, ihm gegenüber. „Ahmad“, beginnt der Vater. „Ja?“, sagt der Sohn. – „Ich will dir nichts Schlechtes. Ich werde dich nicht zusammenscheißen, ich werde dich auch nicht schlagen. Sieh das hier so, als wäre ich in deinem Alter oder du in meinem. Du bist nicht mein Sohn, und ich bin nicht dein Vater. Wir sind hier auf Augenhöhe und reden.“

Alles kommt zur Sprache. Ahmad erzählt von der Schule. Den Tagen und Wochen auf der Straße. Von seinem kriminellen Doppelleben und seinen Erfahrungen mit der Polizei. Davon, wie es ihm im Gefängnis gegangen ist. Er spart nichts aus. Das Gespräch kommt auf Beziehungen, Familie, auf die Religion und den Koran, auf den Krieg und den Dschihad, auf Ahmads Gründe, nach Syrien aufzubrechen. Der Vater hört aufmerksam zu. Erst als der Strom an Gedanken und Worten seines Sohnes schwächer wird und schließlich versiegt, hebt er zu einer Predigt an. Sie ist flammend.

Einsperren sollte man diese Ungeheuer, die Kinder in den Krieg schicken. Am liebsten würde er sie kaputtschlagen, zürnt der Vater. In Tschetschenien kämpfte er mit der Waffe in der Hand gegen die russischen Besatzer. Der Sohn will nach Syrien, um es „den Russen heimzuzahlen“. „Vater, du wirst mich verstehen. Ich will für Gerechtigkeit einstehen, wie du!“, sagt Ahmad. Er wird laut. Der Vater lässt ihn gewähren. Manchmal verlässt einer den Raum, um auf die Toilette zu gehen, manchmal stehen beide vom Boden auf, um Schulter an Schulter ein gemeinsames Gebet zu verrichten. Es berührt Ahmad zutiefst, den Vater nach allem, was passiert ist, vor Allah an seiner Seite zu spüren. Nicht hinter ihm, sondern neben ihm.

Danach geht ihre Diskussion weiter. „Ahmad, wenn jemand in die Wohnung eindringt, wo du lebst, wo du jeden Tag schläfst und isst, um dich umzubringen, um deine Familie und deine Nachbarn abzuschlachten: Denkst du denn, es ist dasselbe, diese Leute aufzuhalten, wie wenn du hörst, irgendwo ist etwas passiert und du fährst hin, um zu kämpfen?", fragt der Vater. Ahmad lässt die Worte sickern. „Wir wollten nicht, dass irgendwelche Mächte und Aggressoren das Sagen über uns haben", fährt der Vater fort. „Es ging nicht um Erdöl, um Macht oder Politik. Es ging um die Freiheit." Ahmad schweigt. „Wären wir in Tschetschenien, es würde der Krieg ausbrechen und du würdest dort kämpfen, hättest du meine Unterstützung. Es wäre für mich nicht leicht, aber du hättest meine Erlaubnis." Der Vater macht eine Pause. „Syrien erlaube ich dir nicht."

Als das Gespräch sich zu Ende neigt, alle Standpunkte ausgetauscht sind, nimmt es für Ahmad eine unerwartete Wendung. „Du bist mein Sohn, ich habe dich großgezogen, ich weiß von eins bis hundert, wie du eingestellt bist. Wenn du die Wahrheit erkennst, wirst du sie akzeptieren, egal, wie schwer es ist", sagt der Vater. Dann unterbreitet er dem Sohn ein Angebot: In einer Moschee, die vor allem von Tschetschenen besucht wird, solle er, Ahmad, bei einem bestimmten Imam drei Monate lang Kurse besuchen, den Prediger alles fragen, was ihm unklar ist, sich mit allem, das ihm unter den Nägeln brennt, beschäftigen. Beharre er danach weiter darauf, nach Syrien zu fahren, würde er, der Vater, ihm die Reise erlauben und von A bis Z finanzieren. Niemand werde davon erfahren. „Ich schwöre bei Gott!"

Bis zu diesem Tag hielt der Vater stets Wort. Seine Aufrichtigkeit steht außer Zweifel. „Schauen wir uns das an", denkt Ahmad. Er schlägt ein. Vor ihm liegt eine offene Zukunft. Eine Reise in die Ungewissheit. Er wird sich auf den Weg machen und den Zweifel kennenlernen, weil der Vater ihm vertraut, an ihn glaubt und ihm die Wahl lässt. Ahmad schaut auf die Uhr. 13 Stunden sind vergangen, seit der Vater sich mit dem Sohn am Teppich des Wohnzimmers niederließ; sie werden Ahmad als „die 13 wichtigsten Stunden" seines Lebens in Erinnerung bleiben.

Ahmad trägt den Kampf gegen sich selbst aus

Früher ging es für Ahmad um Macht, Status, Geld, nun ist er hinter der „Wahrheit" her. Der 16-Jährige ist überzeugt, dass der IS der richtige Weg ist, löst das Versprechen an den Vater aber insofern ein, als er andere Ansichten anzuhören bereit ist. Er besucht die tschetschenische Moschee, die ihm der Vater genannt hat, setzt sich in die Vorträge des Imams und schreibt wie ein aufmerksamer Schüler mit, wenn er auf Beweise, Quellen und Überlieferungen von Gelehrten stößt, die im Widerspruch zu dem stehen, was im Keller der IS-Ideologen gepredigt wird. Noch hat er die Seite innerlich nicht gewechselt.

Die Propagandisten des sogenannten Islamischen Staates haben ab 2013 begonnen, Jugendliche in Wien, aber auch in Graz, für den Dschihad zu begeistern. Viele von ihnen waren Tschetschenen. In der Gemeinde schrillten die Alarmglocken. Mit Kursen begann man, der dschihadistischen Ideologie entgegenzutreten, ebenso den „Übertreibern", unter denen man in der islamischen Welt Menschen versteht, die einen religiösen Aspekt aus dem Zusammenhang reißen und für ihre Zwecke aufblasen, Extremisten also.

Zu Hause vertieft Ahmad sich in seine Notizen, schlägt in Büchern nach, die sein Vater im Regal stehen hat, recherchiert in theologischen Texten, die er im Internet findet. Er ist besessen davon, dem Imam Fehler nachzuweisen. Kommt er bei seinen Recherchen nicht weiter, sucht er seine Dschihadi-Freunde auf, um sich mit Gegenargumenten aufzumunitionieren und den Vertrauten des Vaters damit zu konfrontieren. Doch so sehr er sich bemüht, den Imam auf das Glatteis zu führen, es will ihm nicht gelingen. Ahmad bewegt sich zwischen der Moschee und dem IS-Keller hin und her, bis ihm irgendwann auffällt, dass die IS-Brüder keine stichhaltigen Argumente liefern und ihre vermeintlichen Beweise so gut wie immer auf schwachen Beinen stehen.

Das macht ihn stutzig. Sein Vater hat ihm beigebracht, sich vor versprengten Sektierern in Acht zu nehmen. „Es muss etwas bedeuten, wenn viele Gelehrte Beweise erbringen und nur ein einziger hat einen Gegenbeweis. Ich kann doch nicht dem einen glauben", sagt er sich. Der Zweifel schleicht sich ein. Heimlich lädt er seine IS-Brüder zu den Vorträgen in der Moschee ein, um sie hinterher auszufragen: „Was meint ihr? Hat er recht?" Sie schimpfen den Imam einen „Ungläubigen": „Ignorier ihn! Warum gehst du da hin? Die verpassen dir nur eine Gehirnwäsche." Es vergehen ein paar Wochen, bis Ahmad sich – zum Entsetzen der IS-Brüder – zu einer Widerrede durchringt: „So eine Gehirnwäsche, wie ihr bei mir versucht habt?" – „Bah! Bist du arg! Wir haben das nicht nötig! Mit uns bist du auf dem Weg der Wahrheit."

Aus der Gefahrenzone ist Ahmad aber noch längst nicht. Seine verstohlene Erleichterung, dass ihn der Vater in der letzten Minute abgefangen hat, ringt mit einer nahezu überwältigenden Scham. In der Dschihadi-Szene war er nicht bloß ein Mitläufer, sondern hoch angesehen, ein junger Mann, der körperlich und mental vor Kraft strotzt und am Sprung zu Heldentaten war, um sich mit seinem Namen und seiner Ehre bei allen, die ihm etwas bedeuteten, zu verewigen. Nun vergeht er vor Schuldgefühlen. Warum hat er das Vorhaben, sich einer überragenden, heiligen Sache zu verschreiben, durch den Anruf bei der Schwester vereitelt? Wenn er es schon nicht nach Syrien geschafft hat, werde er zumindest diesen Prediger argumentativ niederringen, nimmt er sich vor.

Riesigen Mächten gleich zerren „Gut" und „Böse" aus entgegengesetzten Richtungen an Ahmad. Was ist richtig, was falsch? Einmal schwankt er stärker auf die eine, dann auf die andere Seite. Und als wäre das nicht genug, erscheint ihm das „Gute" manchmal in der Gestalt des „Bösen" und umgekehrt. Seine Welt, die bisher schwarz und weiß war, wird uneindeutig. Das verwirrt ihn. Er fürchtet, verrückt zu werden. Kann er seinem Gehirn noch trauen? Was, wenn es völlig abschaltet? Der einst feste Boden, er trägt nicht mehr. Er hat Angst, verloren zu gehen.

Der Stress löst so viele epileptische Anfälle aus wie noch nie, an manchen Tagen sind es zwei oder drei. Egal, wo er sich gerade befindet, kann er das Bewusstsein verlieren, am Asphalt aufschlagen, sich den Kopf verletzen. Er setzt eine Mütze auf und trägt langärmelige T-Shirts, um seine Beulen und Schürfwunden vor den Eltern zu verbergen. Mehr noch als um sich selbst sorgt er sich um sie. Was er nicht weiß: Sein Vater und seine Mutter registrieren die Anzeichen, seine blutunterlaufenen Augen und dunklen Augenringe, und übergehen sie mit Stillschweigen, um ihn zu entlasten. Ahmad hasste es immer schon, wenn sie ihn schonten oder wie ein kleines Kind behandelten. Sie sehen ihren mittleren Sohn leiden, zweifeln, ringen und kommen in Wirklichkeit vor Sorge fast um, er könnte völlig durchdrehen. Doch das soll er nicht merken.

Der Prediger aus der tschetschenischen Moschee wendet sich Ahmad mit besonderer Aufmerksamkeit zu, führt für jede Aussage mehrere Gelehrte an, alle mit Rang und Ansehen in der islamischen Überlieferung. „Dürfte ich mit dir reden?", fragt Ahmad freitags oft nach der Predigt. „Kein Problem, komm rauf!", antwortet der Imam. Fragen hat der junge Tschetschene jedes Mal mehr als genug. Seine Eltern haben ihn und seine Geschwister religiös erzogen; sein Vater gilt in der tschetschenischen Diaspora nicht nur als Autoritätsperson in Streitfällen, sondern auch für die Auslegung des Korans. Anders als die meisten Jugendlichen in Ahmads Umfeld kann er zu Hause jederzeit nachfragen. Aber sein Vater ist zu einer Stimme unter mehreren geworden.

Die Beweise des Imams stellen sich als belastbar heraus. Die IS-Leute hingegen stützen ihre Behauptungen auf mündliche, für ihn unzugängliche Quellen. Früher hat ihn das nicht irritiert. Je mehr er recherchiert, desto bohrender werden seine Zweifel. Das macht ihn zunächst wütend – „Verdammt! Der Imam darf nicht recht behalten" –, irgendwann wird er kleinlaut – „Warum stimmt alles, was er sagt?" – und er fängt an, sich zu genieren: „Wie konnten die anderen mich bloß überzeugen?"

Er war 14, als er den IS-Gefolgsleuten über den Weg lief, aber bei Weitem nicht so leichtgläubig wie die meisten in seinem Alter. So sieht er es. Auf einmal will nichts mehr zusammenpassen. Immer noch fühlt er sich seinen Dschihadi-Brüdern verbunden, die nicht daran denken, ihn fallen zu lassen. Ahmad erbte von seinem charismatischen Vater die Gabe, sich auf eine derartige Weise auszudrücken, dass man ihm zuhört. Auf dieses Talent würden die IS-Rekrutierer ungern verzichten. Gute Psychologen, die sie zweifellos sind, gehen sie davon aus, dass Ahmad andere Jugendliche mitreißt, wenn er mit Feuer und Schwert für ihre Sache eintritt.

Doch sie machen die Rechnung ohne den Vater, der sich als mächtiger Gegenspieler – und psychologisch mindestens so schlau wie sie – erweist. Ahmad dämmert allmählich, dass seine vermeintlichen Brüder im IS-Keller ihn von vorne bis hinten angelogen haben. Mehr noch, sie verdrehen Koranverse und instrumentalisieren das Leben des Propheten für ihre Zwecke. Ahmad erscheinen sie im Rückblick genau wie jene Höllenhunde, Übertreiber und Extremisten, vor denen der Prophet selbst gewarnt hat.

Wie konnte er so blind sein? So selbstgerecht und ohne jeden Zweifel? Er war bereit gewesen, ihrer Lehre zu folgen und dafür zu sterben. An einem Freitag spricht der Imam in der Moschee über die Beziehung zu den Eltern. Ahmad fällt zum ersten Mal auf, dass es in seinen Predigten fast immer um alltägliche, praktische Probleme geht, die in jeder Gesellschaft erörtert werden, während sich in den Hinterhöfen und Kellern der radikalen Prediger alles darum drehte, wer ein guter Muslim ist und wer nicht. Außer IS-Leuten kann damit kaum jemand etwas anfangen. Zumal aus der Sicht des sogenannten Islamischen Staates nur ihre eigenen, eingeschworenen Anhänger als Muslime gelten.

Hat Allah seine Religion so radikal gemeint? Der tiefere Sinn des eingeschlagenen Pfads erscheint ihm plötzlich fraglich. Ahmad will in Ruhe nachdenken, was er vom Leben erwartet, die wichtigen Stationen Revue passieren lassen, die Flucht, das Ankommen in Österreich, die Schule, die Polizei, das Gefängnis, die wiedererlangte Freiheit. Am Abend bittet er seine Eltern, ihn nicht zu stören. Dann sperrt er sich in seinem Zimmer ein. Von neun Uhr abends bis fünf Uhr früh sitzt er hellwach auf dem Bett.

Die IS-Freunde warnten ihn vor den Untertreibern, Muslimen, die sich mit der Religion zwar gut auskennen, aber alles schönreden, und sich – im Gegensatz zu den Gefolgsleuten des IS –, nicht der Wahrheit verpflichtet fühlen. Und vor den „Sitzengebliebenen". Damit sind Muslime gemeint, die bloß am Mimbar, dem Predigerpult in der Moschee, hocken, aber nicht bereit sind, nach Syrien zu fahren, um ihren Geschwistern zu helfen. Deren Gehirnwäsche sei besonders gefährlich und erfolgreich. Damals verstand Ahmad nicht, dass ihn diese Erklärung ideologisieren sollte. Er war vielmehr froh, nun an die richtigen Leute geraten zu sein. Ihre Schilderungen schienen immer ins Schwarze zu treffen.

War der Imam, zu dem sein Vater ihn lotste, denn einer von diesen hinterlistigen Schönrednern, die schwierige Passagen des Koran immer nur kurz streifen und sich bei den friedlichen Stellen lange aufhalten, um sich der westlichen Welt anzudienen? Es kommt Ahmad nach und nach in den Sinn, von den friedlichen Stellen könnte es im Koran einfach viel mehr geben. Was, wenn es sich umgekehrt verhält und nicht der Imam, sondern die IS-Leute falsch liegen? Ahmad lässt sich auf ein Experiment ein. Er beschließt, sein Herz und seinen Kopf für die Argumente des Imams zu öffnen und zu beobachten, wie sich das auswirkt.

Um sich abzulenken, aber auch, um wieder Boden unter den Füßen zu spüren, nimmt Ahmad das Kampfsporttraining wieder auf, das er im Gefängnis zurückstellen musste. Er fürchtet, dass ihn die IS-Leute wieder auf ihre Seite ziehen. Sie hören nicht auf, ihm Nachrichten am Handy zu schicken.

Der geprüfte Vater mit all seiner Ratlosigkeit

Nach dem Gesprächsmarathon im Wohnzimmer bringt der Vater tagelang keinen Bissen hinunter. In der Nacht liegt er wach. Er fühlt seine Kraft schwinden, hält sich kaum noch auf den Beinen, doch verbietet er es sich, seiner Erschöpfung nachzugeben. Zu groß ist die Gefahr, dass ihm Ahmad, das Kind, das ihm am nächsten steht, aber auch die größten Sorgen bereitet, vollends entgleitet.

Die Eltern verständigen sich darauf, den Sohn in Ruhe zu lassen, ihn möglichst nicht zu beachten und sein Verhalten nicht zu kommentieren. Dem Vater bricht es fast das Herz mitanzusehen, wie er leidet, hadert, verzweifelt, meditiert, betet, fastet und sein Zimmer kaum verlässt. Früher verbrachten der Vater und Ahmad viel Zeit miteinander. Dass der Sohn nicht auf ihn hört, den Vater, der ihn von klein auf fördert und unterstützt, der versucht hat, das Beste für ihn zu geben, sondern irgendwelchen Vollidioten nachläuft, die auf Youtube etwas von sich geben, lässt ihn fassungslos zurück. Er zweifelt an sich selbst: „Wie kann man jemandem blind folgen, der in einer Militäruniform und mit einer Waffe vor einem steht, ohne zu wissen, wer das ist, ob derjenige Kampferfahrung hat, welche Ideologie er vertritt? Habe ich meine Kinder zu so dummen Menschen erzogen?"

Andere Familien irren durch eine ähnliche Finsternis. Das wird dem Vater klar, als ein guter Freund ebenfalls dem IS anheimfällt. Er ist allerdings kein Teenager mehr, sondern um die vierzig. Ahmads Vater versteht die Welt nicht mehr. „Spinnst du? Was ist los? Hat dir nicht genügt, was in Tschetschenien war?", liegt er dem Freund in den Ohren. „Wir haben für unsere Unabhängigkeit gekämpft, nicht für irgendwelche politischen Ziele, für die der Islam benützt wird. Siehst du das nicht? Wie kannst du dieser Propaganda auf den Leim gehen?" Ahmads Vater denkt an seinen Sohn: „Bei den Jungen verstehe ich das noch eher, die haben noch nicht so viel im Kopf. Aber du? Als Erwachsener?"

Der Freund geht in sich, setzt sich mit dem IS-Gedankengut noch einmal auseinander, spricht mit dem Imam der tschetschenischen Moschee, und bleibt schließlich. Er ist nicht der Einzige. Ahmads Vater, der von sich selbst sagt, dass an ihm ein Prediger verloren gegangen sei, mischt sich immer wieder ein, wenn Menschen, für die er sich verantwortlich fühlt, auf Abwege geraten. Nun, da es um seinen eigenen Sohn geht, ergreift eine grauenhafte Angst von ihm Besitz. Ihm wird klar, dass er Ahmad dem Tod in die Arme treibt, wenn er seine scharfgeschliffenen Argumente, die er wie Geschütze in seinem Kopf hochgefahren hat, nicht abrüstet. „Der Junge muss sich erst einmal beruhigen, so hasserfüllt, wie er ist", denkt der Vater. „Ich muss ihn vom Abgrund wegbringen, ihn zu einem Kompromiss bewegen. Alles andere wird sich weisen. Was geht in seinem Kopf vor?"

Ahmad lässt sich noch immer nicht in die Karten blicken. Was er jedoch nicht weiß: Von Kindesbeinen an hat er eine Angewohnheit, die ihn für seine Eltern ein wenig durchschaubar macht. Gedanken und Fragen, die ihn umtreiben, pflegt er abzutesten, indem er sie bei passender Gelegenheit scheinbar beiläufig fallen lässt und abwartet, wie sein Vater und seine Mutter sich dazu äußern. Darf man anderen den Glauben absprechen? Was bedeutet es, jemanden als ungläubig zu bezeichnen? Meist ist es der Vater, der den Ball aufnimmt, seine Ansicht darlegt und im Blick des Sohnes jenes Funkeln und Lächeln sucht, das ihm bedeutet, dass er mit den vorgebrachten Erörterungen für dieses Mal zufrieden ist. Wenn nicht, sprühen Ahmads Augen vor Wut und Verachtung.

Wie Munition hortet Ahmad Argumente. Was ihm seine IS-Freunde liefern, feuert er dem Imam und seinen Eltern ins Gesicht. Der Vater kämpft jedes Für und Wider mit Ahmad bis zum Ende durch. Nach Wochen bemerkt er eine Veränderung. Hat der Sohn bisher den Vater mit den Wahrheiten der Dschihadis aus der Reserve gelockt, dreht sich der Wind nun. Immer öfter rüstet Ahmad neuerdings in der tschetschenischen Moschee argumentativ auf, um seine Dschihadi-Kontakte mit Ansichten zu konfrontieren, die ihnen nicht gefallen. Sein Vater fängt an, sich zu entspannen. Noch mehr beruhigt ihn, dass Ahmad anfängt, von seinen Diskussionen mit den IS-Anhängern zu erzählen und bei ihm Rat sucht, wenn ihm im Keller der Dschihadis die theologischen Argumente ausgehen. Eines Tages hält Ahmads Vater den erlösenden Moment für gekommen: „Jetzt ist er weg vom Abgrund; Ahmad hat sich von der IS-Ideologie abgewandt“, denkt er.

Für Ahmad war sein Vater stets auch ein älterer Bruder, ein Freund und Mentor, jedenfalls nicht so ein Vater wie die meisten, die er sonst kennt. Der Vater wiederum hält sich, was seine Rolle in der Familie betrifft, an den eigenen Vater. Das schließt das Bemühen ein, bei jedem seiner Kinder „präsent zu sein“ und „anerkannt zu werden“. In der tschetschenischen Gemeinde gilt er als Vorzeigevater.

2013 und 2014, als die ersten jungen Tschetschenen aus Europa in Richtung Syrien aufbrechen, klopfen immer wieder verängstigte Eltern bei ihm an und flehen um Rat, wie sie sich verhalten sollten. Als er ihnen eröffnet, dass sein Sohn ebenfalls plante, sich dem IS anzuschließen, können sie es nicht glauben. „Was? Dein Kind?“ Und er weiß auf ihre entsetzten Ausrufe nicht viel mehr zu erwidern, als dass die Eltern abgemeldet sind, seit im Internet ständig irgendwelche Prediger auftauchen, die sich darauf verstehen, die Gehirne der Jungen zu manipulieren. Es müssten alle zusammenhalten, von der Putzfrau über den Taxifahrer bis zum Imam, um mit dieser Gefahr fertig zu werden, sagt Ahmads Vater. Der Rest der Gesellschaft bekommt davon kaum etwas mit.

Als der Vater so jung wie Ahmad war

In jungen Jahren war Ahmads Vater oft genauso rastlos und ungezügelt wie nun sein mittlerer Sohn. Erst mit fortschreitendem Alter begann er, seinem eigenen Vater, der in der Familie nie den ungestümen Patriarchen gespielt hatte, ähnlich zu werden. Ahmads Vater wächst in einem friedlichen Land in einem kleinen Dorf nicht weit von der Hauptstadt Grosny entfernt mit vier Brüdern auf. Nach acht Jahren Grundschule wechselt er in das Musikgymnasium, denn er spielt ganz gut Gitarre. Die Brüder und er helfen am elterlichen Hof bei den Kühen, Schafen und Bienen mit und gehen im Haushalt der Mutter zur Hand, die manchmal seufzend bemerkt, wie glücklich sie sich schätze, dass ihr die Söhne die fehlende Tochter ersetzen.

Ahmads Vater nimmt die Tage, wie sie kommen, spielt Gitarre und verabredet sich mit Freunden am Fußballplatz. Kindheit und Jugend vergehen in Unbeschwertheit. Nicht weit von seinem Haus entfernt wächst ein Mädchen in einer wohlhabenden, liberalen muslimischen Familie auf, in der man betet und fastet, aber sonst nicht viel mit der Religion am Hut hat – seine künftige Frau. Ihr Vater ist ein hoher Beamter. Auf dem Weg zur Musikschule spaziert er an ihrem Elternhaus vorbei. Später, während er als Lagerarbeiter in einer Fabrik arbeitet, wo sie am Fließband steht, kommen sie einander näher. Nach acht Monaten feiern sie Hochzeit. Ahmads Vater ist 21, seine Frau, Ahmads Mutter, 16.

Das junge Paar hat hochfliegende Pläne. Er interessiert sich für Architektur. Sie will Medizin studieren und schreibt sich an einer angesehenen Universität in Russland ein. Ahmads Vater muss jedoch zum Familieneinkommen beitragen, von seinen vier Brüdern geht nur der Jüngste, der vor seinem 21. Geburtstag von russischen Soldaten erschossen werden wird, noch länger in die Schule. Und dann zerfällt die UdSSR, die Union der Sozialistischen Sowjetrepubliken.

Die Menschen waren in ihr nicht frei, aber rückblickend erscheint vielen die Vergangenheit in einem rosigen Licht. Sie hatten immerhin zu essen, stabile Umstände und eine – alles in allem – berechenbare Zukunft. Der Kollaps der waffenstrotzenden, sich auf drei Millionen Soldaten stützenden Sowjetunion geht für Ahmads Eltern mit dem Ende dieser halbwegs geordneten Verhältnisse einher. Der Vater leistet seinen Militärdienst in der russischen Armee ab. Drei Jahre lang. Im Dorf gehört seine Familie zu den ersten, die für ein eigenständiges Tschetschenien eintreten und sich dazu bekennen, nicht mehr unter russischer Vorherrschaft leben zu wollen. Sie sammelt Unterschriften für dieses politische Anliegen.

Im September 1991 weicht der russlandfreundliche Regierungschef dem ersten tschetschenischen Präsidenten. Der neue Mann an der Spitze ist der ehemalige Luftwaffengeneral Dschochar Dudajew. Er legt seinen Amtseid auf den Koran ab und strebt die Unabhängigkeit des Landes an, anders als Inguschetien, das bei Russland bleiben will und sich abspaltet. Russland bestraft die abtrünnigen Tschetschenen mit einer Blockade, die jedoch nicht lückenlos wirkt. Über Umwege werden Waren weiter eingeführt. Vor allem Georgien, die Emirate und die Türkei bewähren sich als Verbündete.

Das Streben nach Unabhängigkeit knüpft an jahrhundertelange Kämpfe gegen russische und sowjetische Vorherrschaft an. Die Bevölkerung schöpft Hoffnung und beginnt, an eine Zukunft zu glauben. Dann wendet sich das Blatt. 1994 steigt die Arbeitslosigkeit, und noch bevor das Jahr zu Ende geht, bricht Russland den ersten Tschetschenienkrieg vom Zaun. Ahmads Mutter bringt kurz darauf ihr zweites Kind zur Welt. Das Leben im Dorf wird zusehends gefährlich. Nur wenige schaffen es wegzukommen, denn die Flucht ist teuer. Ahmads Vater überlegt, einen Kredit aufzunehmen, innerlich zerrissen zwischen der Verantwortung für sein bedrängtes Volk und einer irrsinnigen Angst um seine Frau und ihre beiden kleinen Kinder, Ahmads ältere Schwester und seinen älteren Bruder.

Der Krieg setzt die Menschen unter unbeschreiblichen Stress. Den Gefahren und existenziellen Unsicherheiten zum Trotz sind weiterhin 90 Prozent der Tschetschenen für eine Ablösung von Russland, auch wenn nicht alle – so wie Ahmads Vater – bereit und auch in der Lage sind, dafür zur Waffe zu greifen. Ende August 1996 endet der Krieg. Die Bewältigung des Alltags bleibt für die Menschen eine immense Bürde. Die russischen Provokationen hören nicht auf. Die Regierung lässt Tschetschenen, die von russischen Agenten mit Geld und sonstigen Vergünstigungen gefügig gemacht werden, ungeschoren davonkommen. Auch die Polizei ist unterwandert.

In den Dörfern bleibt wenig geheim. In Windeseile spricht sich herum, wer mit Russen zusammenarbeitet. Verräter werden gemieden. Aber niemand von ihnen muss vor Gericht oder gar das Land verlassen. Diese großzügige politische Amnestie sollte Russland freundlich stimmen. Sie verfehlte jedoch ihren Zweck. Der Kriegsgegner schickt Dokumente nach Amerika, welche die Lage grob verzerren und ein von Terrormilizen verwüstetes Tschetschenien zeichnen. Zwar gibt es kriminelle Banden und gesellschaftliche Verrohung, wie jeder Krieg sie hervorbringt; die terroristischen Vereinigungen aber existieren vor allem in den Köpfen russischer Propagandisten.

Der antitschetschenische Rassismus wurzelt tief. Schon Kindern werden Hass und Verachtung für das Bergvolk eingepflanzt. In der UdSSR sang man sie mit Texten in den Schlaf, in denen Tschetschenen das Böse schlechthin verkörpern. In einem der berühmtesten Lieder, das von russischen Armeeoffizieren über tschetschenische Marktfrauen bis sogar noch zum jungen, in Wien aufgewachsenen Tschetschenen Ahmad so gut wie alle kennen, heißt es: „Wenn ihr nicht schlafen geht, kommt der große, böse Tschetschene mit dem großen Bart und einem großen Messer und schneidet euch die Finger ab."

Die Anti-Tschetschenien-Kampagne nimmt kein Ende. In Russland fliegen Häuser in die Luft. Die Anschläge werden tschetschenischen Terroristen zugerechnet. Inzwischen gilt als gesichert, dass Russland im Hintergrund die Fäden zog. Der Kreml suchte einen Vorwand, um in Tschetschenien einzumarschieren.

Ahmads Vater bezahlt seinen Widerstand gegen die russische Besatzungsmacht mit einem Leben im Untergrund. Im Sommer 1999, der zweite Tschetschenienkrieg steht kurz vor dem Ausbruch, kommt Ahmad zur Welt. Im Jahr darauf folgt das vierte Kind, Ahmads jüngerer Bruder. Das fünfte ist in Österreich geboren. Ahmads Vater hetzt von einem Versteck zum nächsten. Keine Gewalt der Welt könnte ihn aus Tschetschenien vertreiben, er würde bis zur letzten Sekunde für Freiheit und Unabhängigkeit kämpfen, wären da nicht seine Frau und die mittlerweile vier kleinen Kindern. „Nimm das letzte Geld von uns, du bist der älteste Sohn, der Erbe unseres Namens. Pack deine Familie zusammen und verschwinde von hier", sagen die Großeltern.

Die Familie setzt sich zunächst ins benachbarte Inguschetien ab. Es dauert nicht lange, bis sich russische Spione an ihre Fersen heften. Die Beschatter abzuschütteln, erweist sich als unmöglich. Ahmads Vater versteht diese „letzte Warnung". Auch Vertraute, mit denen er sich berät, schätzen die Lage als höchst gefährlich ein und raten der Familie, sich in Sicherheit zu bringen. Ihre Barmittel belaufen sich auf 700 Dollar, zu wenig für die Flucht nach Europa. Die Kameraden sammeln Geld. Als sie aufbrechen, sagt der Vater: „Meine Frau, du wirst sehen, egal, wohin es uns auch treiben wird, noch bevor wir an unserem neuen Platz angekommen sind, wird unser Ruf als Tschetschenen dort von der russischen Propaganda bereits kaputtgemacht worden sein."

Die unsichtbare Diaspora

Monatelang ist die Familie auf der Flucht. In Österreich atmet der Vater auf. Er lernt Menschen, die ihm begegnen, in drei Gruppen einzuteilen: Jene, die es mit Flüchtlingen aus Tschetschenien gut meinen, jene, die dazu verurteilt sind, ihnen zu helfen, etwa weil sie auf einem Amt arbeiten, und jene, die ihnen deutlich zu verstehen geben, wie wenig sie von ihnen halten. Er arrangiert sich damit, dass einige ihren Hass und ihre Feindseligkeit unverhohlen zeigen; seinem grundsätzlichen Vertrauen, endlich sicher zu sein, tut es keinen Abbruch. Sicher zu sein, bedeutet für die Familie zunächst, ihres Lebens sicher zu sein.

Tiefe Sprünge bekommt dieses Vertrauen, als die FPÖ im Jahr 2000 in die Regierung kommt und politisch aufmerksamen Tschetschenen wie Ahmads Vater die anbiedernde Haltung der Partei gegenüber Russland auffällt. 2012 reist der damalige Wiener FPÖ-Chef und außenpolitische Sprecher der Freiheitlichen, Johann Gudenus, nach Grosny – hinter dem Rücken der österreichischen Botschaft in Russland –, um sich mit dem tschetschenischen Machthaber Ramsan Kadyrow über die Abschiebung abgewiesener tschetschenischer Asylwerber zu verständigen. Nach seiner Rückkehr lässt Gudenus sich in Medien zitieren, der „überwiegende Großteil seien Wirtschaftsflüchtlinge". Seine Delegation habe sich vor Ort überzeugt, „dass keine Verfolgung seitens Kadyrows vorliegt".

Einwanderer hinterlassen Spuren, eröffnen Lokale, handeln mit Lebensmitteln aus ihrer Heimat, gründen Vereine, erringen sportliche Erfolge, arbeiten im Spital, lenken Busse, unterrichten in Schulen, melden sich früher oder später zu Wort, gehen in die Politik und prägen auf vielfältige Art und Weise eine Gesellschaft. Nicht so die Flüchtlinge aus Tschetschenien. Selbst nach mehr als zwanzig Jahren im Land bleiben sie seltsam unsichtbar. Die Rede ist von ihnen meist dann, wenn es um Bandenkriege, Jugendkriminalität oder Schutzgelderpressung geht. Der schlechte Ruf verfestigt sich mit den Jahren noch, denn es gibt kaum jemanden, der öffentlich dagegen auftritt.

Dafür gibt es Gründe. Anders als türkische oder serbische Einwanderer fühlen sich Tschetschenen von niemandem vertreten. Hinter ihnen steht kein Staat, der sie unterstützt, keine Botschaft, die Protest einlegt, wenn ihnen Unrecht widerfährt. Offiziell gehören Tschetschenen zur Russischen Föderation. Ein erheblicher Teil der Diaspora setzt sich jedoch aus Kritikern und Gegnern des Kadyrow-Regimes zusammen. Präsident Ramsan Kadyrow kam von Putins Gnaden ins Amt. Mit Wohlwollen von russischer Seite kann das Gros der Flüchtlinge nicht rechnen. Im Gegenteil. Kadyrows verfolgender Arm reicht bis nach Europa.

Bis heute ist das tschetschenische Selbstverständnis – vor allem in der europäischen Diaspora – stark von der politischen Auseinandersetzung mit Russland geprägt. Ältere Tschetschenen zahlten einen überaus grausamen Preis für ihren Freiheitskampf und leiden an den traumatisierenden Folgen von Verschleppung, Gefangenschaft und Folter. Viele verloren Angehörige und Freunde, fast alle haben Verwandte in Tschetschenien, die in Haft sind oder von Kadyrows Handlangern jederzeit ins Visier genommen werden können. Das macht sie erpressbar, selbst wenn sie Tausende Kilometer entfernt sind. Tschetscheninnen und Tschetschenen haben leidvoll erfahren, dass sie ihre Gemeinschaft sowohl gegen Angriffe von außen als auch gegen die ständigen Unterwanderungsversuche von russischer Seite nur durch Abschottung schützen können. Nichts anderes geben sie im Westen an ihre Kinder weiter.

Es fügt sich ins Bild, dass es über die schwer zugängliche tschetschenische Community kaum Studien und Forschungsberichte gibt. Ebenso rar sind Publikationen von tschetschenischen Autorinnen und Autoren. Dieser Rückzug geht mit gesellschaftlicher Ausgrenzung in den europäischen Aufnahmeländern einher. Diskriminierung und Abwertung bestärken tschetschenische Flüchtlinge wiederum darin, vor Nichttschetschenen auf der Hut zu sein und als Community unsichtbar zu bleiben. Manchmal versucht Ahmads Vater, Außenstehenden diesen Teufelskreis begreiflich zu machen. Selten hat er den Eindruck, verstanden zu werden.

Aus der Sicht von Tschetschenen kennt niemand auf der Welt den russischen Autokraten Wladimir Putin so gut wie sie, die seinen Soldaten in zwei Kriegen gegenüberstanden. Tschetschenen lernten aus dieser Erfahrung, staatlichen Organen und Institutionen zu misstrauen und sich ausschließlich auf die eigenen Leute zu verlassen. Auch in Europa. Auch in Österreich. Auch in Wien, einer Stadt, in der sie vor Nachstellungen durch russische Agenten keineswegs gefeit sind. Ein falsches Wort zur falschen Person kann Leben gefährden.

Erfolge, egal auf welchem Gebiet, bekommen Tschetschenen nur gut, wenn sie gleichzeitig auch Kadyrow oder Russland zu Ruhm und Ehre gereichen. Regimekritiker ziehen es vor, unter dem Radar zu bleiben. In der tschetschenischen Diaspora gilt es als offenes Geheimnis, dass etwa Kampfsportler, die es an die Spitze der Ultimate Fighting Championship schaffen, auf Siegerfotos mit Kadyrow als ziemlich beste Freunde posieren müssen. Dafür werden die Athleten von Regimegegnern kritisiert. Unter der Hand räumen selbst diese ein, dass die UFC-Stars gar keine andere Wahl haben, weil der tschetschenische Machthaber ihren Familien und Freunden in Tschetschenien andernfalls das Leben zur Hölle macht. Nicht anders ergeht es Wirtschaftstreibenden, Intellektuellen oder Künstlerinnen. Auch ihre Verdienste werden vereitelt – oder eben instrumentalisiert.

„Ihr seid hier bloß wohnhaft, denkt nicht, dass es für immer ist. Eine Regierung kann von heute auf morgen sagen, geht nach Hause“, warnt Ahmads Vater manchmal. In Tschetschenien hätten sie jedes Recht, sich gegen Unterdrückung zu wehren. In Österreich seien sie bloß zu Gast und müssten sich stets höflich und bescheiden benehmen, möglichst unauffällig leben, Streit vermeiden, und sollte sie jemand beleidigen, einfach weitergehen.

„Ist es nicht genau so gekommen, wie ich gesagt habe?“, fragt Ahmads Vater, als die FPÖ und das BZÖ, eine Abspaltung der Freiheitlichen, beginnen, Stimmung gegen Tschetschenen zu machen. Er erwartet keine Antwort, es ist eine Feststellung. Wenn die Fremdenpolizei frühmorgens Männer, manchmal ganze Familien, aus dem Bett holt, um sie abzuschieben, geraten Tschetschenen, die in Österreich Schutz vor politischer Verfolgung suchten, in hellen Aufruhr. Ein Fall geht Ahmads Vater besonders an die Nieren. Ein anerkannter Flüchtling aus Tschetschenien war lange als LKW-Fahrer unterwegs, nie jedoch in Belarus oder Russland, wo er fürchten musste, gefangen genommen, gefoltert, vielleicht umgebracht zu werden. Obwohl sich der Mann nichts zuschulden kommen ließ, nahmen ihm die österreichischen Behörden den Konventionspass, den Reiseausweis für Flüchtlinge, weg. Der Tschetschene ging zu Gericht und flehte: „Wo soll ich ohne Papiere hin? In Russland steht mein Leben auf dem Spiel.“ Der Gedanke, jedem von ihnen könnte jederzeit das Gleiche widerfahren, verbittert Ahmads Vater.

Insgeheim fühlt er sich betrogen um die Jahre, die er in Österreich von früh bis spät als Zusteller gearbeitet hat, um seiner Familie ein Auskommen zu verschaffen. Was er verdiente, reichte nie für einen österreichischen Pass, der ihm die Angst nähme, eines Tages aus dem Land gejagt und russischen Verfolgern ausgeliefert zu werden. Freunde und Bekannte in Belgien, Schweden oder Dänemark sind längst eingebürgert. In kaum einem anderen europäischen Land sind die Hürden für die Staatsbürgerschaft so hoch wie in Österreich. „Wir Väter und Mütter haben unser Leben fast schon gelebt", sagt Ahmads Vater, „aber was ist mit unseren Kindern?" Sie kamen jung nach Österreich oder wurden hier geboren. Tschetschenien kennen sie vom Hörensagen und aus Youtube-Videos. „Wenn sie mitkriegen, dass sie abgeschoben werden können, sind sie komplett gebrochen. Sie finden sich dort nicht zurecht." Österreich ist ihr Zuhause.

An dem persönlichen Unglück, dass sein mittlerer Sohn kriminell wurde, im Gefängnis landete und nach Syrien ausreisen wollte, hatten Ahmads Eltern schwer zu tragen. Je mehr Abstand sein Vater im Laufe der Jahre dazu gewinnt, desto deutlicher zeichnen sich für ihn auch die damit einhergehenden gesellschaftlichen Verwerfungen eines Übergangs ab. Die Älteren sind in Tschetschenien weitaus stärker verwurzelt als ihre Nachkommen, doch selbst sie fühlen sich nach zwanzig Jahren in Österreich allmählich heimisch. Nun bildet sich ein neues tschetschenisches Selbstverständnis heraus. „Langsam und vorsichtig" müsse dieser Wandel vor sich gehen, sagt Ahmads Vater. „Wenn wir uns zu plötzlich öffnen, haben wir wieder Angst, dass zu viel eindringt." Die Jungen seien besonders gefährdet, weil sie „das Leid in Tschetschenien selbst nicht gesehen haben, sondern die Gefühle der Eltern geerbt haben. Den Krieg, den Hass, all das." Österreich treibe die Flüchtlinge ständig an: „Integriert euch!" Das sei „gerade mit unserer Geschichte" schwierig: „Man muss uns ein bisschen Zeit geben. Es läuft alles auf eine positive Entwicklung hinaus."

„Warum schickt ihr eure Kinder nach Syrien?"

Zwischen 30 000 und 40 000 Menschen mit tschetschenischen Wurzeln leben in Österreich, die meisten davon in Wien. Nach Frankreich ist das heute die größte tschetschenische Community in Europa. Die Mehrzahl kam im Laufe des zweiten Tschetschenienkriegs (1999 bis 2009) oder danach ins Land. Die Diaspora-Gemeinde ist vergleichsweise jung und besteht aus etwa gleich viel Männern wie Frauen, denn meist flüchteten Familien.

Ab 2013 wirbt der sogenannte Islamische Staat quer durch Europa *Foreign Fighters* an. Vier von zehn Dschihadis, die von Österreich aus dem Ruf folgen, sind tschetschenischer Herkunft. Das bleibt weder in ihrer eigenen Community noch beim Verfassungsschutz unbemerkt. Polizeibeamte klopfen bei den Kulturvereinen an. „Warum schickt ihr eure Kinder nach Syrien?", fragen sie.

Der Rat der Tschetschenen, der bei Konflikten angerufen wird, ist vor den Kopf gestoßen. Man versucht den Behördenvertretern klarzumachen, dass jemand, der selbst aus dem Krieg kommt, nicht so verrückt sein wird, die eigenen Kinder als Kanonenfutter zu opfern. „Was denkt ihr, wer wir sind? Wir sind nicht der Staat, nicht die Polizei, sondern einfache Bürger. Wir haben nicht die Macht, die ihr habt. Warum haltet *ihr* sie nicht auf? Ihr wisst doch, dass sie in die Türkei müssen, um nach Syrien zu kommen, und dafür ein Visum brauchen. Gebt ihnen doch keines."

Im speziellen Fall von Tschetschenen, die nicht nur über den grauen Konventionspass für anerkannte Flüchtlinge, sondern auch über einen russischen Pass verfügen, erübrigt sich ein Visum allerdings. Sie können mit den russischen Papieren in die Türkei einreisen.

Tschetschenen stellen eigene Einheiten für den Dschihad in Syrien und im Irak. Auch das hat wie erwähnt viel mit der tschetschenischen Geschichte zu tun. Die kollektiven Erfahrungen aus zwei Kriegen fließen mit dem Märtyrer-Kult der IS-Propaganda zusammen. Wer sein Leben im gottgefälligen Kampf lässt, seinen

Glauben also mit seinem Blut bezeugt, geht als *Shahid* – arabisch für Märtyrer – ins Paradies ein. Schon auf Erden sind ihm Ruhm und Ehre sicher. In der Online-Propaganda ist es vom Märtyrer zum Rächer von erlittenem Unrecht ein kleiner Schritt. Auch Ahmad meint, in Syrien für den Tod seines Onkels Vergeltung zu üben.

Nachrichten aus Syrien: „Wir müssen uns in die Luft sprengen"

Der junge Tschetschene Ahmad ist nicht der erste, der von der IS-Ideologie irgendwann genug hat. Die Aussteiger sind für die Szene verschmerzbar. In der Regel findet sich bald Ersatz. Ahmad ist ein anderer Fall. Er wendet sich nicht nur ab, sondern bringt sein Talent nun gegen den IS in Stellung und trachtet danach, Jugendliche vom Dschihad in Syrien abzuhalten, sie also vor genau jenem Fehler zu bewahren, den er fast gemacht hätte.

Die feinen Antennen seiner einstigen Brüder wittern den Verrat – und die Gefahr. Schließlich hat Ahmad am eigenen Leib erfahren, wie man wütende Burschen entflammt, ihre Zweifel ausräumt, sie ihrer Familie entfremdet und ihre Sehnsucht, für eine gerechte Sache einzutreten, gesehen und anerkannt zu werden, ausbeutet. Wenn die IS-Rekrutierer sich darauf verstehen, Jugendlichen den Kopf zu verdrehen, hat er nun ziemlich viel Ahnung davon, wie man ihren Kopf wieder zurückdreht.

Mit dem gleichen Feuer, mit dem er es vor Kurzem noch als seine unbedingte, religiöse Pflicht gesehen hat, sich in Syrien für den sogenannten Islamischen Staat in die Schlacht zu werfen, sieht er es nun als seine Aufgabe an, Jugendliche aufzuklären und zu verhindern, dass sie als Kanonenfutter enden. Dabei reißt Ahmad sich um die Rolle gar nicht. Es wäre ihm lieber, jemand anderer würde sie einnehmen. Aber er sieht in seinem Umfeld niemanden, der dafür infrage kommt.

Einige Burschen kann er umstimmen, aber längst nicht alle.

Es gibt Momente, in denen Ahmad sich angesichts der manipulativen Wucht der IS-Videos und psychologischen Durchtriebenheit der IS-Rekrutierer auf verlorenem Posten wähnt. Für zwei tschetschenische IS-Brüder legt er sich besonders ins Zeug. Im Laufe der Wochen, in denen er zwischen ihrem Kellerrefugium und dem tschetschenischen Imam hin- und herpendelte, schrieb er zahllose „Beweise“ in Hefte oder speicherte sie am Handy. Damit bewaffnet, sucht er nun das Gespräch mit den Burschen.

Ahmad weiß, als wäre es gestern gewesen, welche Wirkung die gewaltverherrlichende, kriegslüsterne Propaganda auf ihn hatte. Er konnte kaum genug kriegen von den Heldengeschichten der bewaffneten Racheengel des IS. Der Pfad des Märtyrers, die Utopie eines erdumspannenden Kalifats, in dem sich die Frauen bedecken und die Männer Vollbärte tragen, erstrahlte in goldenem Licht. Nun erklärt er seinen Freunden, warum sie falsch liegen. „Du hast recht! Vergiss den IS!“, sagen sie, um sich weitere Diskussionen zu ersparen.

Eines Tages verschwinden zwei von ihnen ohne ein Wort nach Syrien. „Ich hätte es genauso gemacht“, denkt Ahmad. So ehrlich ist er zu sich selbst. Die meisten Dschihadis wollen die Tränen und den Kummer von Eltern, Geschwistern und Freunden nicht mitansehen und melden sich erst, wenn sie angekommen sind mit der Nachricht: „Es tut mir leid!“ Ahmad hat es oft genug erlebt. Trotzdem fühlt er sich hintergangen. Auch die tschetschenischen Burschen, 18 und 19 Jahre alt, lassen nach einer Weile von sich hören.

Ahmad entnimmt ihren Nachrichten, dass sie von einer Miliz abgefangen wurden, die sich mit dem sogenannten Islamischen Staat überworfen hat. Der Anführer, ebenfalls ein Tschetschene, will sie heimschicken. „Was macht ihr hier? Ihr seid nicht kampferprobt, wir brauchen euch nicht. Habt ihr Eltern, Geschwister? Ihr habt noch ein ganzes Leben vor euch. Geht zurück!“ Die Burschen lassen sich nicht abwimmeln, beschimpfen den Mann als Ungläubigen und fordern: „Lass uns durch zum IS!“ Der Miliz-Führer bleibt dabei: „Ihr werdet es bereuen. Es ist nicht so, wie ihr es aus den Videos kennt. Das sind Actionfilme mit Musik, schwarzen Flaggen und Schwertern. Die Realität schaut anders aus. Könnte ich mich nochmals entscheiden, würde ich diesen Weg nicht gehen. Für mich ist es zu spät, ich kann nicht mehr zurück. Bitte, bitte, ihr solltet das tun!"

Ahmad wird noch viele ähnliche Nachrichten aus Syrien lesen. In diesem Fall legt der tschetschenische Kommandant den Burschen aus Österreich den „wahren Dschihad" nahe, jenen mit den Eltern und mit sich selbst; man müsse sich um seine Familie kümmern und gegen sich selbst kämpfen, um ein besserer Mensch zu werden. Sie spotten darüber: „Haha, diese Aussagen können nur von einem Untertreiber kommen." Ahmad schreibt zurück: „Was ist falsch daran?" Er ist schockiert, enttäuscht, niedergeschlagen. Seine Mission, die Burschen zu retten, ist gescheitert. Eine Weile herrscht Funkstille.

Als sie sich das nächste Mal melden, haben sie sich bereits zu ihrem Ziel durchgeschlagen. Sie schreiben, die Ankunft auf dem Boden des sogenannten Islamischen Staats sei schrecklich gewesen; sie hätten abgetrennte Köpfe gesehen; es habe nach Giftstoffen und verwesten Leichen gerochen. Dann schicken sie Fotos, die aus Propagandavideos stammen könnten: Die beiden, lachend, im Kreise von Brüdern, alle mit Kalaschnikows, Tee trinkend. „So schade um sie", denkt Ahmad. Er ist traurig.

Wieder vergeht einige Zeit. Eines Tages schreiben sie: „Wisst ihr, was los ist? Wir wollen unbedingt zurück." – „Warum denn? Jetzt auf einmal?", antwortet Ahmad. Er erfährt, dass die Burschen den Kommandanten, der sie zurückschicken wollte, angerufen und um Hilfe angefleht haben. „Ich kann nicht ein paar Hundert Kämpfer opfern, um euch zwei Rotzlöffel zurückzuholen. Es tut mir leid, ich kann nichts für euch tun", habe er gesagt. Pause. Die nächsten Nachrichten lauten: „Es ist etwas Schreckliches passiert." „Was? Sagt doch, was los ist", schreibt Ahmad.

„Wir müssen uns in die Luft sprengen!"

„Was? Wie? Wo? Wann?"

Die Burschen berichten, sie seien dazu bestimmt worden, sich am Stützpunkt der mit dem IS verfeindeten Miliz inmitten einer Menschenmenge in die Luft zu sprengen.

„Was habt ihr vor? Habt ihr gesagt, dass ihr das nicht machen wollt, dass ihr nicht denkt, dass das eure Aufgabe ist?", fragt Ahmad.

„Ja, haben wir eh gemacht. Sie haben gemeint, dann werden sie uns abknallen."

Kurz darauf schreibt ein Bosnier, der in Syrien bei den beiden Tschetschenen landete, der 18-Jährige und der 19-Jährige hätten sich „selbst in die Luft gesprengt, aber niemand anderen verletzt." Sie hätten ihm aufgetragen, auszurichten, dass er, Ahmad, nicht aufhören solle, Jugendlichen zu erzählen, was in Syrien wirklich los ist. Die IS-Leute kämpfen nicht für eine gerechte Sache, sie töten unschuldige Menschen, auch Muslime. Es ist eine Botschaft wie ein Vermächtnis.

Die Nachricht vom Tod der tschetschenischen Burschen muss Ahmad deren Eltern überbringen. Sie zerbrechen daran. Die Mutter wird einige Jahre später an Krebs sterben, der Vater verfällt dem Alkohol, lebt auf der Straße und will sich von niemandem helfen lassen. Mittlerweile kam auch der Bosnier zu Tode.

Von 2016 an hält Ahmad oft über Wochen, Monate, manchmal sogar Jahre Kontakt mit IS-Rekruten, die von Wien aus nach Syrien aufgebrochen sind, in der Hoffnung, noch etwas für sie tun zu können. Er will nachvollziehen, wie der IS vor Ort agiert, was man den Rekruten aus Europa erzählt; er will verstehen. Aber es gibt noch einen weiteren Grund. Ahmad könnte selbst einer der jungen Tschetschenen, die sich mit einer Bombe töteten, oder der Bosnier oder einer der anderen *Foreign Fighters* sein. „Sie brauchen jemanden zu Hause, der zuhört und mit ihnen spricht. Wäre ich an ihrer Stelle, würde ich gerne so jemanden haben", denkt er. Manche von ihnen sind IS-Anhänger geblieben. Einige wollen weg und können nicht mehr. Andere melden sich nicht mehr, weil sie nicht mehr leben.

Manchmal betet Ahmad für die vielen Burschen, „die mit guten Absichten und der Idee, anderen zu helfen, nach unten gefahren sind", und dort sinnlos ihr Leben gelassen haben: „Möge Gott ihnen verzeihen!" Die Wahrheit über den sogenannten Islamischen Staat habe sich ihnen nicht mehr zu Lebzeiten eröffnet.

„Wir sollten etwas mit Videos machen"

2014 steht der sogenannte Islamische Staat bei jungen Muslimen hoch im Kurs. Für den Streetworker Fabian verdankt sich seine Anziehungskraft auf der einen Seite dem konkreten Angebot, gegen den syrischen Diktator Bashar al-Assad zu kämpfen und der von ihm drangsalierten Bevölkerung beizustehen, und auf der anderen Seite der demagogischen Meisterleistung der IS-Propagandisten, diesen Kampf als globalen Aufstand zu deuten, bei dem am Ende eine Weltordnung herausspringen könnte, in der Muslimen endlich Gerechtigkeit widerfährt.

Viele muslimische Jugendliche spielen mit der Idee, sich dem Dschihad in Syrien anzuschließen. Bei Weitem nicht alle setzen sie in die Tat um. Helden im Kampf für eine gute Sache aber wollen sie sein. Die Jugendsozialarbeiter halten rund um die Uhr mit Gesprächen dagegen, müssen aber zur Kenntnis nehmen, dass die für den IS entflammten Burschen und Mädchen nicht bloß reden, sondern etwas tun wollen. Die mobile Jugendeinrichtung Back Bone, für die Fabian als Streetworker tätig ist, setzt – gemeinsam mit Jugendlichen – Spendenprojekte für jene Menschen auf, die sie in den Propagandafilmen des IS leiden sehen. Burschen wie Ahmad, die bereits tief in die Dschihadi-Szene eingetaucht sind, reicht das nicht.

Später, als Ahmad dem IS den Rücken gekehrt hat, ist es für ihn kaum zu ertragen, aus nächster Nähe mitzuerleben, wie Jugendliche auf seine extremistische Propaganda hereinfallen. Zumal er selbst sich vor nicht allzu langer Zeit noch mit feurigem Eifer für diesen Irrweg eingesetzt hat. Wie andere Aussteiger quält auch ihn nun das schlechte Gewissen, andere damit angesteckt zu haben. Die Monate in der Dschihadi-Szene sind für ihn vergeudete Zeit, eine Erfahrung, der sich nur dadurch eine Art von Sinn abtrotzen lässt, dass sie für andere nützlich wird.

Bloß, wie? Jugendsozialarbeiter, IS-Aussteiger, Islamwissenschafter und Filmemacher setzen sich zusammen. Die Arbeitsgruppe nimmt die ideologischen Grundlagen des sogenannten

Islamischen Staates als auch die Videos aus der Propagandawerkstatt des IS unter die Lupe. Ahmad ist mit an Bord. Je mehr er seiner eigenen Radikalisierung auf den Grund geht, desto klarer wird ihm, dass der propagandistischen Online-Übermacht des IS mit Gesprächen allein nicht beizukommen ist. Man muss ihr auch online etwas entgegensetzen. Fabian kommt aus dem Gefängnis, wo er einen jungen IS-Anhänger besucht hat, mit der Erkenntnis zurück: „Wir sollten etwas mit Videos machen! Etwas richtig Gutes!"

Die erste Staffel mit vier Videos entsteht mit geringem Budget und handelt von Jamal al-Khatib, einer fiktiven Figur, die Anleihen bei den Geschichten vieler, echter Jugendlicher nimmt, ihre Erlebnisse auf der Flucht aus Tschetschenien, Afghanistan oder Syrien sowie ihre Erfahrungen in Österreich aufgreift, einem Land, in dem sie nie ganz dazugehören. Jamal al-Khatib steht für viele. Die erste Episode heißt „Mein Weg" und geht im Juli 2017 online. Es passiert – nichts. Ein paar Stunden lang herrscht Stille. Dann schlägt das Video ein. Am Abend haben es tausend Jugendliche gesehen; viele von ihnen schicken es an Freunde weiter. Fabian traut seinen Augen nicht. Er macht einen Screenshot und leitet ihn an seine Mitstreiter weiter: „So krass! Das fliegt!"

Die Figur verschafft sich bei Jugendlichen Respekt, weil hinter ihr weder staatliche Institutionen noch Islamexperten oder Politiker stehen, sondern junge Menschen, die so sind wie sie selbst. Je mehr Burschen und Mädchen sich von ihr angesprochen fühlen, umso bedrohlicher werden das künstliche Geschöpf und ihre Erfinder für IS-Anhänger. Im Onlineforum tritt Ahmad verdeckt auf. Doch seine früheren Brüder haben ihn bald ausgekundschaftet. Als die Jamal-al-Khatib-Filme von mehr Jugendlichen angeklickt werden als die Videos der radikalen Prediger, ist Feuer am Dach.

Immer öfter fordern Ahmads Widersacher ihn namentlich heraus. „Warum kommst du nicht mehr zu uns in die Moschee?", „Wir vermissen dich abnormal", posten sie. Dem am Projekt beteiligten islamischen Seelsorger, der junge Muslime im Gefängnis betreut, ergeht es ähnlich. Auch er wird enttarnt. „Was, du bist da auch dabei?", empören sich IS-Anhänger. Ahmad und seine Mitstreiter gehen auf Provokationen nicht ein, stehen im Onlineforum unbeirrt Rede und Antwort und schaffen es auf diese Weise, die Angriffe ins Leere laufen zu lassen. Als IS-Sympathisanten anfangen, sich zu beklagen, wie ähnlich die Videos ihren eigenen seien, nehmen sie es als Bestätigung für ihre Arbeit.

Die Welt dreht sich weiter. 2018 ist der sogenannte Islamische Staat in Syrien und im Irak militärisch nahezu besiegt. Auch die ideologische Feuerkraft lässt nach. Bei jungen Muslimen in Europa sickern Berichte aus Syrien durch, wie jene der beiden Tschetschenen, die sich inmitten von Muslimen in die Luft sprengen hätten sollen. Die Mär von der „gerechten Sache" lässt sich kaum mehr aufrechterhalten. Zudem entwickeln Social-Media-Plattformen Algorithmen, die IS-Propaganda ungesehen löschen.

Andere Kanäle hingegen florieren. Etwa jene von Hizb ut-Tahrir, einer in den 1950er Jahren gegründeten islamistischen Bewegung, die ebenfalls ein globales Kalifat anstrebt, aber darauf verzichtet, zu Gewalt aufzurufen, und ihre gefährliche Propaganda deshalb weiter ungehindert verbreiten kann. Auch sie beutet die Wut von jungen Muslimen aus, die sich ungerecht behandelt fühlen, um sie gegen Nichtmuslime aufzubringen und gegen „den Westen" zu hetzen. Die Unterdrückung der Uiguren, einer muslimischen Minderheit im Nordwesten Chinas, dient als weiterer Belege dafür, dass Muslime nur in einer islamischen Gesellschaft leben können. Auch dieses Thema greift die Jamal-al-Khatib-Kampagne auf.

Nach zwei Jahren kommt sie an ihr Ende. Je mehr Aufmerksamkeit das Projekt generiert, desto mehr öffentliche Mittel fließen dafür. Das bringt den Nachteil mit sich, dass Förderstellen sich auch inhaltlich einmischen wollen. Die zweite Jamal-al-Khatib-Staffel, die 2019 das heiße Eisen „Demokratie und Schirk" anpackt – der Begriff steht für Götzendienst oder Abgötterei –, und die Frage erörtert, ob Muslime in nichtislamischen Ländern wählen gehen sollen, löst neben Zuspruch auch viel Protest aus. Zu glatt, zu weit weg von der Realität, finden Kritiker.

Die Kampagne startete furios, kompromisslos und rau. Nun klingt sie etwas kläglich und gezähmt aus. Das ist im Moment bitter, im Rückblick jedoch ein Geschenk. Ausgerechnet das Finale wird sich als Gewinn erweisen. Denn der Jugendsozialarbeiter Fabian und Ahmad, der als 16-Jähriger daran mitwirkt, werden daraus eine Lehre ziehen, die den Boden für ihr kühnstes und zugleich erfolgreichstes Wagnis aufbereitet: Cop & Che.

Morddrohungen: Die Gespenster der Vergangenheit

In den ersten Wochen nach Ahmads vereiteltem Aufbruch Richtung Syrien sah es für die IS-Szene – wie erwähnt – so aus, als bliebe der junge Tschetschene auf ihrer Seite. Doch mit der Zeit änderte sich sein Ton, er wurde schnippisch und provozierend. Die IS-Leute schickten dem Abtrünnigen Spione hinterher. Sie meldeten zurück, er treibe sich in der tschetschenischen Moschee herum, die für Deradikalisierungskurse bekannt ist, und freunde sich mit Leuten an, die mit der Dschihadi-Szene gebrochen haben. Seine ehemalige IS-Clique bombardierte ihn daraufhin mit Textnachrichten, um ihn zurückzuholen. Darauf reagierte Ahmad immer seltener, bemühte sich jedoch gleichzeitig, kein Öl ins Feuer zu gießen. Bei zufälligen Begegnungen mit ehemaligen IS-Brüdern beließ er es bei einem höflichen „Hallo, wie gehts? Passt alles?“, „Super, wir sehen uns!“ Das ging eine Weile gut.

Als sich jedoch herumspricht, dass Ahmad einer der Jugendlichen ist, die bei der Jamal-al-Khatib-Kampagne mitmachen, kommt es zu Einschüchterungsversuchen und Drohungen. Normalerweise verunglimpfen die IS-Brüder alle, die sich gegen sie stellen, als Ungläubige. Doch mit dieser Strategie erreichen sie bei Ahmad nichts. Auch die Jamal-al-Khatib-Videos sind inhaltlich nicht angreifbar. Deshalb verlegen sie sich darauf, das Projekt mit Gerüchten in Misskredit zu bringen. So streuen die IS-Brüder, die Kampagne arbeite für den Staat, um muslimische Jugendliche vom Islam zu entfremden. Über Ahmad erzählen sie herum, er verpfeife Leute beim Verfassungsschutz, was massive Drohungen nach sich zieht. „Wir werden dich abschlachten!“ oder „Dein Blut ist erlaubt für uns. Wir werden dich aufschlitzen“, liest er auf WhatsApp.

Er gibt seinen Widersachern bekannt, wo er wohnt, wo er trainiert, und wo er sich wann aufhält, und schreibt: „Kommt einfach vorbei!“ Eines späten Abends hört er hinter sich Schritte. Es ist Sommer, ein bisschen windig. Ahmad kommt vom Training. Er will frische Luft schnappen und beschließt, nach Hause zu spazieren und dabei Musik zu hören. Plötzlich hat er das Gefühl, verfolgt zu werden. „Sei nicht paranoid, geh einfach weiter“, sagt er sich. Er biegt um eine Ecke, bleibt stehen, dreht sich um und überrascht drei Leute: „Was wollt ihr? Warum verfolgt ihr mich? Wenn ihr mir etwas antun wollt, schaut mir ins Gesicht. Macht das nicht aus dem Hinterhalt.“ – „Du musst mit dieser Arbeit aufhören. Du bist ein Feind des Islam, ein Höllenhund“, sagt einer.

Ahmad kennt die Männer vom Sehen. „Ihr redet die ganze Zeit, aber ihr beweist nie etwas“, sagt er. „Nichts ist jemals authentisch, was aus eurem Mund kommt. Jetzt schaut mir ins Gesicht. Wollt ihr mir etwas antun?“ Einer zieht ein Messer. „Bist du sicher, dass du nicht aufhören willst, uns ins schlechte Licht zu rücken?“ „Ich zeige euch was“, sagt Ahmad. Er greift in seine Sporttasche und holt eine Gaspistole heraus. „Seid ihr sicher, dass ihr mir etwas antun wollt?“ – „Beruhige dich mal, was ist mit dir?“, antwortet einer der Männer. „Wir wurden geschickt, wir wollten das gar nicht“, ein anderer. Dann ziehen die Verfolger ab.

Einem Freund, der Ahmads Beispiel folgt und mit der Dschihadi-Szene bricht, setzen die ehemaligen Brüder ebenfalls zu. Einmal mischt Ahmad sich in einen Chat ein. „Wer bist du überhaupt?“, fragen sie. Der Tschetschene stellt sich vor. „Ach so, der Verräter des Glaubens!“, antworten sie. – „Wenn ihr es so nennen mögt. Aber was seid ihr dann?“ Die Debatte wird unfreundlich. „Schaut mal, ich möchte nicht persönlich werden, ihr seid für mich der letzte Abschaum. Besser wir lassen diese Ebene weg und diskutieren auf der theologischen“, schlägt Ahmad vor. „Du weißt schon, dass dein Blut halal gemacht wurde?“, entgegnet man. „Das gibt es im Islam nicht. Ein Mensch kann das Blut eines anderen nicht halal machen. Schon gar nicht wegen einer Meinung, die man vertritt. Ihr erfindet einfach Sachen oder übernehmt sie aus Propagandaschriften und Filmen“, belehrt Ahmad sie. „Der Einzige, dem es zusteht zu erlauben, jemanden zu töten, ist Gott, und nur dann, wenn dein Leben auf dem Spiel steht und du dich verteidigen musst." Sie lassen nicht locker. Ahmad lacht sie aus. „Jungs, ihr wisst ja, wo ich mich aufhalte, wo ich in die Moschee gehe, wo ich wohne, wo ich mit meinen Freunden chille. Kommt und macht das mal. Ihr seid immer so cool drauf, bis es hart auf hart kommt. Erst Superhelden und dann Micky Mäuse." Bei den IS-Brüdern gehen die Wogen hoch: „Meinst du? Sollen wir dir das Gegenteil beweisen?" – „Ich bitte darum. Bis jetzt habe ich von euch nur leere Drohungen gehört", reizt Ahmad sie weiter. Sie schicken Videos, die sie mit Macheten zeigen. „Die einzige Waffe, die ich habe, sind meine Füße und meine Hände und das, was ich in der Brust habe, mein Herz. Mehr brauche ich für euch nicht", erwidert Ahmad. „Kommt und versucht uns etwas anzuhaben. Wir sitzen hier, genau drei Leute. Ich weiß, ihr kommt immer zu zehnt oder zu zwanzigst. Macht uns nichts aus, ihr Kakerlaken."

Kurz darauf meldet sich ein älterer Tschetschene. Ahmads Vater wird eingeschaltet. Und dann heißt es: „Den Streit beenden!" Ahmad ärgert sich grün und blau. „Warum lasse ich mich jedes Mal auf so eine Scheiße ein? Ich muss diskutieren, mich rechtfertigen und verteidigen, bin total aufgeregt und habe richtig Bock, diese ganze Wut und diesen Hass rauszulassen. Warum zerstört mein Vater alles? Warum ist er in der Community bloß so bekannt?" Selten, aber doch, hadert Ahmad damit.

Alle, die ihn anschwärzen, fordert er auf, Beweise vorzulegen: „Wenn ihr welche habt, raus damit! Und sonst haltet den Mund." Jede Anschuldigung vom Hörensagen, der er nachgehe, löse sich im Nebel auf. Jede Nachfrage „Was ist deine Quelle?" ende mit einem: „Bruder, vertrau mir!" „Bruder, vertrau mir, ist halt keine Quelle", sagt Ahmad. Seine Mitstreiter bei der Jamal-al-Khatib-Kampagne haben Angst um ihn. „Bitte, pass auf dich auf, sei nicht übermütig!", flehen sie. Ende 2017 klopft die Polizei bei ihm an, dieses Mal, um ihm Schutz anzubieten. Ahmad lehnt – nicht gerade dankend – ab: „Ich möchte mit euch nichts zu tun haben." „Bist du sicher?", fragen die Beamten, bevor sie sich verabschieden. – „Ich komme allein klar!"

Ahmad: „Das ist nicht meine Polizei!"

Die Unterstellung, ein Polizeispitzel zu sein, klingt in Ahmads Ohren wie blanker Hohn. Zwar kennt der junge Tschetschene die Dschihadi-Szene wie wenige und hätte einiges zu berichten, doch fiele es ihm im Traum nicht ein, seine Kenntnisse dem Staat zur Verfügung zu stellen. Jeden Vorstoß in diese Richtung weist er in der Sekunde von sich: „Das ist nicht meine Polizei!"

Wenige Monate nach dem ersten Jamal-al-Khatib-Video erhält Ahmad überraschend Post vom Bundesamt für Verfassungsschutz und Terrorismusbekämpfung (nunmehr: Direktion Staatsschutz und Nachrichtendienst). Man wolle sich mit ihm unterhalten, liest er. Selbstverständlich geht der Tschetschene davon aus, dass die Beamten etwas im Schilde führen, etwas anderes ist für ihn gar nicht vorstellbar, und er bittet Fabian, ihn zu begleiten. Der Termin verläuft unfreundlich. Und am Ende ist weder dem Jugendsozialarbeiter noch Ahmad ganz klar, worum es den Beamten eigentlich gegangen ist.

Ahmad hat für die Polizei nichts übrig. Will man ihn aushorchen? Als Spitzel gewinnen? Verdächtigt man ihn? Er kann sich des Eindrucks nicht erwehren, dass die Polizei ständig etwas von ihm will, aber nicht da ist, wenn er sie einmal braucht. Seit einer Weile wird Ahmad immer wieder angeschwärzt. Er verdächtigt ehemalige IS-Brüder, ihm etwas anzuhängen, um sich an ihm, dem Verräter, zu rächen. Einmal soll er einen Bankmitarbeiter erpresst haben. Der junge Tschetschene ruft bei der Polizei an: „Ich bin seit Jahren nicht mehr in der Szene. Im Gegenteil. Ich versuche andere Jugendliche von diesem Weg abzubringen. Aber wenn Sie mit mir reden wollen, komme ich gerne vorbei." Trotzdem fällt eine Truppe Polizisten mit Visierhelmen und Maschinenpistolen in der elterlichen Wohnung ein. Sie rufen: „Ahmad!, Ahmad!", fesseln ihn und bringen ihn zur Einvernahme. Als er sich beim zuständigen Sachbearbeiter beschwert, dass man ihn auf martialische Art und Weise zu einer Einvernahme bringe, zu der zu erscheinen er ohnedies bereit gewesen sei, bekommt er zu hören: „Das habe ich nicht entschieden." Ahmad bleibt auf der Hut.

2021, rund vier Jahre später, bekommt der junge Tschetschene eine Gemeindewohnung, die er sich mit seinem besten Freund teilt. Was er nicht weiß, nebenan wohnen rechte Rapid-Fans mit einem Pitbull Terrier. Eines Tages findet sich an seiner Eingangstür die Nachricht: „Wir werden dich umbringen, wir werden dich abschlachten, du dreckiger tschetschenischer Terrorist. Fahr nach Hause!" Er geht davon aus, dass sie den Zettel angebracht haben. Wenn er den Männern am Gang über den Weg läuft, vermeiden sie den Blickkontakt. Die rassistischen Drohungen hören nicht auf. „Wir werden dich vergasen, wie damals die Juden!", liest er einmal. Ahmad hält es nicht für seine Bestimmung, sie zur Rechenschaft zu ziehen, sondern geht „wie ein ganz normaler Wiener" zur Polizei, um eine Anzeige zu erstatten.

Doch fühlt er sich dort nicht wie ein „ganz normaler Wiener" behandelt. Die Beamten scheinen kein Delikt zu erkennen. „Wahrscheinlich bist du selbst schuld", sagen sie. „Außerdem ist nicht nachzuweisen, wer das geschrieben hat. Fahr wieder heim!" Ahmad sucht ein weiteres Polizeirevier auf. Dort schickt man ihn zurück, wo er hergekommen ist: „Die kennen die Siedlung, in der Sie leben, vermutlich besser." – „Da war ich schon", insistiert Ahmad. „Was sollen wir jetzt machen?", fragen die Polizisten. „Wahrscheinlich hat er es selbst geschrieben, der Tschetschene, um einmal nicht der Täter, sondern das Opfer zu sein", meint ein Kollege.

Ahmad nimmt zur Kenntnis, dass man ihm entweder nicht glaubt, sich nicht die Mühe machen will, die Urheber der rassistischen Beschimpfungen und Drohungen ausfindig zu machen, oder die Polizisten nichts strafrechtlich Relevantes sehen. „Jedes Mal, wenn wieder ein Zettel an meiner Tür war, habe ich ihn zerrissen und keinen Dreck mehr darauf gegeben", sagt er. Hin und wieder hält er sich in der Wohnung auf, um am Laptop zu arbeiten, oder sich ein paar Stunden mit Computerspielen zu vertreiben. Doch er vermeidet es, dort zu übernachten. Gegen eine mit Pitbulls und Baseballschlägern anrückende Horde wäre ein noch so guter, professioneller Kämpfer machtlos. Er zahlt brav weiter die Miete, bis der Energieversorger bei ihm anklopft: „Warum verbrauchen Sie keinen Strom, wenn Sie dort leben?" Darauf fällt Ahmad nichts ein. Wo soll er anfangen? Egal, was er sagt, man würde ihn nicht verstehen. So fühlt er sich.

Afghanen und Tschetschenen: Status, Stolz und Stärke

Bereits vor der Hochphase der Rekrutierung für den sogenannten Islamischen Staat kommt es auf der Straße zu Spannungen zwischen Tschetschenen und Afghanen, die sich fallweise in größeren Raufhändeln, wie der Massenschlägerei am Praterstern Anfang Mai 2013, entladen. Sie beginnen als Kräftemessen, bei dem es darum geht, welche Gruppe Jugendlicher sich auf die Fahnen heften darf, die ärgste zu sein, und enden schlimmstenfalls damit, dass mit Messern, Eisenstangen und Schlagringen bewaffnete Horden aufeinander losgehen.

„Bandenkrieg" oder „Straßenkampf" titeln Boulevardmedien dann. Die Burschen treibt die wütende Devise an: „Wenn ich schon nichts habe, sollen wenigstens alle Angst vor mir haben"; und was das betrifft, stehen Tschetschenen im übelsten Ruf, beziehungsweise, aus ihrer eigenen Perspektive betrachtet, im Ansehen ganz oben. Immer wieder stößt der Streetworker Fabian auf Jugendliche, die sich als Tschetschenen ausgeben, obwohl sie keine sind, um sich mit Status aufzuladen. 2015 nimmt die Polizei die Goldenberg-Bande hoch. Die führenden Köpfe landen im Gefängnis.

Im März 2016 kracht es am Wiener Handelskai. Obwohl bei den gewaltsam ausgetragenen Konflikten nicht selten auch Somali, Albaner oder Rumänen mitmischen, gelten Afghanen und Tschetschenen als treibende Kräfte. So ist es auch dieses Mal. Ein Araber und ein Afghane, entwurzelte Männer, die in der Gesellschaft nicht Fuß fassen, beleidigen einander zuerst. Danach setzen sie ihren Streit in einem Park in Wien-Brigittenau fort. Mann gegen Mann. Der Afghane gewinnt, was einem tschetschenischen Burschen, der als Zuschauer dabeisteht, offenbar sauer aufstößt. Er geht auf den Afghanen los, bricht ihm die Nase. Chaos bricht aus. Immer mehr Jugendliche eilen herbei. Fäuste. Messer. Eisenstangen.

Auch Ahmad ist vor Ort. Ein tschetschenischer Bursche hat einen Messerstich in die Lunge abbekommen. Bei einem zweiten verfehlte das Messer knapp sein Herz. Gemeinsam mit Freunden schleppt Ahmad die Schwerverletzten in ein nahe gelegenes Jugendzentrum. Sie überleben. Uwe, der Polizeibeamte, dessen Wege sich noch mit Ahmads kreuzen werden, ist dieses Mal nicht im Dienst. Tags darauf berichten seine Kollegen von der Amtshandlung am Handelskai, die aus ihrer polizeilichen Sicht – anders als die Massenschlägerei am Wiener Praterstern drei Jahre zuvor – noch in die Kategorie „eine von den eher üblichen" fällt. Völlig anders stellt sich die Lage für die Medien dar. Der Raufhandel 2013 schlug sich mit keiner Zeile nieder. Drei Jahre später, nach der Schlägerei am Handelskai, ist die Aufregung groß.

Die Zentrale der Wiener Jugendzentren schickt Psychologen, die sich um die Jugendlichen und die Sozialarbeiter kümmern. Ahmad unterhält sich mit „einigen Leuten mit Magistertiteln", die er zuvor noch nie gesehen hat. Eltern versuchen zu vermitteln. Sowohl in der afghanischen als auch in der tschetschenischen Community rücken Streitschlichter aus. Sportveranstaltungen werden ausgerichtet, gemeinsame Essen und Gesprächsrunden. Doch das meiste, das von den Älteren kommt, ist für die Burschen „nur Gelaber", wie Ahmad rückblickend einräumt.

Er selbst hadert noch mit Zweifeln und Widersprüchen, ist dabei, die IS-Ideologie hinter sich zu lassen, doch das Neue hat sich noch nicht herauskristallisiert. Letztlich wird Ahmad ein Hadith, eine islamische Überlieferung, helfen, aus der Spirale von Gewalt und Gegenwalt auszusteigen: „Der wahre Starke ist nicht derjenige, der im Zweikampf siegt, sondern der, der die Kontrolle über sich selbst bewahrt." Darum ringt er gerade.

Praterstern, Handelskai, Floridsdorf: Die Konflikte auf Wiens Straßen reißen indes nicht ab. In der Pandemie, die Österreich im Frühling 2020 heimsucht, steigt die Explosionsgefahr bei den Jugendlichen, wie Sozialarbeiter Fabian registriert: „Besonders diejenigen, die zu Hause in kleinen Wohnungen sitzen, brauchen den öffentlichen Raum – und werden dort von der Polizei vertrieben." Noch mehr Frust ist die Folge.

Ahmad als Vermittler zwischen den Welten

Was die Vorfahren in Tschetschenien durchgemacht haben, soll die Entfaltung der Kinder in Österreich nicht überschatten. Gleichzeitig sollen sie begreifen, warum das Volk, zu dem sie gehören, jedes Jahr des 23. Februar 1944 gedenkt. An diesem Tag ließ der russische Diktator Josef Stalin einen Großteil der Tschetschenen nach Kasachstan verschleppen. Eine halbe Million Menschen verloren ihr Zuhause und man geht davon aus, dass ein Drittel die Deportation nicht überlebte. Alte und Gebrechliche, die nicht in Viehwaggons gepfercht und abtransportiert wurden, trieben russische Soldaten in Häusern zusammen und steckten sie in Brand. Das kollektive, historische Trauma wirkt in jeder tschetschenischen Familie nach.

In diesem Spannungsfeld wächst Ahmad auf. Einerseits trägt er das Erbe eines über Generationen überlieferten Genozids an seinem Volk. Gleichzeitig hört er die Eltern sagen: „Vergiss, was früher war. Du lebst in Österreich, bist sicher und frei. Du musst dir keine Gedanken um den Krieg machen." Mit 12 oder 13 fängt er an, Fragen zu stellen. Er kam in Tschetschenien auf die Welt und empfindet es als sein gutes Recht zu erfahren, was passiert ist und warum seine Landsleute fast ausgelöscht wurden. Im Internet stößt er auf Videos, Berichte von Zeitzeugen, Interviews mit Historikern. In vielen Familien liegt über den Geschehnissen der Vergangenheit der Mantel des Schweigens. Ahmad hat das Glück, dass ihm seine Eltern bei den Recherchen über die Schulter schauen. Außerdem helfen sie ihm, Informationen einzuordnen: Was stimmt, was ist verzerrt dargestellt? Auf welche Quellen kann er sich stützen, welche sind zweifelhaft? Die Erzählungen russischer, dem Kreml zu Gesicht stehender Historiker unterscheiden sich erheblich von den Schilderungen tschetschenischer Überlebender.

Für Ahmad erweist sich die Beschäftigung mit der Vergangenheit als Schlüssel, um die Gegenwart besser zu verstehen. Aber sie hilft ihm nicht wirklich, das Heranwachsen in einem fremden Land zu bewältigen. Manchmal fühlt er sich, als bewegte er sich zwar in derselben Zeit und an denselben Orten wie seine Eltern und Geschwister, doch lebt er als tschetschenischer Jugendlicher in Österreich gleichzeitig in einer eigenen Welt, die sie nicht teilen und nicht verstehen.

Ahmad fällt in der Familie die Rolle des Vermittlers zwischen Vergangenheit und Gegenwart zu, ungeachtet dessen, dass er sich an die ersten Jahre seines Lebens nur verschwommen erinnert. Bei der Flucht aus Tschetschenien war er dreieinhalb. Seine Verwurzelung mit der alten Heimat entspringt vor allem den Erzählungen seiner Eltern, die sich auch nach Jahren in Österreich mit der fremden Sprache noch plagen, während er bald mühelos zwischen dem Deutschen und dem Tschetschenischen wechselt. Dass er einspringt und übersetzt, wann immer seinem Vater oder seiner Mutter die Worte fehlen, ergibt sich fast von selbst. Er hilft ihnen, die Welt, in der sie gelandet sind, zu verstehen. Seine eigene hingegen ist ein einziges, verwirrendes Durcheinander.

Das gilt zwar auch für den Rest der Familie, doch kein Durcheinander gleicht dem anderen. Ahmads älteste Schwester war elf, sein älterer Bruder neun, als die Familie Richtung Europa aufbrach. Sein Vater wundert sich oft, wie viel sie noch von früher wissen. Es fällt ihnen schwer, ihr altes Leben aufzugeben. Sie waren, anders als Ahmad, bereits einige Jahre in Tschetschenien in der Schule gewesen, haben Russisch gelernt und Freundschaften geschlossen. Heute noch verfolgen sie die Nachrichten aus der alten Heimat und hoffen insgeheim, irgendwann zurückzukehren. Er hängt irgendwo dazwischen und nennt sich einen „Wiener mit tschetschenischen Wurzeln". Der Jüngste der Familie ist elf, in Österreich auf die Welt gekommen und aus Ahmads Sicht eigentlich kein „richtiger Tschetschene" mehr, eher schon ein „waschechter Wiener".

Geht es darum, zu vermitteln und sich in der Fremde zurechtzufinden, schultert der mittlere Sohn die größte Last. So empfindet es Ahmad. Er ist das Familienmitglied mit dem besten Zugang zu beiden Welten, der alten in Tschetschenien und der neuen in

Österreich. Mit 13 erledigt er Behördenwege und begleitet die Familie zu Arztterminen; wenn die Eltern etwas auf dem Herzen haben, ziehen sie ihn heran, nicht die Älteren. Er füllt Papiere aus, redet mit Beamten und folgt den Gesprächen Erwachsener, denn auch zu Terminen in der tschetschenischen Gemeinde nimmt der Vater ihn mit. Vielleicht ist er deshalb einer der wenigen in seiner Generation, der seine Wurzeln pflegt und sich dafür interessiert, woher er kommt. Es verlangt ihn danach, all die Plätze zu sehen, an denen er spielte, seine Kindheitsgefährtin, den Ort, wo sein von Russen ermordeter Onkel zu Boden fiel, und er will Zeit mit seinen Verwandten verbringen, die er bloß vom Hörensagen kennt. Wie gerne würde er als junger Mann in das Dorf zurückkehren, zu dem seine Familie seit 300 Jahren gehört, mit eigenen Augen jenes heutige Tschetschenien sehen, das, wie er aus den Videochats mit seinen Cousins und Cousinen weiß, mit dem rückständigen, patriarchalen Bild, das Russland von dem Land zeichnet, wenig gemein hat.

Am Basar verkaufen Frauen Obst, Gemüse und Waren aller Art. Auf öffentlichen Plätzen spielen Mädchen und Buben miteinander. Es gibt Schwimmbäder, die Männern und Frauen offenstehen. Töchter werden ermutigt, an der Universität zu studieren. Die Geburtshäuser seiner Mutter und seines Vaters liegen zehn Minuten zu Fuß voneinander entfernt. Die Familien pflegen ein gutes Einvernehmen. In die Hauptstadt Grosny fährt man eine Stunde. Seine Cousins üben angesehene Berufe aus, fahren große Autos. Wenn sie in die Berge und an lauschige Orte zum Grillen fahren, schicken sie manchmal Fotos. Sie sind ihm ans Herz gewachsen. Er hätte sie gerne in der Nähe.

Wäre er in Tschetschenien mehr zu Hause als er es in Österreich jemals sein wird? Ahmad spricht perfekt Deutsch, er hat den Wiener Schmäh drauf. Trotzdem fragen ihn Leute aus dem Nichts heraus, woher er *eigentlich* stammt. „Bist du Tschetschene?“, haken sie nach, wenn er keine Lust hat zu antworten. Auf Ämtern und auf der Straße hört er abfällige Bemerkungen, die ihn aufwühlen. Wäre er in Tschetschenien zu Hause, nicht *eigentlich* zu Hause, sondern *wirklich*? Er weiß es nicht. Tschetschenien ist eine Vorstellung. Er hat dort nicht gelebt.

Am 24. Februar 2022 greift Russland die Ukraine an. Spätestens an diesem Tag hört Tschetschenien auf, für Ahmad eine Möglichkeit zu sein. Der tschetschenische Präsident wird junge Männer mit Gewalt an die Front zwingen, allen voran die wehrfähigen Söhne aus Familien, die seinem Regime kritisch gegenüberstehen. Es wird auch Ahmads Cousins treffen. Einer von ihnen wird kurz nach seiner Einberufung an der Front sterben. Die Nachricht wird den „Wiener mit tschetschenischen Wurzeln" niederstrecken. Tagelang wird Ahmad kein Essen anrühren. Er wird nicht wissen, wohin mit seiner Ohnmacht. Um *etwas* zu tun, wird er sich eine Glatze rasieren.

Ahmad und die Zeitzeugen

Das blühende Grosny, die grünen Alleen, in denen teure Limousinen parken, die prachtvolle Tolstoi-Universität. Für Ahmads Generation existiert diese Welt nur mehr auf alten, vergilbten Postkarten. Als er geboren wurde, war das Zerstörungswerk des Kriegs längst im Gang. Danach lag alles in Schutt und Asche. Die Häuser zerbombt, die Straßen leer, die Universität ohne Dach, die Bevölkerung schwer traumatisiert. Fast jeder Mann, aber auch viele Frauen haben Gewalt entweder am eigenen Leib oder als Zeugen erlebt.

In tschetschenischen Familien wird darüber kaum geredet. Oft fehlen schlicht die Worte, um das Unfassbare zu beschreiben. Aber auch das, was davor war. Ahmads Familie ist in dieser Hinsicht eine Ausnahme. Von klein auf erzählt man ihm von der tschetschenischen Kultur, der Freiheit, die herrschte, der demokratischen Republik, den Wahlen, all den Errungenschaften, die im Krieg und nach der Flucht auf der Strecke geblieben sind.

Junge Tschetschenen, die außer Verrohung und Zerstörung wenig erlebt haben, können an das Davor nicht anknüpfen. Ihnen bleiben die Geschichten vom Krieg, von Freiheitskämpfern und soldatischen Helden. Für die Rache-Narrative des sogenannten Islamischen Staates erweist sich das kollektive Trauma der Deportation und der beiden Tschetschenienkriege, in denen die Welt wegschaute, als Putins Soldaten Tschetschenen abschlachteten und folterten, als idealer Nährboden.

2020 rücken Ahmad, Fabian und die Journalistin Maynat Kurbanova historischen Wissenslücken zu Leibe. Sie wollen an Jugendliche herankommen, bevor IS-Ideologen, neosalafistische Verführer und Sittenwächter das Geschehen der Vergangenheit für ihre Ziele ausbeuten. Die Zeiten haben sich geändert. Es schließt sich niemand mehr, wie noch 2014, 2015, in Syrien dem Dschihad an. Umso heftiger toben die Propagandaschlachten jetzt auf Social Media.

Die fiktive, ewig 16-jährige Figur „Jamal al-Khatib" tritt ihren verdienten Ruhestand an und macht Platz für die Video-Reihe „Uiguren, wir vergessen euch nicht!" Die Kampagne, die ohne öffentliches Geld aufgesetzt wurde, um nicht mehr so viele Zugeständnisse machen zu müssen, thematisiert Chinas kulturellen Genozid an der muslimischen Minderheit. Ein Jahr später folgt das „Das laute Schweigen – Srebrenica 2020", mit der die Kriegswirren am Balkan in den 1990er Jahren aufgearbeitet werden. Wieder ein Jahr später ist die von Kriegen und Leid getränkte tschetschenische Geschichte an der Reihe.

Ahmad ist Feuer und Flamme. Überlebende der Deportation von 1944 und der Tschetschenienkriege (1994 bis 1996 und 1999 bis 2009) werden als Zeitzeugen gesucht.

Unter den Gesprächspartnern befindet sich Musa Itaev. Er war sieben, als seine Familie nach Kasachstan verschleppt wurde; nach 13 Jahren durfte er nach Tschetschenien zurück. Einer von rund 200 000. Die Häuser der Rückkehrer waren von Russen besetzt. Itaev verlor seine Eltern, Onkeln, Tanten und 32 Cousins und Cousinen in Kasachstan: „Mir ist niemand geblieben." 2002 musste er aus Tschetschenien flüchten. Er lebt heute in Frankreich. „Mein halbes Leben war ich auf der Flucht", sagt er.

Und der Arzt Khassan Baiev. Er war in beiden Tschetschenienkriegen unter markerschütternden Umständen im Einsatz. Als die Hauptstadt Grosny belagert wurde, stapelten sich 3 000 Verwundete. Baiev war der Einzige, der helfen konnte. Er absolvierte 140 Not-OPs in 24 Stunden.

Und die Menschenrechtsaktivistin Zara Murtazalieva. Mit 20 wurde sie von vier Männern abgepasst, zur Polizeistation gebracht und mit der falschen Anschuldigung, eine Terroristin zu sein, für achteinhalb Jahre in einem berüchtigten russischen Gefängnis eingesperrt. Seit ihrer Freilassung setzt sie sich für politische Gefangene in Russland ein.

Ihre Schilderungen berühren Ahmad zutiefst. Mehrmals bereits stand das tschetschenische Volk vor seiner Vernichtung. Seine Geschichte brannte dem jungen Tschetschene Ahmad drei Gebote ein. Es ist ein Erbe, das er nicht zurückweisen kann: Wir vergessen nicht. Wir vergeben nicht. Wir brechen nicht.

Terroranschlag: „Hoffentlich ist es kein Muslim. Vor allem kein Tschetschene"

Im Herbst 2020 schickt ein dschihadistischer Anschlag Schockwellen rund um den Erdball. Tatort: Paris, Conflans-Sainte-Honorine. Hier wird am 16. Oktober der Lehrer Samuel Paty auf offener Straße enthauptet. Nach wenigen Minuten kursieren Bilder auf Instagram und Messenger-Kanälen, versehen mit einer Nachricht des Mörders: „Ich bin der Verteidiger der Ehre des Propheten und das ist der Kopf von dem dreckigen Feind, der am Boden liegt." Der sogenannte Islamische Staat und das Terrornetzwerk Al-Qaida rühmen die Tat. Sie markiert den vorläufigen Höhepunkt einer Serie von Anschlägen quer durch Europa.

In Fachkreisen erörtert man das Aufkommen einer „neuen Generation von Attentätern". Fabian, der 2017 zur „Beratungsstelle Extremismus" wechselte, schreibt – neben namhaften Islamwissenschaftern und weiteren Experten – an einem Papier zu den „im Namen des Propheten" verübten Verbrechen mit. Die Autorinnen und Autoren sichten zahlreiche, meist arabischsprachige Schriften, Traktate und Manifeste, die nicht nur das ideologische Unterfutter, sondern auch konkrete Handlungsanleitungen für Dschihadisten liefern. Außerdem nehmen sie die Online-Kommentarspalten unter die Lupe, ein bisher kaum erforschter Ort für die politische Meinungsbildung für Jugendliche, in dem Extremisten das Sagen haben. Der Sozialarbeiter, den vor allem interessiert, wie junge Muslime in Europa die im Internet kursierenden Argumentationen aufnehmen, stellt fest, dass sie – wenig überraschend – vor allem darauf abfahren, als Märtyrer, arabisch *Shahid*, berühmt-berüchtigt in Erinnerung zu bleiben.

Außer einer kriminellen Laufbahn haben die neuen Dschihadisten wenig vorzuweisen. Auf den Tag X bereiten sie sich nicht lange vor. Was sie wollen, ist töten und am Ende selbst getötet werden, um als Verteidiger der Ehre des Propheten ins Paradies eingelassen zu werden. Jugendliche posten auf Instagram oder TikTok, was sie davon halten. Ihre Debatten enden oft hitzig. Fabian fällt auf, dass einige Poster den Mörder von Paris mit einem *Konach* vergleichen, einer traditionellen tschetschenischen Figur, die sowohl als „Krieger" als auch „Bewahrer" überliefert ist und eigentlich nicht zur dschihadistischen Propaganda passt. In Kriegszeiten erweist er sich als Held, im Frieden als edler Helfer. Von besonderer Stärke zeigt es aus Sicht dieses bescheidenen Weisen, wenn man sich unbewaffnet für andere einsetzt. Gewalt lehnt ein richtiger Konach ab. Die helfende Seite dieser Figur wird später in das Zeitzeugen-Projekt „Chechnya" einfließen, an dem auch Ahmad mitwirken wird.

Am 2. November 2020 schlägt der dschihadistische Terror erneut zu. Dieses Mal in der Wiener Innenstadt. Der Täter erschießt vier Menschen und verletzt zahlreiche weitere. Es ist der letzte Abend vor einem Corona-Lockdown. Ganz Wien scheint auf den Beinen zu sein. Die Lokale sind voll. Ahmad ist mit einem Freund am Donaukanal ganz in der Nähe spazieren. Plötzlich sind die Straßen und Plätze voller Funkwägen und Blaulicht. Im Internet liest er von einer Schießerei am Schwedenplatz. „Verdammt, ein Terroranschlag", denkt er. Und in der nächsten Sekunde: „Hoffentlich ist es kein Muslim. Vor allem kein Tschetschene." Er fürchtet den Hass, den Rassismus, die pauschalen Verdächtigungen, die Burschen wie er ausbaden werden müssen.

Tatsächlich setzt ein Terrorexperte auf einem Online-Nachrichtenportal sofort das falsche Gerücht in die Welt, es könnte sich um einen kaukasischen Täter handeln. Erst zwei Wochen ist es her, dass in Paris ein Tschetschene einen Lehrer köpfte. Noch ist die Identität des Attentäters von Wien nicht geklärt. Das hindert die Online-Ausgabe der Tageszeitung „Krone" nicht, ein Bild des Täters zu posten und in roten Großbuchstaben darunter: TSCHETSCHENE zu schreiben. „Inoffiziell bestätigt wurde der Krone, dass es sich bei dem getöteten Attentäter um einen in Österreich lebenden Tschetschenen handeln soll. Er war Kriegsflüchtling und seit mehr als zehn Jahren im Land", ist zu lesen. Nichts davon stimmte.

Der Jugendsozialarbeiter Fabian sitzt zu diesem Zeitpunkt in der Beratungsstelle Extremismus in seinem Büro unweit des Schwedenplatzes und scannt fieberhaft IS-Kanäle, einschlägige Telegram-Gruppen und Instagram-Accounts. Er stößt auf ein erstes Bild des Attentäters und postet es in einer WhatsApp-Gruppe junger IS-Aussteiger. Auch Ahmad gehört zu ihnen. Er starrt auf das Foto und traut seinen Augen nicht. Dann ruft er den Jugendsozialarbeiter an: „Fabian, ich kenne den Typen von früher!" Der junge Tschetschene ist fassungslos. Der Typ wollte immer dabei sein, wurde aber nie richtig akzeptiert. Ein Mitläufer. Ein Irgendwer. Ahmad nimmt sich vor, „nie wieder jemanden zu unterschätzen".

Am Franz-Josefs-Kai zieht eine ältere Frau Ahmad und seinen Freund in einen Hauseingang. „Ihr könnt mit uns raufkommen, da seid ihr sicher", sagt sie. Sie lehnen dankend ab. Die Frau bietet an, ihnen ein Taxi nach Hause zu bezahlen. Noch ist nicht klar, ob der Attentäter gefasst ist.

Der Polizist Uwe hat einen Tagdienst hinter sich. Als der Attentäter von einem Streifenpolizisten, der mit dem Funkwagen in der Nähe war, angeschossen wird, ist er gerade auf der A 22 im Auto unterwegs nach Hause. „Umdrehen bringt jetzt nichts mehr", überlegt er, „bis ich in der Dienststelle bin, ist das Grobe schon vorbei." Er ist erschüttert. Mit einem dschihadistischen Anschlag in Wien hat niemand gerechnet. Die Polizei ist in Aufruhr. In den kommenden Tagen werden Kollegen aus allen Bezirken zusammengezogen, um den öffentlichen Raum zu schützen.

Ein Terroranschlag in Wien? Medien werden sich wochenlang damit beschäftigen, welche Anzeichen es im Vorfeld gab, wie sich die Dschihadi-Szene entwickelte, was die Behörden verabsäumten, wie der Täter unter ihrem Radar durchschlüpfen konnte. Auch ich recherchiere, als Journalistin. Am Tag nach dem Anschlag melde ich mich bei Fabian, dem Jugendsozialarbeiter, einem der besten Kenner junger, extremistischer Szenen der Stadt: „Können wir reden?" Kurz darauf sitze ich ihm in seinem Büro gegenüber, neben mir Ahmad. Vom Fenster aus sehen wir auf den Schwedenplatz hinüber. Der junge Tschetschene will in der Geschichte über den Terroranschlag, an der ich arbeite, nicht namentlich aufscheinen. Aber er erzählt über den Attentäter, der noch in der Nacht von der Polizei erschossen wurde, und den er von früher kannte. Wir reden über Tschetschenen, den Islam, Migration, Vorurteile. Und weil uns allen klar ist, dass es dazu noch viel zu sagen gibt, beschließen wir an diesem Nachmittag: Wir schreiben ein Buch.

Wenige Tage später sieht Ahmad in der U-Bahn einen Muslim sitzen, Vollbart, lange Haare, Gebetsmütze, Kette. Die Stadt ist mittlerweile im Lockdown, der Waggon ist fast leer. „Stehen wir auf und setzen wir uns in seine Nähe, falls er etwas vorhat, können wir ihn aufhalten", sagt er zu seinem Freund. Im Nachhinein fragt er sich, was in ihn gefahren ist: „Warum geht mir nicht das Herz auf, wenn ich so einen Menschen sehe? Verdammt, was macht diese ganze, polarisierende Berichterstattung in meinem Kopf?"

Die neuen, jungen Dschihadis

Nach dem Terroranschlag vom 2. November 2020 kehrt in die islamistisch-extremistische Szene eine merkwürdige Ruhe ein. Sie fällt mit der Corona-Pandemie zusammen, und Fabian, der Jugendsozialarbeiter, weiß zunächst nicht so recht, wie er sie deuten soll. Lässt die dschihadistische Gefahr nach? Ist sie bloß weniger sichtbar? Ist die Szene in eine Schockstarre gefallen? Er traut dem Frieden nicht.

Mit seiner Skepsis liegt Fabian richtig. Der sogenannte Islamische Staat ist nach dem Anschlag in der Wiener Innenstadt bei jungen Muslimen unten durch. Selbst Jugendliche, die für das Gedankengut offen sind und der Faszination dschihadistischer Heldengeschichten erlegen sind, können nichts damit anfangen, dass „irgendein Idiot am Schwedenplatz random Leute abknallt". In Ahmads Altersklasse ist das Attentat für viele der letzte Anstoß, vom IS abzurücken.

Nach etwa zwei Jahren jedoch registriert der Jugendsozialarbeiter, dass in einigen Wiener Bezirken eine neue Generation von 14- und 15-Jährigen heranwächst. Die Szene hat wieder Zulauf, ist mittlerweile aber völlig verwandelt, denn die neuen Dschihadis waren 2014 kleine Kinder und haben keine Ahnung, was damals passiert ist. Für sie ist der IS keine Instanz, sondern ein Mythos. Außerdem gibt es kein praktisches, konkretes Angebot mehr, sich in den Dschihad einzubringen. Das war eines der Erfolgsgeheimnisse des IS.

Die Gruppierungen werden durchlässiger und sind sowohl ethnisch als auch ideologisch gemischter als in der ersten Welle von Dschihadis, zu der Ahmad gehörte. Neosalafistische Influencer geben den Ton an. Sie lehnen Gewalt ab, rufen deshalb auch nicht zum bewaffneten Kampf auf, sondern forcieren die Abgrenzung von Nichtmuslimen und allem, was mit „dem Westen" in Verbindung gebracht werden kann. Heranwachsende auf Konfrontationskurs mit Staat, Familie und Schule sind dafür empfänglich.

Bei muslimischen Jugendlichen kommt dazu, dass sie von staatlichen Stellen, Politik und Medien ein durchgängig negatives Bild gespiegelt bekommen, aus dem sich mühelos eine negative Identität bilden lässt, mit der man im neosalafistischen Milieu bestens aufgehoben ist. „Wenn du dagegen bist, wenn du das falsch findest, komm zu uns", lautet die Devise. Immer mehr Burschen, aber auch Mädchen, konvertieren, um ihren Protest zu besiegeln. Nicht die innere Überzeugung, dass der Islam für sie die richtige Religion ist, treibt sie zu diesem Schritt, sie fühlen sich vielmehr davon angezogen, dass die Neosalafisten eine Gegenposition einnehmen. Das Rebellische gefällt ihnen.

Ahmad selbst verwendet den Begriff Neosalafismus nicht, weil er im Gegensatz zu vielen Experten, die ihn im Mund führen, seine Bedeutung im Islam kennt. Als „Salaf“ beschreibt man hier die „beste Generation“, also jene Gefährten Mohammeds, die nach seinem Ableben seine Botschaft verbreitet haben, sowie die nächsten drei Generationen. Der Tschetschene bevorzugt es, die Neo-Salafis als „Wut-Muslime“ oder „Unwissende“ zu bezeichnen.

Für regen Zustrom zu neosalafistischen Influencern sorgt auch das vom Verfassungsgerichtshof zunächst gekippte „Burkaverbot“, das 2017 als „Gesichtsverhüllungsverbot“ erneut in Kraft trat. In der Corona-Pandemie wurde es wegen der FFP2-Maskenpflicht ausgesetzt, inzwischen gilt das Gesetz wieder. Bis heute wird der Paragraph vor allem auf Frauen mit Kopftuch und Maske angewandt. In den Online-Debatten muslimischer Jugendlicher herrscht darüber nicht enden wollende Aufregung. Das macht es für Mädchen erst recht spannend, sich zu bedecken.

Die neosalafistischen Prediger glauben an einen grausamen, unbarmherzigen Rachegott, halten sich an die Altvorderen als Garanten für einen „wahren“ und „unverfälschten“ Islam, lehnen andere islamische Strömungen ab, und haben auch die Feinde für „Muslime auf dem wahren Weg“ längst ausgemacht. Es sind die Europäer, die Ungläubigen, der Westen.

Und gläubige Muslime wie Ahmad, die in keine Schublade passen.

Stress mit Sittenwächtern

Auf sozialen Medien ist Ahmad anfangs unter einem Pseudonym unterwegs. Auf TikTok kritisiert er unter falschem Namen jene selbst ernannten „Sittenwächter“, die in europäischen Ländern die Diaspora-Community drangsalieren. Sie berufen sich auf das tschetschenische Gewohnheitsrecht (Adat). In Tschetschenien gab es lange Zeit keine staatlichen Organe, die für Ordnung und Sicherheit sorgten. Diese Rolle oblag sogenannten Sittenwächtern, einer zivilgesellschaftlichen Macht, die über die Einhaltung von Regeln wachte und heute noch Bürgerinnen und Bürgern beisteht, wenn ihnen Unrecht getan wird, etwa bei Polizeiübergriffen.

Ahmad erklärt, dass bei den selbst ernannten Tugend-Sheriffs von der ursprünglichen, hehren Idee nichts übrig ist. Im Gegenteil. Die angeblichen Sittenwächter, die in Österreich ihr Unwesen treiben, würden in den Augen ihrer echten Kollegen zu den „Dreckskerlen" gehören und von ihnen „in den Arsch getreten" werden. Auch in der tschetschenischen Diaspora sind sie schlecht angeschrieben, denn als Sittenwächter spielen sich meist kriminelle und verrohte Landsleute auf, die wenig zu verlieren haben und vor nichts zurückschrecken. Sie gehen auf Schwächere los, um sich selbst zu erhöhen, und meinen, vor allem Frauen aus der tschetschenischen Community vorschreiben zu können, wie sie sich zu kleiden und zu verhalten haben. „Hobbylose Vollidioten", nennt Ahmad sie.

Ein Sturm der Entrüstung bricht los. „Was redest du da? Wegen Leuten wie dir, die sich nicht benehmen können, weil sie Europäer geworden sind, kommen wir erst ins Gefängnis", schimpfen sie. Ahmad legt nach: „Man müsste halt Manns genug sein, um seine Fehler einzusehen." Sein Gegenüber reagiert erwartungsgemäß ungehalten: „Was heißt, Manns genug sein?" Hin und her wogen die Sticheleien. „Ganz einfach: Wenn ihr Scheiß baut, seid ihr nicht einmal Manns genug, das zu akzeptieren, sondern sucht die Schuld bei anderen. Ihr seid richtige Feiglinge." Ein „echter Tschetschene" stelle sich Herausforderungen, an denen er scheitern könnte, weil sie vielleicht zu groß für ihn sind, statt wehrlose Leute kaputtzuschlagen.

Jugendliche, die im Chat mitlesen, stimmen Ahmad zu, liken seine Videos und schicken sie an Freunde weiter, sehr zum Ärger der selbst ernannten Sittenwächter. Sie finden heraus, wer hinter dem Pseudonym des Kritikers steckt, lauern Ahmad bei der U-Bahn-Station auf und zerren ihn auf einen nahe gelegenen Parkplatz. Sein älterer Bruder, der zufällig mit dem Auto vorbeifährt, eilt ihm zu Hilfe.

Das hohe Ansehen, das der Vater unter Tschetschenen genießt, schützt Ahmad. Andererseits können die Sittenwächter davon ausgehen, dass der junge Tschetschene zu Hause nichts erzählt, wenn sie ihn verprügeln. Es gilt als Ehrensache, weder zur Polizei noch zu den Eltern zu gehen, sondern derartige Angelegenheiten „unter Männern“ zu regeln. Das gilt jedenfalls, solange es bei Fäusten bleibt. Kommen Messer und Pistolen ins Spiel, werden in der Regel ältere Autoritäten eingeschaltet, die den Streit schlichten oder beenden, und dafür sorgen, dass niemand ums Leben kommt.

So viele Möglichkeiten, was jetzt?

Zu der Zeit, als Ahmad überzeugt war, in den IS-Brüdern seine Lotsen auf dem einzig richtigen Pfad gefunden zu haben, war die Zahl seiner Optionen gering. Er sollte gar nicht nach links oder rechts schauen oder andere Meinungen einholen. Zweifel, was richtig und was falsch ist, waren nicht angebracht. Das änderte sich, als er der Ideologie den Rücken kehrte. Er ist 16 Jahre alt, fast 17, als sich plötzlich neue Perspektiven eröffnen; Überlegungen sind anzustellen, eine Wahl ist zu treffen, für die er selbst die Verantwortung übernehmen muss. Vieles erscheint verlockend. Wofür soll er sich entscheiden? Was ist richtig? Muss er sich überhaupt entscheiden?

Wenn er zurückblickt, findet er kaum etwas, an das er anknüpfen könnte. So schwer ihm das Eingeständnis fällt, sein bisheriger Weg führte in die Irre. Und jetzt? Ahmad kann seine Erfahrungen zu nichts zusammenfügen, das einen Sinn ergibt. Er hat Lebenszeit vergeudet, Jahre weggeworfen. Gibt es „die“ Wahrheit gar nicht? Hat jeder seine eigene? Und was ist seine? Ist das der Dschihad, um den es *eigentlich* geht? Der Kampf mit sich selbst? Ahmad beschließt, in sich zu gehen, um seinen Charakter zu formen, nicht nur theologisch, sondern auch sozial. Er will sich bessern.

Zuerst geht er noch hart mit sich ins Gericht. Wie arrogant er mit 13, 14 Jahren in der kriminellen Clique geworden ist. Nicht nur Mädchen gegenüber, mit denen er sich zu sprechen weigerte. Andere Meinungen interessierten ihn nicht. Sagte jemand: „Schau dir das mal an!", antwortete er auf die einzige ihm angemessen erscheinende Art: „Geh scheißen!" Die wenigen, mit denen er sich abgab, waren die Mitglieder jener eingeschworenen Gruppe, mit der er unterwegs war. Ausgerechnet sie enttäuschten ihn bei erstbester Gelegenheit. Als er ins Gefängnis kam, tauchte keiner von ihnen auf. Es schmerzt immer noch, wenn er daran denkt. Ahmad sagt sich, er habe sich an diese Freunde irgendwann gewöhnt, es werde ihm wohl gelingen, sich auch wieder von ihnen zu entwöhnen.

Soll er dort weitermachen, wo er vor Jahren falsch abgebogen ist, und wieder in die Schule gehen? Ahmad hat 2015 die Handelsakademie begonnen. Die Option weiterzumachen, steht immer noch im Raum. Er gibt sich einen Ruck. Ahmad ist ein „Einser"-Schüler. Die schlechteste Note, die er in der vierten Klasse erhält, ist ein Zweier in Englisch. Doch ein Jahr vor der Matura wirft er das Handtuch. Er habe keinen Bock mehr auf Mathematik, erklärt er. Die Wahrheit ist, dass sich in seinem Leben zu viel auf einmal verändert. Er braucht eine Pause. „Ahmad, du hast es fast geschafft", sagt Fabian, der Jugendsozialarbeiter. „Aber ganz ehrlich, vielleicht fehlt dir die Ruhe, um durchzustarten. Mach, was du für richtig hältst."

Ahmad hört mit der Schule auf. „Wenn mein Mentor das so sieht, wird es passen", denkt er. Würde er sich bis zur Matura durchbeißen, wer weiß, er finge womöglich wieder an zu schwänzen, zu verschlafen, wahrscheinlich müsste er die Klasse wiederholen. Seine Motivation ist im Keller. Ahmad lässt „ein bisschen Zeit verstreichen". Und er fasst neue Pläne. Er will Geld verdienen und etwas auf die Seite zu legen, um sich selbstständig zu machen. Den Schulabschluss kann er später nachholen.

Ganz unten: Security und Systemerhalter

Ahmad beginnt als Praktikant bei einer Autofirma. Er ist den ganzen Tag am Telefon, um Kfz-Versicherungen zu verkaufen. Das ist so lange okay für ihn, bis es zu Unstimmigkeiten mit seinem

Vorgesetzten kommt. Ahmad kündigt. Im März 2020 erreicht die Corona-Pandemie Österreich. Er heuert bei einem Security-Unternehmen an, das unter Jugendlichen einen guten Namen hat, und wird vor Supermärkten postiert. Sein Job ist es, Menschen darauf aufmerksam zu machen, dass sie eine Maske tragen müssen. Das lassen sich vor allem Ältere ungern sagen, viele reagieren gereizt oder beschimpfen ihn sogar.

Ahmad versucht, damit zurecht zu kommen, und legt sich ein paar Strategien zurecht. Eine Weile hilft es, sich in sie hineinzuversetzen. Womöglich haben sie Schlimmes erlebt, sind mit allem überfordert. Er bemüht sich, die Beleidigungen, die sie ihm an den Kopf werfen, nicht persönlich zu nehmen. Doch es will ihm nicht so richtig gelingen, Ruhe zu bewahren. Zu Hause geht er die unerfreulichen Szenen im Kopf noch einmal durch. Warum hat er auf Frechheiten nicht dieses oder jenes geantwortet? Warum hat er nicht seine Weste abgelegt und sich vor die Idioten hingestellt: „Jetzt bin ich privat, sagen Sie mir mal Ihre Meinung ins Gesicht, und dann sehen Sie, was passiert!"

Es dauert eine Weile, bis er seine Rolle lockerer nehmen kann. Er beginnt, Ungustln einen Spiegel vorzuhalten, bis sie sich selbst lächerlich finden. „Sie haben Recht. Ich bin ein Arschloch", sagt er. Oder: „Stimmt, die Dame, es ist genau, wie Sie es sagen." Beklagt sich jemand, warum Kunden im Supermarkt keine Maske tragen, antwortet er: „Soll ich sie zusammenschlagen? Was erwarten Sie von mir?" Wenn er dann zu hören bekommt: „Wozu stehen Sie hier überhaupt?", dreht er sich weg und lässt es gut sein. Manchmal zückt er den Dienstausweis. „Ich bin als Security hier. Festhalten darf ich nur Ladendiebe, und das auch nur, bis die Polizei kommt. Machen *Sie* doch etwas!"

Besser wird es erst, als Ahmad einer Filiale im 12. Bezirk fix zugeteilt wird und Stammkunden ihn zu erkennen beginnen. Einige grüßen ihn, ab und zu bringt ihm jemand einen Engergydrink oder eine Jause aus dem Supermarkt mit oder stellt sich auf ein paar Worte zu ihm. Das hilft ihm durch die Phasen überwältigender Langeweile. Das Land wird immer noch von der Corona-Pandemie gebeutelt. Menschen wie ihn, die nicht im Homeoffice arbeiten können, sondern jeden Tag draußen sind, nennt man Systemerhalter. Nach einem halben Jahr werden seine Dienste vor dem Supermarkt nicht mehr benötigt.

So sehr ihn die Rolle des Sicherheitsmannes zunächst nervte, im Laufe der Wochen arrangiert er sich mit ihr. Außerdem lässt sie sich mit seinem Engagement für Jugendliche vereinbaren. Also macht er weiter. Nach eineinhalb Monaten steigt er in der Firma zum Supervisor auf, und ein, zwei Monate später zum Einsatzleiter. Er lernt, mit Mitarbeitern umzugehen, und mit seinen eigenen Gefühlen. Mit der Wut, die nach wie vor in ihm brodelt. Mit der aggressiven Lust zuzuschlagen. Er übt sich darin, zu kalmieren, Streit zu schlichten, Konflikte zu lösen.

Das macht ihm nicht wirklich Spaß, genaugenommen hält er diesen Job für eine Drecksarbeit. Er stellt fest, dass man auch als Security wie ein Stück Scheiße behandelt wird; eine Erfahrung, die sich jeden Tag ein Stück tiefer einprägt. Und man wird auch noch so bezahlt, als wäre man ein Nichts. Ahmad hat mit 1000 Euro netto begonnen. Eine ältere Bekannte, die in Hotels putzt, kommt auf 1600 Euro, so viel, wie er nun als Supervisor verdient. Reinigungskraft zu sein hält er nicht annähernd für so anstrengend wie seine Arbeit, in der er es oft mit Alkoholikern und psychisch labilen Menschen zu tun hat, die schnell auch einmal rassistisch ausfällig werden.

Die Arbeit hat allerdings zwei entscheidende Vorteile. Davon abgesehen, dass er wie erwähnt nebenbei noch etwas dazu beitragen kann, dass junge Menschen nicht auf die gleichen Abwege geraten wie er, bietet sie eine gute Gelegenheit sich abzuschauen, wie man ein Unternehmen führt. Sollte er irgendwann sein eigenes Geschäft starten, kann das nur von Vorteil sein. Dass man in dem Job nicht feig sein darf, kommt ihm ebenfalls entgegen.

Das eine oder andere Mal spitzen sich Situationen gefährlich zu. Mindestens einmal steht sein Leben auf dem Spiel. Bei einem Fußballmatch geraten ein Vertreter der „Alten Garde", eines Rapid-Fanclubs mit rechtsextremer Schlagseite, und ein junger Security aus Ahmads Truppe aneinander. Einige Dutzend Rapidler werden aufmerksam, eilen ihrem Kumpel zu Hilfe, treten auf den Sicherheitsmann hin und prügeln mit roher Gewalt auf ihn ein, bis er leblos am Boden liegt.

Ahmad leitet den Einsatz der privaten Sicherheitsleute. Er schaut sich um, es ist niemand sonst da, er muss einschreiten. Allein. Er läuft zu seinem Mitarbeiter hin und stellt sich der Horde entgegen. „Verpisst euch hier mal", brüllt er. „Lasst den Typen in Ruhe! Wer ist hier der Kopf? Wer hat das Sagen?" Ein Mann mit Ziegenbart und Schnauzer steuert auf ihn zu: „Was willst du denn?"

„Ja, was ich sagen will: Ihr seid Feiglinge. Ihr schlagt zu fünfzigst auf jemanden ein. Nennt ihr das ehrenhaft? Ist das in irgendeiner Kultur auch nur ein bisschen angesehen? Ihr seid die Letzten. Verpisst euch, bevor die anderen kommen und hier eine Massenschlägerei ausbricht. Und ich sage euch: Ihr zieht den Kürzeren."

„Was bist du für ein Landsmann?", fragt der Ziegenbärtige.

„Österreicher!"

„Fix bist du kein Österreicher."

„Na, sicher. Ich bin hier seit meinem vierten Lebensjahr, ich bin hier aufgewachsen."

Der Ziegenbärtige bricht in höhnisches Lachen aus. „Bevor wir Stress mit einem Tschetschenen kriegen, gehen wir lieber."

„Wäre wahrscheinlich besser für euch. 80 Prozent unserer Mitarbeiter sind Tschetschenen", sagt Ahmad.

Rettung und Polizei treffen ein. Ahmad zeigt auf den Kopf der Bande. Sein 18-jähriger Mitarbeiter landet auf der Intensivstation und liegt eine Woche lang im Koma. Er wird danach nicht mehr sein wie früher. „Und wenn ich unter der Brücke schlafen müsste, diesen Job mache ich nie wieder", wird er erklären.

Eine Leiharbeitsfirma wirbt Ahmad ab. Man bietet ihm einige Hundert Euro mehr an Gehalt und überträgt ihm eine Verantwortung, die für einen 22-Jährigen eigentlich zu groß ist. Bisher war er als Supervisor für 30 Leute zuständig. Nun hat er auf einen Schlag dreimal so viele unter sich. Ständig ist das Personal knapp. Er springt ein, wo Not am Mann ist, und erledigt mit der Zeit sogar Aufgaben, für die seine Chefs zuständig sind. Er sorgt dafür, dass die Einsätze reibungslos ablaufen, spielt den Blitzableiter, wenn es Ärger gibt, führt Gespräche mit Auftraggebern. Bald weiß er nicht mehr, wo er zuerst anpacken soll. „Warum tu ich mir das an?", fragt er sich, wenn er abends ins Bett fällt.

In der Covid-19-Pandemie stellt man ihn und sein Team für Teststraßen im Messepalast in Graz ab. Im November 2021, als die Infektionszahlen auf Rekordhöhe sind, kommt in Salzburg ein riesiges Corona-Labor dazu. Ein Hotspot des Ausnahmezustands, in dem das Land sich immer noch befindet. Wieder gehört Ahmad zu den Systemerhaltern, die dafür sorgen, dass „der Laden läuft", trotz Lockdowns. Er arbeitet rund um die Uhr, manchmal durchgängig 24 Stunden und mehr. Von sechs Uhr früh bis sechs Uhr abends dauert die Tagesschicht, von sechs Uhr abends bis sechs Uhr früh die Nachtschicht. Als Einsatzleiter pendelt er zwischen Graz und Salzburg hin und her. Er hat zwar jeweils einen Supervisor vor Ort, kann sich aber auf seine Stellvertreter nur bedingt verlassen.

Der Chef der Leiharbeitsfirma nahm Ahmad das Versprechen ab, dafür zu sorgen, dass es zu keinerlei Beschwerden kommt. Das will er einlösen. Aus allen Bundesländern werden Coronatests angeliefert. Innerhalb von 48 Stunden müssen die Getesteten erfahren, ob sie sich angesteckt haben oder nicht. Die Frist ist mehr als knapp. Als sie auf 24 Stunden halbiert wird, rotieren Ahmad und seine Leute am Stand. Ständig bringen kleine Busse in Plastikfolie verschweißte Paletten mit Selbsttests aus Supermärkten und Drogerieketten. Die Verpackungen werden am Parkdeck des Hauses aufgeschnitten, die Tests aus den Kühlboxen geholt und ausgepackt. Dann werden die Röhrchen mit den Proben weitergeleitet. So geht es von einer Station zur nächsten, von Stockwerk zu Stockwerk. Erst im Erdgeschoss endet der Aufgabenbereich von Ahmads Team – Medizinstudenten übernehmen. Sie ziehen Stichproben, kontrollieren nach, werten rot markierte, suspekte Proben nochmals aus und vermerken den endgültigen Befund auf einem Zettel.

Es gelten strenge Sicherheitsvorkehrungen. Wer bei der Arbeit mit einem Handy oder heruntergezogener Maske erwischt wird, kassiert eine Verwarnung und wird im Wiederholungsfall gefeuert. Der Druck ist enorm, und je mehr Menschen sich mit Covid-19 anstecken, je mehr daran sterben, desto größer wird er. „Wir dürfen uns nicht den kleinsten Fehler erlauben", sagt Ahmad. Als er merkt, dass seinen Mitarbeitern und auch ihm selbst die Luft ausgeht, bittet er die Laborchefin, mehr Personal einzustellen. Sie erklärt sich bereit, um 40 Mitarbeiter aufstocken, macht die Rechnung aber ohne den Personaldienstleister, für den Ahmad tätig ist. Sein Chef denkt nicht daran, den lukrativen Auftrag mit einem anderen Unternehmen zu teilen. Monate später wird ans Licht kommen, dass er in die eigene Tasche gewirtschaftet und nicht einmal Sozialabgaben und Steuern abgeführt haben soll.

Entlastung ist für Ahmads Team also nicht in Sicht. Immer wieder müssen Mitarbeiter ausgetauscht werden. Einige greifen zu Drogen, um nach den 12-Stunden-Schichten den Kopf frei zu kriegen, ein bisschen runterzukommen, mit dem Stress fertig zu werden, den Schmerz zu betäuben und am nächsten Tag wieder zu funktionieren. Ein Mädchen, das sich mit Koks und Ecstasy zugedröhnt hat, rasiert sich eines Nachts eine Glatze und bemalt ihren Schädel mit Kreuzen. Ahmad wird gerufen. Er erkennt die junge Frau gar nicht gleich.

„Ich bin nicht Michelle, ich bin eine Wiedergeburt der Gottesmutter Maria“, sagt sie.

„Ja, sicher! Mutter Maria spricht Deutsch? Ich dachte, sie spricht Hebräisch“, antwortet Ahmad.

Michelle behauptet, Wunder vollbringen zu können. Ahmad ritzt sich mit einem Messer in den Finger und sagt: „Mach das mal wieder gut!“ Als sie daraufhin an seinem Blut saugen will, stößt er sie weg. „Spinnst du? Wasch dir den Kopf ab und reiß dich zusammen!“

Kurz darauf, der nächste Eklat. Ahmad erhält einen Anruf: „Komm schnell ins Zimmer 407.“ Er findet einen seiner Mitarbeiter im Bett liegend und mit den Armen Bewegungen ausführend, als würde er sich an einem Seil in Richtung Fenster ziehen. Der Bursche hat sich mit allem vollgepumpt, das er in die Finger bekommen hat – Gras, Koks, Ecstasy, Alkohol – und will zum Fenster hinaus. Seine Zimmerkollegen haben alle Hände voll zu tun, ihn davon abzuhalten.

Als Ahmad dem Burschen den Rücken zudreht, versucht er es wieder. Er bekommt ihn an den Knöcheln zu fassen und reißt ihn zurück. Der Bursche schlägt mit dem Gesicht am Boden auf. Er wird ins Bett zurückgebracht. Plötzlich beginnt sein Herz zu rasen. Ahmad postiert Mitarbeiter an allen Fenstern. Jemand ruft die Rettung. Später, als der Bursche ausgenüchtert und wieder halbwegs klar im Kopf ist, erinnert er sich an krasse Kopfschmerzen, psychische Zwänge und ein hartes Ringen darum, die Kontrolle über seinen Körper wiederzuerlangen. Es war, als hätte eine fremde Macht von ihm Besitz ergriffen, erzählt er. Ein Typ habe versucht, ihn zum Fenster zu dirigieren: „Spring da raus. Da wartet die Freiheit auf dich. Deine Erlösung."

Wieder am Abgrund

Graz, Salzburg, Wien. Ahmad versucht, an allen Orten gleichzeitig zu sein. Egal, wo er sich gerade aufhält, ständig checkt er die Nachrichten am Handy oder hängt am Telefon, um die Aufträge an den jeweils beiden anderen Standorten im Auge zu behalten. Er hat zu Hause gelernt, niemandem Unrecht zu tun und dafür zu sorgen, dass alle sich wohlfühlen. Auch in der Arbeit. Vielleicht war das ein Fehler, wird er später denken. Jedenfalls führt es dazu, dass er den meisten Stress abbekommt. Ahmad findet zwar, dass er einiges aushält. Aber mit den Wochen wird es auch für ihn einmal zu viel.

Eines Tages, er ist in Salzburg und auf dem Weg ins Hotel, eine ziemlich heruntergekommene Bude, wo das geliehene Personal für das Corona-Labor untergebracht ist, wird ihm schwindelig. Er ist 50 Meter vom Gebäude entfernt und kann sich kaum noch auf den Beinen halten. „Bitte, bitte, schaff es noch auf das Zimmer", fleht er sich selbst an. Schritt für Schritt kämpft er sich weiter. Er taumelt durch die Eingangstür, schleppt sich zum Aufzug und drückt auf den Knopf, der Lift setzt sich in Bewegung, kommt im Erdgeschoss an, Ahmad steigt ein, der Lift fährt los, da ist sein Stockwerk, der Lift bleibt stehen. Er wankt auf den Gang hinaus Richtung Zimmer. Bevor er es noch aufsperren kann, bricht er zusammen.

Leute stehen um ihn herum. „Ahmad!" „Was ist los?" Dann

tragen sie ihn ins Zimmer und legen ihn auf das Bett. Sein Herz beginnt wie wild zu rasen, als wollte es aus seiner Brust herausspringen. Plötzlich tauchen Erinnerungen an früher auf. Unerfreuliches und Peinliches, an das er lange nicht gedacht hat. Er war zehn, vielleicht zwölf, als eine türkische Hochzeitsgesellschaft mit richtig fetten Autos im Konvoi an ihm vorbeigefahren ist und aus einem offenen Fenster Geldscheine flatterten. Ahmad stürzte sich darauf, erbeutete ein paar Hundert Euro und trommelte die Kinder im Park zusammen. Er lud sie in ein Lokal neben der U-Bahn-Station ein. „Mampf" hieß es. Dort stopften sich an die zwanzig Kinder mit Pizzen, Chips und Fruchtgummis voll. Eltern beobachteten das Gelage vom Balkon aus und stellten die Kinder zur Rede. „Ahmad hat uns das gekauft", erklärten sie. Er log damals, ein älterer Afghane, der im Lokal arbeitete, habe die Runden spendiert. Natürlich fragten sie dort nach. So flog die erste Lüge auf, an die Ahmad sich erinnert.

Und dann war da noch sein erster Diebstahl. In der Nachbarklasse stand eine kleine Box mit Haribos. In einer Freistunde, als gerade niemand im Raum war, griff er hinein und steckte eine Handvoll Gummibären in den Mund. Keine große Sache, nun erscheint sie riesengroß. Sämtliche Vergehen seiner Kindheit, die Straftaten seiner Jugend, alles bläht sich zu einer monströsen Schuld auf, setzt sich auf seine Brust, in der sein Herz nicht zu rasen aufhört, und droht, sie einzudrücken. Manchmal scheint sich eine Decke auf ihn zu senken und wieder wegzufliegen. Ihm wird eiskalt, etwas zieht ihn nach oben, als packte ihn der Todesengel, um ihn ein letztes Mal zu warnen: „Wenn du dich jetzt nicht radikal änderst, komme ich dich holen!"

Als er in der Uni-Klinik in Salzburg zu sich kommt, sitzt sein jüngerer Bruder am Bett. Auch sein bester Freund ist da. Er wird ihm schildern, dass er, Ahmad, unentwegt geredet habe. Und dass sein Herz immer schneller gepumpt hat. Doch der junge Tschetschene wird von diesen Details nichts wissen wollen und sich auf das Gespräch nicht einlassen. Das Einzige, was er wollen wird, ist, den Schwächeanfall möglichst schnell vergessen. Die Vorstellung, dass hinter seinem Rücken darüber geredet wird, peinigt ihn, und wenn er ganz ehrlich ist, will er unter den Leuten, die seinen Zusammenbruch mitgekriegt und beobachtet haben, nicht länger bleiben. Ahmad wird später kaum jemandem begreiflich machen können, was er für ihn bedeutete. Ein Wendepunkt, dem Tod so nahe, wie nie zuvor.

Danach ist nichts mehr wie vorher. Ahmad nimmt diese Erfahrung als Zeichen und schließt sie in sich ein. Insgeheim weiß er längst, dass er am falschen Weg ist, er so nicht weitermachen kann. Jeden Monat liefert er daheim Geld ab, nicht wenig, meistens um die 800 Euro. Seine Eltern sind zutiefst dankbar. „Wir freuen uns sehr über Unterstützung", sagen sie, „aber wir würden lieber dir etwas geben, damit du diesen Druck nicht mehr hast". Er beginnt sogar zu stottern. „Verdammt, ich pack das nicht mehr. Was soll das?", sagt er zu Fabian. „Das liegt wahrscheinlich am Stress", antwortet der Jugendsozialarbeiter. Freunde drängen ihn zu kündigen. Ahmad zögert. Was ist mit dem Versprechen, alles auf die Reihe zu kriegen, das er den Chefs gegeben hat? Wer sollte das schaffen, wenn nicht er?

Nun hilft ihm ausgerechnet seine Wut, die ihn so oft in Schwierigkeiten gebracht hat, sich zu befreien. Wie ein Sklave aus dem Mittelalter fühlt Ahmad sich in manchen Momenten. Sieht er davon ab, dass er besser bezahlt wird und mehr Verantwortung trägt, bleibt für ihn unter dem Strich übrig, dass er ausgebeutet wird. Das Sicherheitsunternehmen war am Boden, als er dort anfing. „Ich schwöre bei Gott, hätte ich gleich etwas Eigenes aufgezogen, ich würde jetzt wahrscheinlich auf einer goldenen Kloschüssel scheißen gehen."

Seine Chefs chillten am Sofa und haben ihn alles machen lassen. „Ahmad, bist du dabei?", fragten Kunden. „Wenn Sie wollen, bin ich dabei", sagte er. „Wenn nicht, braucht dein Chef mir kein Personal schicken!", hörte er oft. Das blieb seinen Chefs nicht verborgen, wie umgekehrt Ahmad nicht verborgen blieb, wie unentbehrlich er für sie geworden ist. „Sie nützen mich aus, weil sie glauben, dass ich naiv bin und ein gutes Herz habe", sagt er sich: „Die Wahrheit ist, ich habe zwar ein gutes Herz, aber ich bin nicht naiv."

Im zweiten Drittel der Nacht

Im Rückblick erscheint Ahmads Weg fast zwangsläufig. Tatsächlich weiß er vor lauter Hadern und Zweifeln nicht ein noch aus. Er ist total am Ende oder total am Anfang, so genau weiß er das nicht, komplett ratlos und offen für Neues, was immer das sein soll. Mit einem Wort, er ist wieder einmal auf der Suche, oder noch immer. Auch das ist ihm nicht klar.

Eines Nachts wacht er aus einem Traum auf, der ihm zeigt, wie er seine bisherige Arbeit hinter sich lassen kann. Es ist zwei Uhr früh, für Muslime das „zweite Drittel der Nacht“, in dem Gebete auf besonderes Gehör bei Allah treffen. Danach bringt er kein Auge mehr zu. Ahmad kann es kaum erwarten, dass seine Firma aufsperrt. Als er endlich im Büro der Chefs steht, platzen die Worte, die ihm schon die längste Zeit auf der Zunge liegen, einfach aus ihm heraus: „Ich kündige!“

Der Anwalt des Unternehmens und der Buchhalter eilen herbei. „Bitte, überlege dir das noch einmal“, sagen seine Chefs. „Wir können über alles reden.“ Sie bieten ihm 500 Euro mehr. Dann 800 Euro. Sie erhöhen. Er würde 4 500 Euro netto verdienen. Das letzte Angebot lautet 6 500 Euro. Ahmad bleibt hart. „Von mir aus könnt ihr mir 10 000 Euro in der Stunde zahlen“, sagt er. „Mein Herz sagt, ich soll das nicht mehr machen. Darauf habe ich immer gehört und das werde ich auch dieses Mal tun.“ Der Anwalt und der Buchhalter sind im Laufe der Monate fast Freunde für ihn geworden. „Bruder, überleg dir das noch einmal, das ist ein gutes Angebot, nicht einmal ein Arzt verdient so gut“, sagen sie. „Ich schwöre bei Gott, auch wenn ihr mir Millionen im Jahr gebt, mache ich das nicht mehr“, antwortet Ahmad.

Er war kurz davorgestanden, für den sogenannten Islamischen Staat in Syrien sein Leben hinzugeben. In Salzburg war er dem Todesengel begegnet. Er war nicht bereit, wieder in den Abgrund zu blicken. Beim dritten Mal würde es kein Zurück geben, dann würde er wirklich gehen müssen, davon ist er überzeugt. Sein Leben ist ihm wichtiger. „Keine Chance. Ich danke euch, aber ich bin fertig hier.“

So unnachgiebig er sich nach außen gibt, so sehr plagt ihn insgeheim ein schlechtes Gewissen. Wie kann er seine Chefs, die ihre Hoffnungen in ihn setzen und ihm nun auch noch so viel Geld bieten, im Stich lassen? Sein Ausstieg wird dem Unternehmen einen Schlag versetzen. Nicht nur für die Kunden, auch für die Beschäftigten ist er ein Fels in der Brandung. Die von ihm geleiteten Einsätze gehen meist ohne gröbere Probleme über die Bühne, sieht man von Kleinigkeiten ab, etwa, dass ein Security im Dienst raucht und verwarnt werden muss. Stellt er einen Auftrag für hundert Leute in die dafür eingerichtete WhatsApp-Gruppe, will die Hälfte zuerst wissen, ob er die Einsatzleitung überhat. Benimmt sich jemand im Dienst daneben, warnt man ihn vor, damit er im Fall von Beanstandungen nicht unvorbereitet ist. Fast alle Mitarbeiter sind Migranten, die regelmäßig zahllose Bewerbungen verschicken müssen, um eine Antwort zu bekommen oder gar zu einem Jobinterview eingeladen zu werden. Er ist für sie wie ein älterer Bruder.

Je mehr Ahmad sich all das in Erinnerung ruft, desto quälender werden seine Gewissensbisse. Soll er nachgeben? Im Stillen überlegt er: „Wenn ich mir das noch einmal antue, mache ich das noch ein, zwei Jahre mit, und dann sterbe ich vielleicht an Herzversagen oder bin so schlimm drauf, dass ich eine Krankheit entwickle und niemandem mehr helfen kann: Was ist dann? Ich habe immer die anderen geschont. Dieses Mal gebe ich mir selbst den Vorzug, um weiterhin die anderen schonen zu können." Der Buchhalter und der Anwalt empfehlen sich. Ahmad ist mit einem der Chefs allein im Raum, als dieser einen Anruf erhält und hinausgeht, um zu telefonieren.

Das Gespräch dauert 40 Minuten. Ahmad wartet im Büro. Plötzlich hat er eine Eingebung, von der er bald überzeugt sein wird, dass es ein Zeichen von Allah war: „Schau mal in den Mails nach!" Ahmad setzt sich an den Computer, klickt die Ordner durch, „BH" steht auf einem, Buchhaltung, er klickt weiter und findet die Abrechnung eines über mehrere Monate gelaufenen Auftrags. Er reibt sich die Augen. 78 000 Euro Ausgaben stehen 450 000 Euro an Einkünften gegenüber. „Jetzt weiß ich, warum sie mir 6 500 Euro im Monat zahlen würden." Er wird wütend. „Okay! Schluss! Aus!"

Als der Firmenboss ins Büro zurückkehrt, kotzt er von A bis Z aus, was er all die Monate hinuntergeschluckt hat. Dann spuckt Ahmad seinem Chef ins Gesicht. Es ist aus seiner Sicht der stärkste, der Situation angemessene Ausdruck von Verachtung und die größtmögliche Demütigung seines Gegenübers. „War mir eine Lehre, statt war mir eine Ehre!“, verabschiedet er sich. Ahmad rechnet damit, nie wieder etwas von ihm zu hören. Doch er irrt sich. Offenbar gehen seine Nicht-mehr-Vorgesetzten davon aus, dass der junge Tschetschene den impulsiven Abgang irgendwann bedauern und reumütig wieder anklopfen wird.

Es wird eine Weile vergehen, bis sie merken, dass er nicht daran denkt. Man wird versuchen, ihn zurückzuholen und ihm Nachrichten schicken, wie: „Bruder, erinnerst du dich an unsere gemeinsamen Zeiten? Wir haben aus einem Teller gegessen.“ Ahmad wird sich jedoch taub stellen.

Im Jänner 2022 gibt er seinen Leuten per WhatsApp Bescheid: „Tut mir leid, euer Einsatzleiter ist weg. Er wird wahrscheinlich eine eigene Firma aufmachen, wer Bock hat, soll sich melden.“ In der Chatgruppe halten sich fast 800 Mitarbeiter für hereinkommende Aufträge bereit, die meisten von ihnen sind geringfügig beschäftigt oder bloß fallweise angestellt. Wenige Tage nach Ahmads Abgang schickt ihm ein Ex-Kollege einen Screenshot. In der Chatgruppe sind nur noch 50 Leute übrig, alle anderen haben sie verlassen. Viele warten nur darauf, dass die neue Firma startet.

Ahmads bester Freund ist als Kompagnon mit an Bord. Die beiden wollen Lagerarbeiten und Ordnerdienste für Events anbieten, Parkplatzbewachung und Türsteherjobs, ausgenommen bei Konzerten, wo Alkohol und Drogen im Spiel sind. Dafür bräuchten sie einen Gewerbeschein, und der ist teuer. Ahmad ist mittlerweile in vielen Communities vernetzt. Wenn er auf sozialen Medien Personal sucht, treibt er innerhalb von einer Stunde so viel auf, wie er gerade braucht, oft melden sich mehr. Ständig treffen auf seinem Handy Nachrichten von Arbeitssuchenden ein: „Bruder, gibt's noch Platz?“

Trotzdem läuft es nicht wie geplant, und nur Ahmads bester Freund weiß, warum. Seit dem Zusammenbruch in Salzburg leidet der junge Tschetschene an Flashbacks. Auch die epileptischen

Anfälle nehmen wieder zu. Eine beliebige Szene, die ihn an die Arbeit erinnert, kann sie auslösen. Ahmad ist deprimiert. Wütend. Und er ist zunehmend gereizt. Das geht so nicht weiter, beschließt er.

Er schmeißt alles hin und bleibt auf Schulden sitzen, die er durch Anlaufkosten für die Firma und falsche Investments in Kryptowährungen und ein Bauprojekt angehäuft hat. Wenn er sich ordentlich hineinhängte, so wie früher, könnte er sie innerhalb weniger Monate abstottern, aber irgendwie bringt er die nötige Energie nicht mehr auf. Es ist, als wäre ihm der Sinn abhandengekommen, vertraut er seinem besten Freund an, als sie eine gemeinsame Runde durch den Bezirk und über die Wiener Donauinsel drehen. Bei diesen Spaziergängen, die sie regelmäßig unternehmen, sommers wie winters, kommt so gut wie alles zur Sprache, das den jungen Männern auf der Seele brennt. „Das ist unser Therapieweg", pflegt Ahmad zu sagen.

Es gibt noch einen weiteren Grund, warum er den Plan, sich selbstständig zu machen, auf Eis legt. Ahmad findet nach wie vor, dass er sich die Rolle des älteren Bruders für Jugendliche, die in ihrer Wut und ihren Identitätskrisen verloren gehen, nicht ausgesucht hat, aber offensichtlich wird er gebraucht. Dazu kommt, dass er in diese Arbeit auch all die schlechten Erfahrungen, die er sich im Nachhinein gerne erspart hätte, einfließen lassen kann. Was hinter ihm liegt, was sich vor ihm auftut, alles ergibt erst dadurch plötzlich Sinn. „Und wenn ich dabei draufgehe, habe ich zumindest für eine gute Sache gekämpft", sagt er sich.

Immer wieder sprechen ihn frühere Mitarbeiter auf das Unternehmen an, das er aufziehen wollte, worauf Ahmad neuerdings erwidert: „Im Moment gibt es Wichtigeres zu tun, als mich dem Kapitalismus zu widmen. Die zwischenmenschliche, soziale Arbeit braucht mich."

Jetzt mit Gesicht und Namen

Es gibt ein Problem. Bisher traten Ahmad und die anderen IS-Aussteiger in den Onlineforen vermummt und mit verzerrten Stimmen in Erscheinung. Nun wagt Ahmad sich aus der Deckung, er will sich mit Gesicht und Namen zeigen. Das Risiko, das er damit eingeht, ist unkalkulierbar. Fabian, der Jugendsozialarbeiter, bremst: „Ich weiß, dass du wütend bist und dich nicht mehr verstecken willst. Aber du musst deine Anonymität nicht aufgeben. Lass es dir noch einmal durch den Kopf gehen." – „Bei allem Respekt, und danke für deine Sorge", antwortet Ahmad. „Aber ich will das machen. Und ich bin bereit, alles, was ich mir damit einbrocke, auch auszulöffeln!"

Aus nächster Nähe bekommt Fabian in der Beratungsstelle Extremismus mit, wie die neosalafistische Szene erstarkt und der IS bei den jungen Dschihadis zur mythischen Leerformel verkommt. „In Ahmads Generation kennt fast jeder jemanden, der mit falschen Versprechungen nach Syrien gelockt wurde und unten gestorben ist", sagt er. Den heutigen Teenagern, die damals kleine Kinder waren, erklären die IS-Propagandisten nun, der IS habe niemals Unschuldige getötet, gegenteilige Behauptungen seien vom Westen und von den Medien erlogen. Propaganda von damals wird überarbeitet und vor allem auf TikTok neu hochgeladen.

Fabian weiß, wie wichtig es jetzt wäre, dass IS-Aussteiger wie Ahmad Geschichten von damals an sie weitergeben. Doch er hat zu oft erlebt, wie rasch sie in der Öffentlichkeit verbrennen. Zudem bleibt die Rolle an ihnen kleben. Einmal Syrien-Heimkehrer, immer Syrien-Heimkehrer: Man schreibt ein Buch, gibt ein paar aufsehenerregende Interviews, wird in Talkshows eingeladen – und verschwindet wieder in der Versenkung. Ahmad sollte das nicht passieren. Er sollte erst einen richtigen Job haben, noch ein bisschen älter werden und in die Arbeit mit Jugendlichen behutsam hineinwachsen.

Ahmad beginnt, seine Geschichte mit Journalistinnen, Lehrern, Sozialarbeiterinnen und Abgeordneten zu teilen. Fabian begleitet jeden seiner Schritte und stärkt ihm den Rücken. Sie starten mit Online-Sessions, bei denen Ahmad und zwei weitere Burschen vor allem Jugendarbeitern Rede und Antwort stehen. Die Fragen sind abgesprochen, es kann nicht viel schiefgehen. Ahmad wird zusehends sicherer, geht immer öfter in die Öffentlichkeit, um von seinen Erfahrungen zu berichten und entpuppt sich als Naturtalent. Sitzen Lehrerinnen und Lehrer im Publikum, gendert er so selbstverständlich, als hätte er nie anders gesprochen. Vor praktizierenden muslimischen Jugendlichen flicht er religiöse Floskeln und arabische Ausdrücke ein. Ständig erweitert sich sein Repertoire. Bald tastet er sich vom Selbsterlebten zu sozialen und politischen Themen vor, die Jugendlichen unter den Nägeln brennen, vor allem, wenn sie nicht österreichische Wurzeln haben: Ungerechtigkeit, Gewalt, Kriminalität, Zugehörigkeit, Schule und Probleme zu Hause. 2022 schreibt Fabian ein Buch („Die Wütenden“, erschienen im Westend-Verlag) und nimmt Ahmad zu Lesungen und Podiumsdiskussionen mit. Mit jedem Auftritt wird Ahmad sicherer.

Die nächste Wendung zeichnet sich ab. Sie hat mit einem Polizisten zu tun, wenn auch mit einem zugegebenermaßen untypischen Vertreter jener staatlichen Macht, mit der Ahmad ausschließlich schlechte Erfahrungen verbindet. Es handelt sich um jenen Uniformierten, dem der junge Tschetschene vor Jahren bei der Massenschlägerei am Wiener Praterstern um Haaresbreite gegenübergestanden wäre. Fast hätten sie damals miteinander gerauft.

Im Frühjahr 2022 werden sie einander im Bezirksamt Wien-Brigittenau bei einem Workshop begegnen. Sowohl Ahmad als auch der Exekutivbeamte werden nicht mehr die sein, die sie vor zehn Jahren waren. Ihre Beziehung wird dennoch recht unfreundlich beginnen und sich erst nach einer Weile zu einer Auseinandersetzung auf Augenhöhe entwickeln. Sie wird beide, Ahmad und Uwe, zu TikTok-Stars machen. Millionen Jugendliche werden ihnen auf der Videoplattform folgen. Erst aber müssen sich der junge Tschetschene und der Wiener Polizist noch auf einen Weg machen, der sowohl sie selbst als auch die tschetschenische Community und die Polizei verändern wird, einen Weg, der für Uwe streckenweise mühsam und für Ahmad streckenweise auch sehr gefährlich ist.

Im Amtshaus: „Freund, so kommst du mir nicht weg"

Seit Längerem rumort es in der tschetschenischen Community. Immer noch geben hier die angesehensten Männer, die unter den ersten nach Europa gekommenen Flüchtlingen waren, den Ton an. In der nachrückenden Generation, zu der Ahmads Vater gehört, drängen nun einige sachte und mit allem gebotenen Respekt darauf, den Weg für Jüngere freizumachen. Die Älteren, die sich als Hüter der Tradition und einer vom russischen Imperialismus und zwei Kriegen bedrohten Kultur verstehen, wurden in der Ära der Sowjetunion geprägt. Damit können in Europa aufwachsende, nach Orientierung und Halt suchende Jugendliche wenig anfangen.

Sie finden weder in der Welt ihrer Eltern noch in ihrer eigenen Vorbilder, an denen sie sich aufrichten können, und sind sich selbst überlassen. Es bleibt den Älteren nicht verborgen, dass zu viele von ihnen verloren gehen, kriminell werden, extremen Ideologien anheimfallen oder, wie die selbst ernannten Sittenwächter, mit militantem Gestus ein ausgehöhltes, erstarrtes Tschetschenentum hochhalten. Nur wissen sie nicht, was sie gegen diese Verwerfungen unternehmen können. So groß wird die Ratlosigkeit, dass sie bereit sind, über den eigenen Schatten zu springen und Hilfe von außen anzunehmen.

Es trifft sich, dass die Wiener Polizei zu dieser Zeit „etwas mit Tschetschenen" machen will. Das Ansinnen landet bei Uwe, dem Grätzelpolizisten in Wien-Brigittenau, denn er kann, wie es sein Vorgesetzter ausdrückt, „mit denen ja ganz gut". Uwe klopft beim tschetschenischen Kulturverein an. Man bespricht sich. Der Polizist organisiert einen Saal im Amtshaus seines Bezirks. Im Frühling 2022 trifft man sich zu einem Workshop. Bezirkspolitiker, Polizeibeamte und Sozialarbeiter wollen sich hier austauschen. Uwe sitzt mit seinen Kolleginnen und Kollegen ganz vorne. Auch einige junge Tschetschenen nehmen teil, wobei, eigentlich reden nur die Erwachsenen, während sie, die in den Parks herumhängen und jene Probleme machen, um die es bei dem Treffen geht, bloß danebensitzen.

Unter ihnen befindet sich Ahmad. Er ist mittlerweile 23, hört den Gesprächen der Respektspersonen eine Weile zu und lacht lauthals auf, als jemand vorschlägt, Polizisten und Tschetschenen gegeneinander Schach spielen zu lassen und Videos von dem Turnier auf Facebook zu posten. Im Raum macht sich kurz Betretenheit breit. Grätzelpolizist Uwe dreht sich zu ihm um: „Möchtest du etwas sagen?" Als hätte der junge Tschetschene auf ein Stichwort gewartet, holt er aus. Er ist aufgebracht. „Was ihr da aushandelt, schaut sich niemand an", sagt er. „Wir müssen auf TikTok gehen." Von den Älteren weiß niemand, was das ist. Ahmad erklärt, dort seien genau die Leute, um die es ihnen gehe. Niemand scheint überzeugt. Er setzt sich wieder.

Hinterher umringen ihn die Jungen und klopfen ihm auf die Schulter: „Danke, Bruder! Danke! Du hast sehr gut geredet." Ahmad ist einer von ihnen. Er weiß, wie oft sie ihren Ausweis herzeigen müssen, wenn sie in der Stadt unterwegs sind. Er versteht, warum sie die Schule schwänzen. Er fühlt ihre Wut. Er kennt die anstrengenden, schlecht bezahlten Jobs, die Burschen bleiben, wenn sie nicht Jonas oder Paul heißen. Wenn er an Securitys vorbeigeht, die in Parkhäusern und vor Juweliergeschäften die großen Autos und prunkvollen Geschmeide bewachen, jene Insignien eines Reichtums, der für sie, die nicht einmal die Hauptschule schaffen, so weit entfernt ist wie der Mars, dann spürt er ihre Langeweile. Er ist wie sie.

Der Grätzelpolizist winkt Ahmad zu sich. Uwe weiß aus langjähriger Erfahrung, wie großspurig sich die Burschen gebärden, die er auf der Straße und in den Parks trifft. In Wirklichkeit sind sie völlig blank und bräuchten dringend jemanden, der ihnen erklärt, was erlaubt und was verboten ist. Wenn der junge Tschetschene weiß, wie man mit ihnen in Kontakt kommt, will er ihn sich herholen. Ahmad ist immer noch in Fahrt. Nun kriegt es vor allem die Polizei von ihm ab. Sie hätte in Österreich ein „geiles, chilliges" Leben. Anders als in Frankreich oder Deutschland gebe es nicht einmal richtige Gangs. „Das glaubst auch nur du!", schnappt Uwe zurück. „Genau!", legt Ahmad nach: „Weil ich aus der Szene bin und weiß, wo es langgeht und was Jugendlichen gefällt und was nicht." Der Grätzelpolizist gibt Konter. Irgendwann ist der Workshop aus, sie aber sind miteinander noch längst nicht fertig. „Freund, so kommst du mir nicht weg", sagt Uwe. „Das müssen wir ausdiskutieren." So hat er es im Elternhaus gelernt, so hält er es als Polizist.

Eine steirische Kindheit und Jugend

1964 erblickt Uwe in der ländlichen Steiermark in Österreich das Licht der Welt, 35 Jahre vor Ahmad, der im Sommer des Jahres 1999 rund dreitausend Kilometer entfernt geboren wird. Wie der Tschetschene, ist Uwe das mittlere Kind. Ein Bruder ist elf Monate älter, der andere eineinhalb Jahre jünger. Und das ist nicht die einzige Gemeinsamkeit zwischen Ahmad und Uwe. Der steirische Bub wächst, so wie Jahrzehnte später der kleine Tschetschene, in einer Großfamilie auf. Uwes Eltern teilen sich ein altes Haus, das die Form eines L hat, mit mehreren Verwandten. Die junge Familie bewohnt mit ihren drei Kindern einen Teil des Erdgeschosses, links und rechts leben die Großeltern väterlicherseits und ein Bruder des Vaters, das ausgebaute Dach gehört einem anderen Onkel.

Uwes Vater und seine Mutter stammen aus demselben kleinen Ort in der Nähe von Judenburg, in dem sich alles um die Papierfabrik dreht. Uwes Großvater arbeitete hier als Bauingenieur, während sich die Großmutter um den Haushalt und die Kinder kümmerte. So geht das in der nächsten Generation mehr oder weniger bruchlos weiter. Uwes Vater ist Kfz-Mechaniker, bekommt eine Stelle in der Papierfabrik, lässt sich umschulen und fährt auf dem Betriebsgelände mit der Verschublok. Seine Mutter, eine gelernte Fotografin, bleibt zu Hause und zieht die drei Söhne groß. Die Leidenschaft für das Fotografieren erbte sie vom Großvater, der gerne mit riesigen Objektiven bewaffnet auf Pirsch ging, nicht, um die Tiere zu erlegen, sondern um sie abzulichten. Seine Sammlung umfasste Tausende Dias, von denen er zu besonderen Anlässen ein paar herzeigte.

Als Uwe 12 ist, bauen seine Eltern ein Haus. Die Großeltern mütterlicherseits packen mit an, und auch Uwe und sein älterer Bruder schleppen Ziegel, schaufeln Sand und mischen Beton. Die Gleichaltrigen sind irgendwo draußen mit ihren Rädern unterwegs, er ist eingedeckt mit all den Arbeiten, die auf der Baustelle eben so anfallen. Ein Tag gleicht dem anderen. Meistens macht sein Vater in der Papierfabrik von sechs Uhr früh bis zwei Uhr nachmittags die Frühschicht. Die Kinder hasten von der Schule nach Hause, um schnell ihre Aufgaben zu erledigen. Wenn der Vater heimkommt, wird gemeinsam gegessen, danach heißt es: Ab zur Baustelle! Hier bleiben sie dann, bis es finster wird.

Nur der Jüngste ist nicht dabei. Er zieht noch vor dem Hausbau zu den Großeltern väterlicherseits, die mit ihrem Geländewagen, einem Puch Haflinger, verunglückten. Es dauert lange, bis das zertrümmerte Knie des Opas und alle anderen Brüche und Wunden heilen. Uwes kleiner Bruder geht ihnen derweil im Haushalt zur Hand, und als es ihnen wieder einigermaßen gut geht, bleibt er bei ihnen. In der Garage züchten die Eltern Hasen. Manchmal drängen sich in den Ställen bis zu 80 Tiere. Wenn sie alt genug sind, werden sie geschlachtet und verkauft. Ab und zu gibt es bei Uwe zu Hause Kaninchen, entweder in Rahmsauce oder paniert. Hasenbraten schmeckt ihm bis heute.

An das Grundstück grenzt eine große, mittlerweile längst verbaute Wiese, etwa zwei Hektar groß, wo Uwe mit drei, vier Nachbarsbuben oft Fangen und Verstecken spielt. Mädchen gibt es in seinem Alter kaum. Einmal werfen sie einer alten Frau, die für sie wie eine Hexe aus dem Bilderbuch ist, eine Maus durch das offene Fenster. Die Spielsachen beschränken sich im Wesentlichen auf ein paar Modellautos. Geld ist immer knapp. Wenn der Ältere den Hosen und Leiberln entwächst, trägt Uwe sie auf. Ganz selten bekommt er neues Gewand. Urlaube am Meer sind nicht drin. Alles Ersparte geht für den Hausbau drauf. In den Sommern ist Uwe mit den Großeltern manchmal in den Bergen unterwegs.

Die Familie pachtet eine Almhütte, keine zehn Kilometer von ihrer Ortschaft entfernt. Uwes schönste Erinnerungen haben mit diesem Platz zu tun. Es gibt keinen Strom, das Wasser holen die Kinder aus dem Brunnen. Später, als Uwe älter ist, verbringt er mit ein paar Freunden hier die Silvesternächte. Die Burschen wandern mit einem Schlitten, auf den sie ihre „Fressalien" packen, über drei Berghügel. Acht Stunden sind sie unterwegs. Wer den schweren Rucksack mit den Getränken schleppen muss, knobeln sie vorher aus.

Dass die Wälder rundherum Adeligen gehören, ist für das soziale Gefüge des Arbeiterdorfes ohne Belang. Am Wahlsonntag ziehen die Bewohnerinnen und Bewohner ihr schönstes Gewand an und machen ihr Kreuzerl bei der Sozialistischen Partei Österreichs. Etwas anderes kommt gar nicht infrage. Im Elternhaus ist Politik selten Thema. Auch sein Vater und seine Mutter sind in der Wolle gefärbte Rote. Wenn es zu gröberen Diskussionen kommt, sagen sie: „Du wirst schon noch draufkommen". Und Uwe wird rückblickend finden, „dass sie nicht ganz unrecht gehabt haben. Die Alten sind auch keine Deppen. Die haben schon gewusst, was sie machen."

Seine Kindheit spielt sich unter aller Augen ab. Uwe marschiert zu Fuß in die Volksschule und grüßt auf dem einen Kilometer bis dorthin alle Bewohner, die er sieht. Die meisten arbeiten in der Papierfabrik. Die Bauern leben eher am Rand der Ortschaft, viele haben in ihren Ställen ein paar Kühe stehen. Einmal sieht ein Nachbar Uwe mit einer Zigarette. Tags darauf gibt es vom Vater ordentlich „Schimpfe". Die Schule zu schwänzen ist ein Vergehen, bei dem die Geschwister sicher sein können, dass es sofort auffliegt. Das lehrt sie bereits der erste Versuch, als die drei Schaffer-Buben statt in die Schule mit dem Rad zu einer Burgruine fahren und dort mit zwei Luftdruckpistolen, die der Vater zu Hause aufbewahrt, herumschießen. Auf dem Weg kommen sie an einem Schuppen vorbei und verstecken ihre Schultaschen unter dem Heu. Doch als sie auf der Heimfahrt hier wieder haltmachen, sind sie weg.

Ein Dorfbewohner beobachtete Uwe und seine Brüder und schnappte sich die Schultaschen. Als die Geschwister von ihrem Abenteuer auf der Ruine nach Hause kommen, sind sie schon da

Uwe im Alter von zehn Jahren zu Hause in der Steiermark mit Collie „Pascha"
Foto: privat

und es „hat ein bisschen Krieg gegeben", wie Uwe sich erinnert. Prügel im eigentlichen Sinn kommen zu Hause nicht vor, die eine oder andere „erzieherische Watsche" durchaus. Auch unter den Jugendlichen ist Gewalt selten. Uwe erinnert sich an einen einzigen Vorfall. In der Hauptschule geht ein Bub, der einen Kopf größer als er ist und sich wie der Supercapo aufführt, auf Uwe los, der gerade auf der ersten Stufe der Schulstiege steht. Uwe zielt mit der Faust auf die Brust des Angreifers, erwischt ihn genau am Kinn, worauf der Bursche wie ein Stück Holz umfällt. Danach werden die beiden Freunde.

In der Hauptschule gehört Uwe zu den durchschnittlichen Schülern, bis es ihn in der zweiten Klasse in Mathematik schleudert, und er sich entscheiden muss, die Klasse zu wiederholen oder in den sogenannten B-Zug abzusteigen, wo die Anforderungen niedriger sind. Uwe nimmt einen zweiten Anlauf. Die Schule erscheint ihm als notwendiges, hinzunehmendes Übel, ähnlich wie für die Erwachsenen die Arbeit in der Papierfabrik. Geografie, Physik und vor allem Deutsch interessieren ihn am meisten. Seine

Aufsätze werden abwechselnd mit einem Einser und einem Zweier benotet, ziemlich egal, ob er sich besonders anstrengt oder nicht. Weil er diese Gesetzmäßigkeit nicht ändern kann, nimmt er sie einfach hin. Für eine Schularbeit soll jeder in der Klasse ein Weihnachtsmärchen verfassen. Dass seine Geschichte vor der ganzen Klasse gelobt wird, lässt die Brust des Buben vor Stolz anschwellen. „Man könnte sie eins zu eins in einem Kinderbuch abdrucken", sagt der Lehrer.

Anders als Ahmad, der Tschetschene, dem er Jahrzehnte später in Wien begegnen wird, erfährt Uwe keine Benachteiligung. Er hat keine Lehrer, die sich zur Klasse wenden und fragen: „Wer von euch glaubt, dass der Uwe geschummelt hat?", nur weil er auf eine Schularbeit einen Einser schreibt. Buben und Mädchen, die viele Geschwister haben, sind ärmlicher gekleidet als die Einzelkinder. Viel mehr soziale Unterschiede gibt es in seiner Welt nicht.

Uwes Brüder fangen nach der Schule in der Papierfabrik zu arbeiten an. Der Ältere lernt zuerst Bauspengler. Danach entlädt er mit einem Kran jene Eisenbahnwaggons, in denen die Holzstämme für die Papierproduktion angeliefert werden. Der Jüngere absolviert eine Lehre zum Großhandelskaufmann, arbeitet eine Weile in einer ADEG-Filiale, bevor auch er in die Papierfabrik geht. Er ist für den Einkauf und die Entladung von Chemikalien zuständig. Uwe hingegen zieht es in die Ferne. Ein Onkel, der in Frankfurt für die deutsche Fluglinie Lufthansa arbeitet, rät ihm, die Handelsschule zu machen. Danach könne er zu ihm nach Frankfurt kommen. Der Plan sagt Uwe zu. Deutsch und Englisch fallen ihm nach wie vor leicht. Mit Buchhaltung und Betriebswirtschaftslehre hingegen plagt er sich sehr. Noch bevor er die Handelsschule abschließt, verhängt die Lufthansa einen Aufnahmestopp.

Die Idee, nach Deutschland zu gehen, kann er vergessen, und eine andere hat er nicht. Uwe fährt mit den Eltern nach Judenburg. Dort werden sie beim AMS vorstellig, um seine beruflichen Möglichkeiten auszuloten. Der Blick des Burschen fällt auf einen Werbefolder. „Komm zur Polizei!", steht darauf. Uwe findet die Aussicht interessant. Der Vater ist skeptisch: „Du, Polizist?" Auch der Mutter fällt es nicht leicht, sich ihren mittleren Sohn in einer Uniform vorzustellen. Er war als Bub nicht der Bravste. Anderer-

Der 18-jährige Steirer Uwe in der von den Großeltern gepachteten Almhütte
Foto: privat

seits, je länger sie das Für und Wider abwägen, desto besser gefällt ihnen die Idee. „Na, wenn du meinst, dann probiere es!", befinden sie. Es fügt sich gut, dass die Großmutter in Wien arbeitet und Uwe bei ihr wohnen kann, während er die Polizeischule besucht. Zwei Jahre bleiben ihr bis zur Pension. Dann wird er mit der Ausbildung fertig sein, sie in die Steiermark zurückgehen und er ihre Wohnung in Wien übernehmen.

Zu Hause füllt Uwe die Bewerbungsunterlagen aus und schickt sie weg. Einige Wochen später spaziert ein Polizist durch die Ortschaft. Er läutet an mehreren Häusern und erkundigt sich, wie der Uwe Schaffer einzuschätzen sei, ob er als halbwegs anständig gelte. Es dauert in dem kleinen Dorf nicht lange, bis die ersten Nachbarn aufgeregt vor der Tür stehen: „Warum fragt die Polizei nach eurem Buben?"

1982, einen Tag vor Weihnachten, fährt Uwe zum Aufnahmegespräch nach Wien. Sportliche Tests gibt es damals nicht. Die Prüfungskommission klopft die Kandidaten vor allem auf ihre psychische Eignung für den Polizeidienst ab. Werfen sie schnell die Nerven weg oder bleiben sie ruhig, wenn rundherum Chaos ausbricht? Solche Dinge.

Vom Land in die Stadt: Uwe wird Polizist

Am 1. März 1983 rückt Uwe Schaffer in die Marokkanerkaserne in Wien ein. Im Jänner wurde er 19. Der Vater, der ihn angetrieben hat, endlich Geld zu verdienen, kann seine Erleichterung kaum verbergen, dass nun auch der mittlere Sohn auf eigenen Beinen steht und ihm nicht mehr auf der Tasche liegt. Schließlich ist noch der Kredit für das Haus abzustottern. Das manchmal etwas angespannte Verhältnis zum Vater bessert sich schlagartig, als Uwe zur Oma zieht. Sie wohnt bescheiden auf 40 Quadratmetern in einem Genossenschaftsbau und hat ein Auge darauf, dass ihr Enkel die Ausbildung nicht schleifen lässt, sondern ordentlich lernt.

Anfangs kann Uwe dem Unterricht kaum folgen. Oft bleiben nur Fragezeichen. Für den Burschen vom Land sind Gesetzestexte sowohl sprachliches als auch inhaltliches Neuland. Was soll er unter einem Strafrechts-Tatbestand „Begehung durch Unterlassung" verstehen? Er rettet sich über die Runden, indem er Paragrafen so lange auswendig lernt, bis er sie aufsagen kann, ohne sich zu verhaspeln. Es dauert Wochen und Monate, bis er ihren Sinn erfasst und sich in der Welt der Juristerei einigermaßen zurechtfindet.

In der Klasse sitzen 18- und 19-Jährige wie Uwe, die noch wie Lausbuben mit der Kreide herumschmeißen, neben 30-Jährigen, die den kindischen Überschwang mit erwachsener Vernünftigkeit einzubremsen versuchen: „Benehmt euch! Das könnt ihr nicht machen!" Noch als Polizeischüler lernt Uwe seine künftige Frau kennen. Mit ihr wird er einige Jahre später in Niederösterreich auf einem günstigen Bauplatz ein Haus bauen; wie seine Eltern wird er sich finanziell durchbeißen müssen und möglichst alles selbst machen, denn als junger Polizist wird er nicht viel verdienen.

Nach eineinhalb Jahren ist die Ausbildung abgeschlossen, die Wege der Polizeischüler trennen sich. Einer schlägt die Offizierslaufbahn ein, ein paar werden Polizeijuristen, einige gehen aufs Land zurück, und Uwe tritt seinen Dienst am Wiener Praterstern an. Hier taucht der junge Steirer erstmals in die Abgründe der Großstadt ein. In seiner Ortschaft am Land beschränkte sich die Kriminalität auf kindliche Zuckerldiebstähle und erwachsene Wirtshausraufereien, die von den örtlichen Gendarmen, den Vorläufern der Polizei am Land, in der Regel rasch beigelegt wurden. Wien beschert ihm einen Kulturschock. „Was sind das für Leute?“, fragt er sich. Überraschungen lauern um jede Ecke. Er ist ständig gefordert und lernt mit jedem Einsatz etwas Neues über die Stadt, seine Bewohnerinnen und Bewohner dazu.

Der Praterstern ist schon damals eine verrufene Gegend. Sein Wachkommandant, eine väterliche Autoritätsperson, die kaum ein böses Wort verliert und allseits geachtet wird, nimmt ihn mit auf Fußstreife. Wenn in anderen Polizeiinspektionen Not am Mann herrscht, springt Uwe ein. Oft ist er hier in wechselnder Besatzung mit dem Funkwagen unterwegs. So lernt er, was er das „polizeiliche Gehen“ nennt. Von einem älteren, in Wien aufgewachsenen Kollegen schaut er sich den Umgang mit einer „gewissen Klientel“ ab, von „bösen Buben“ aus dem Rotlichtmilieu bis zu Autorasern.

Für die Schwerkriminellen gibt es in der Exekutive spezielle Einheiten. Mit ihnen hat der Streifenpolizist wenig zu schaffen, zumal diese es vorziehen, unter dem polizeilichen Radar zu bleiben, um ihren Verbrechen ungestört nachgehen zu können. Die Täter, mit denen Uwe es in der Regel zu tun bekommt, scheinen es sportlich zu nehmen, wenn sie erwischt werden. Nicht selten lassen sie sich widerstandslos festnehmen, wobei sie mitunter, fast ein wenig anerkennend, bemerken: „Inspektor, heute warst du besser.“ Polizisten und Strizzis sind füreinander berechenbare Größen.

Es braucht kein eigenes „Community-Policing“-Projekt. Am Wachzimmer weiß man, wer nach zu viel Bier ausfällig wird, wer nach ein paar Schnäpsen zu stänkern anfängt, wer, wenn es blöd hergeht, in der Nacht einbrechen geht, weil am Monatsende kein Geld mehr übrig ist. Uwe und seine Kollegen fragen herum, zeigen Fotos her, damit ist der Fall meistens rasch gelöst. Grätzelbeamte sind mehr oder weniger alle.

Einmal wird Uwe gemeinsam mit einem Kollegen in ein Lokal gerufen, in dem ein Gast so gründlich randalierte, dass kein Tisch und kein Sessel heil geblieben sind. Der Täter, ein 1,90 Meter großer Kerl mit bemerkenswerten Bizeps, steht an der Ausschank und verhandelt über ein letztes Krügel. Der Wirt findet, der grölende Gast habe genug gehabt. Dieser sieht es anders. Uwes Kollege, ein erfahrener Polizist, blickt sich in der Verwüstung kurz um, nickt dem Wirt zu und sagt: „Schenk uns drei Bier ein." Perplexe Blicke. Der Randalierer, Fleischhauer von Beruf, grinst. Als das Glas vor ihm steht, nimmt er einen kräftigen Schluck und lässt sich anschließend den Ernst der Lage erklären: „Freund, wir müssen dich festnehmen. Du hast einen ordentlichen Schaden angerichtet." Der Mann, fast einsichtig: „Na ja, ist in Ordnung. Ich trinke aus und dann fahren wir." Bloß eines müsse man ihm versprechen: „Keine Handschellen!" Anschließend steigt er ins Polizeiauto. Beim Aussteigen dreht er sich zu den Polizisten um: „Buben, ein bissl sollt ihr an mich auch denken." Dann fasst er die Autotür oben und unten mit seinen Händen und verbiegt sie, sodass sie anschließend nicht mehr zugeht.

Ostöffnung und Migration verändern die Polizei

Diese weniger reglementierte, pragmatische und in der Regel recht effiziente Art der Polizeiarbeit – die natürlich ihre verleugneten Schattenseiten hat, etwa Willkür – ist nur möglich, weil die Vertreter der staatlichen Gewalt die Kriminellen und die Figuren der Halbwelt verstehen. Sowohl kulturell als auch sprachlich. Sie stehen zwar auf unterschiedlichen Seiten, aber sie sind einander nicht fremd. Oft haben sie sogar den gleichen Schmäh. Das ändert sich mit der Ostöffnung.

Nach dem Fall des Eisernen Vorhangs kommt aus polizeilicher Sicht „reichlich ungutes Klientel" ins Land. Viele Täter sind extrem gewaltbereit. Festnahmen werden zusehends schwieriger. Zwar führen sich auch einheimische Kriminelle keineswegs harmlos auf, aber die Beamten verstehen in der Regel, wie sie zu packen sind. Bei ausländischen Straftätern ist mit gutem Zureden eine Lage kaum noch zu entschärfen. Mit anderen Worten: Die Polizeiarbeit wird härter.

Anfang der 1990er Jahre landet Uwe im Wachzimmer am Wiener Handelskai. Polen packen ihre Autos mit Bleikristall voll, um es am Polenmarkt auf der Kaiserwiese in Wien zu verkaufen. Auch geschmuggelte Zigaretten kursieren hier. Manchmal verirrt sich jemand mit einer vermeintlich originalverpackten Stange Marlboro auf Uwes Polizeistation. Beim Auspacken hat sich herausgestellt, dass der Käufer übers Ohr gehauen wurde. Statt Zigaretten hat er einen Ziegel Styropor mit einem langen Nagel drin, damit die Stange nicht allzu leicht in der Hand liegt, erworben. Die meisten von ihnen nehmen Abstand von einer Anzeige, nachdem ihnen klar gemacht worden ist, dass auch sie selbst verfolgt würden. Geschmuggelte Ware zu erstehen ist verboten.

Nächtens werden Geschäfte, Praterlokale, Ausstellungsbuden und Autos aufgebrochen. Alles, was nicht niet- und nagelfest ist, kommt weg, von Handkassen über Lederjacken bis zu Autoradios, für die am Schwarzmarkt gute Preise erzielt werden können. In jedem Dienst erwischen die Polizisten ein paar Einbrecher und Diebe mit Sporttaschen oder Rucksäcken voll gestohlener Gegenstände, manchmal schlafen sie mit der Beute im eigenen Pkw.

Die FPÖ beutet die Erfahrungen der Polizei für fremdenfeindliche Kampagnen aus. Im Parlament ziehen freiheitliche Politiker über „polnische Autoschieber" her. Der Zuzug aus Osteuropa mischt sich mit ab 1992 mit rund 100 000 Vertriebenen vom kriegsgebeutelten Balkan. Das „Ausländerthema" wird endgültig zum Wahlkampfschlager des politischen Aufsteigers Jörg Haiders. 1993 startet die FPÖ ein „Anti-Ausländer-Volksbegehren" mit dem Titel „Österreich zuerst", sechs Jahre später liegen die Freiheitlichen bei der Nationalratswahl bei 27 Prozent.

Im Arbeitsalltag blendet der Beamte Uwe „diese politischen Geschichten" so gut es geht aus; doch kann er sich, wie die Exekutive insgesamt, dem feindseligen gesellschaftlichen Klima schwer entziehen. Im Kollegenkreis bespricht man, dass rumänische und bulgarische Täter auffallend oft ausgesprochen hinterhältig und skrupellos vorgehen, mitunter sinnlos brutal, und zudem bewaffnet sind. Die Polizei reagiert mit steigender Heftigkeit, stößt Verdächtige sofort an eine Wand und durchsucht sie nach Pistolen, Totschlägern und Messern. Bei kaum einer Festnahme geht es ohne

Rauferei ab. „Bevor wir noch gewusst haben, was überhaupt los ist, sind die schon auf uns losgegangen“, erinnert sich Uwe.

Jugendbanden der 1990er Jahre

Im Prater halten serbische und türkische Jugendbanden mit Namen wie „Beastie Boys“, die sich gegen Hools und Skins mit Namen wie „Bloods“ zusammenschließen, die Polizei auf Trab. Den Burschen geht es, wie einer von ihnen in der 1992 gedrehten Doku „Running Wild“ erzählt, um Rapmusik, um „Action“, darum, dass „jederzeit etwas passieren kann“. Sie trainieren Kickboxen oder Taekwondo, nicht „um jemandem zu hauen“, sondern um sich „mit Hand und Fuß zu wehren“, denn so zu kämpfen sei „fair“. Als „Jugendbanden“ wollen sie nicht gelten, denn es gehe ihnen nicht „um Mord und Totschlag“; eigentlich seien sie bloß ein paar „blöde Gruppen, die sich schlagen“. In dem eineinhalbstündigen Film sieht man Polizisten, manche mit Funkwägen auf Streife, andere mit Hunden patrouillierend, über die einer der Anführer sich aufregt: „Die kommen in unseren Park rein. Wir werden durchsackelt. Keiner sagt einen Grund.“

Uwe und seine Kollegen kommen mit der Aufklärung von Diebstählen, Raubüberfällen und Körperverletzungen kaum mehr nach. Die Beamten behelfen sich mit einem Ordner, in dem sie mit der Sofortbildkamera angefertigte Fotos und die Daten der Jugendlichen ablegen. Bei jedem Delikt blättern sie mit dem Opfer so lange die A4-Zettel durch, bis es auf einen Verdächtigen zeigt: „Der war es!“ Die Jugendlichen beanspruchen mit machistischem Gehabe auf der Straße und im Prater „das Sagen zu haben“. Uwe und seine Kollegen als Hüter von Recht und öffentlicher Ordnung sehen es naturgemäß anders.

Die damaligen Jugendbanden sind so etwas wie die Vorboten jener Gruppierung, mit der Ahmad zwanzig Jahre später in Wien-Brigittenau, nicht weit davon entfernt, unterwegs sein wird. Auch zwischen ihm und der Polizei wird es ein ständiges Kräftemessen geben. Die jungen Türken und Serben werden von jungen Tschetschenen und Afghanen abgelöst, die bei Polizeikontrollen sofort an die Wand gestellt und nach Waffen durchsucht werden. Den Beamten werden Messer, Schlagringe und – vor allem bei Afghanen – auch Scheren in die Hände fallen. Bei einer Einvernahme wird ein Polizist sich einmal zu Ahmad hinüberbeugen: „Du, kleiner Mann, hast hier nichts zu melden. Nur damit wir uns richtig verstehen!" – „Geh scheißen, Bro", wird Ahmad entgegnen. „Was ist mit dir? Willst du mich einschüchtern? So etwas wie dich sehe ich jeden Tag."

Grätzelarbeit: Vom Polizisten zum Sozialarbeiter

Im Herbst 2015 wird Uwe in den 20. Wiener Gemeindebezirk versetzt. Er ist fünfzig und ertappt sich fallweise bei dem Gedanken, dass das nicht mehr seine Polizei ist. Stünde er mit seinem heutigen Wissen am AMS im steirischen Judenburg noch einmal vor der beruflichen Wahl, würde er etwas anderes machen. Der Rückhalt von Kollegen und Vorgesetzten hat nachgelassen. Wegen jeder Kleinigkeit steht man am Pranger. Fast alle Amtshandlungen draußen werden von jemandem mit dem Handy mitgefilmt. Auf den Videos, die auf sozialen Plattformen oder bei Journalisten landen, zeigt man stets nur die Sequenz, wo der Polizist grob hingreift. Nie sieht man, was vorher war. Dabei ist das grobe Hingreifen zu 90 Prozent eine Reaktion auf das, was man nicht sieht. Fast alle Kollegen, die so wie Uwe älter sind und die Polizeiarbeit früher kannten, sehen es ähnlich.

Berufsfeuerwehr wäre vielleicht etwas für ihn gewesen. Auch da wüsste er in der Früh beim Aufstehen nicht, was der Tag bringt. Aber es gäbe noch echten Korpsgeist. Es ist das „Drumherum", das Uwe ermüdet. Die Arbeit mit Menschen findet er immer noch spannend, obwohl er im Laufe der Zeit feststellte, dass er als Polizist in der Regel mit der „untersten gesellschaftlichen Stufe" in Berührung kommt, ausgenommen jene Bürgerinnen und Bürger, die sich auf ein Wachzimmer verirren, um eine Anzeige zu machen. Der gebürtige Steirer hat viel gesehen, vom Großbrand über ein beinahe einstürzendes Wohnhaus während eines U-Bahn-Baus bis zum Pfefferspray-Angriff in der zum Bersten vollen Diskothek Praterdome. Seinem grundsätzlichen Vertrauen in die Menschen war das über die Jahre nicht gerade zuträglich.

„Du bist eiskalt geworden“, sagen Freunde und Bekannte manchmal. Und wenn er ganz ehrlich ist, sie haben recht. Geht er zu einem Begräbnis, weinen alle Rotz und Wasser, und er ist halt auch dort. Eigentlich ist er „komplett abgestumpft“. Er hat so viele Tote gesehen, dass er aufgehört hat, sie zu zählen. Sicher zwei, drei im Monat. Alleinstehende, die reglos in ihrem Bett lagen, Menschen, die sich das Leben nahmen oder bei einem Unfall zu Tode kamen. Wenn der Nachbar länger nicht gesehen wurde oder aus einer Wohnung Verwesungsgeruch dringt, fährt die Polizei hin, macht die Feuerwehr die Tür auf, und schon ist man mittendrin in einem „Fall“, den man gelernt hat, nicht an sich heranzulassen, weil man sonst garantiert in der Psychiatrie landet. „Man muss mit sich ins Reine kommen“, sagt Uwe. „Man muss sich klarmachen, dass das Leben so ist. Es gibt auch Tote. Aus. Ende.“

Das Wissen, wozu Menschen fähig sind, macht misstrauisch und vorsichtig. Nie würde Uwe ein Handy am Tisch liegen lassen. Stehen irgendwo ein paar Leute beisammen, sucht er sich einen Platz am Rand, ganz hinten, oder seitlich, um den Überblick zu bewahren. Diese Rundumsicherung hat man ihm in jungen Jahren eingetrichtert, sie wurde längst zu einer automatisch ablaufenden Handlung. Selbst in privatem Rahmen passt er auf, was um ihn herum geschieht. „Taschlzieher“ sind überall. Es stört ihn nicht einmal, es ist für ihn so selbstverständlich, wie es für andere normal ist, nicht aufzupassen.

Belastender sind die öffentlichen Angriffe, wenn ein Polizist, eine Polizistin sich angeblich danebenbenimmt. Sie stehen als Böse fest, noch bevor ein Vorfall aufgearbeitet ist. Nicht selten werden sie versetzt. Nicht nur Uwe macht es zornig, wenn die vorgesetzte Dienststelle jemanden verräumt und danach erst beginnt, die Angelegenheit zu klären. Selbst wenn die Vorwürfe sich in Luft auflösen, kommen die Beschuldigten nicht mehr auf ihren Posten zurück. Jede Festnahme, bei der sich jemand wehrt, kann einen Misshandlungsvorwurf nach sich ziehen, der durch alle Instanzen geht. Klar, Übergriffe müssen geahndet werden; manchmal aber treiben Leute einen Beamten zur Weißglut und klatschen bei der Festnahme dann eben ein bisschen fester am Boden auf. Polizisten sind auch nur Menschen. Jeder hat einen Punkt, an dem der Faden reißt. Das weiß das Gegenüber und nützt es aus. Angekreidet wird es dann den Beamten. So sieht es Uwe. Das geht ihm an die Nieren, obwohl von den Anschuldigungen, die ihn persönlich getroffen haben, nie etwas übriggeblieben ist.

2017 klopft der Postenkommandant bei ihm an: „Willst du Grätzelpolizist werden?“ – „Was ist das?“, fragt Uwe. „Ich weiß nicht mehr als du. Lies dir das durch!“, sagt sein Chef und legt ihm einen Stoß Papiere auf den Schreibtisch. Es geht um eine neue Initiative unter dem Titel „Gemeinsam Sicher“, auf gut Wienerisch „Grätzelpolizei“. Uwe wird aus den hübschen Überschriften über viel allgemeinem Blabla nicht schlau. Was genau soll er da machen? Als sein Chef nachfragt: „Und, willst du?“, erwidert er: „Ich habe keine Ahnung, worum es geht. Aber, weißt du was, ich probiere es aus. Wenn es mir nicht zusagt, dann sei mir nicht böse, wenn ich sage: Nein, danke!“ – „Kein Problem!“ sagt sein Chef. Hätten die beiden sich damals „den Uwe“ als TikTok-Idol für Junge ausgemalt, sie hätten schallend gelacht.

Der Steirer tastet sich auf unbekanntes Terrain vor. Die Vorgaben für Grätzelbeamte der ersten Stunde sind verschwommen, das lässt ihm die Freiheit, sich seine Rolle selbst zurechtzulegen. Uwe geht mit der Bevölkerung auf Tuchfühlung, knüpft Kontakte, schaut bei Vereinen, in Schulen und sozialen Einrichtungen vorbei. Wenn er zu Fuß durch seinen Rayon streift, strahlen ihm Passanten, die meisten über fünfzig, von Weitem entgegen. „Schön, dass man wieder einmal einen Polizisten zu Fuß sieht“, sagen sie. In Gemeindebauten, in denen er sich öfter sehen lässt, kommt man mit großen und kleinen Ärgernissen zu ihm: „Inspektor, beim Eingang fehlt ein Licht. Können Sie da etwas machen?“ An jeder Stiege in jedem Wohnblock hängt ein Zettel mit seinem Namen und seiner Telefonnummer.

Nur Jugendliche melden sich nie.

Uwes Erfahrungen mit Tschetschenen

Auch dem Wiener Polizisten Uwe sind die tschetschenischen Jugendlichen irgendwann „ungut" aufgefallen, weil sie, egal, worum es geht, mit „absoluter Aversion" auf Uniformierte reagieren. Er hat im Laufe der Dienstjahre mit vielen Nationalitäten Bekanntschaft gemacht, von Serben bis zu Vietnamesen, aber diese Burschen erscheinen ihm anders als alle anderen. Bei den Jugendlichen etwa, mit denen er in den 1990er Jahren im Prater zu tun hatte, löste ein: „Hallo, grüß euch! Was tut sich? Wie gehts?" keine Reibereien aus; das Verlangen eines Beamten: „Zeig doch mal deinen Ausweis her" endete nicht zwangsläufig in einer unfreundlichen Konfrontation.

Bei jungen Tschetschenen ist das nun die Regel. „Selbst wenn man freundlich grüßt, kriegt man ein: Geh scheißen! Was will du von mir? zurück", denkt Uwe. Nicht nur bei ihm, auch im Kollegenkreis stehen Tschetschenen im ärgsten Ruf. Exekutivbeamte lernen, sie von anderen zu unterscheiden und gröber anzupacken. „Aufpassen! Und sofort nach Waffen durchsuchen!", lautet die Devise. Die Beamten rechnen damit, dass jeder eine mitführt, und gehen in jede Situation „sofort mit Druck hinein". Die Fronten verhärten.

2019 zieht ein tschetschenischer Kulturverein nach Wien-Brigittenau. Der Obmann meldet sich beim Grätzelpolizisten. Die nach wie vor abgeschottete Community signalisiert Bereitschaft, mit der Polizei in Kontakt zu treten. Uwes Arbeit hat sich herumgesprochen, man will sich mit ihm austauschen. Der Beamte informiert seinen Vorgesetzten, der die Hände über dem Kopf zusammenschlägt: „Um Gottes Willen, soll ich dir jemanden mitschicken?" „Ich gehe allein hin", antwortet Uwe. „Wenn die mich dort haben wollen, werden sie mich schon nicht niederschlagen oder gar umbringen."

Am Tag des vereinbarten Treffens macht sich Uwe in der Dienstuniform auf den Weg ins Vereinslokal, unbedarft, aber ein bisschen angespannt. Was wird man von ihm wollen? „Interessant wird das jedenfalls“, sagt er sich. „Ich schaue mir das an. Schlimmstenfalls stehe ich auf und gehe.“ Es erwartet ihn eine Runde Männer, die meisten mit Bart und im vorgerückten Alter, und eine junge, zierliche Frau, vielleicht 20, in einem grauen, langen Kleid mit Kopftuch, die so perfekt Deutsch spricht, dass Uwe der Mund offen stehen bleibt. Sie ist die Dolmetscherin.

Die sich entspinnende Unterredung wird er hinterher als „bombig“ bezeichnen. Es geht um das Zusammenleben, die Lage von Tschetschenen in Österreich, die Probleme der Jugendlichen, um das Verhältnis zu den Behörden und zur Polizei. Uwe, der bisher vor allem mit schwierigen tschetschenischen Jugendlichen in Berührung gekommen ist, registriert mit zunehmender Faszination, wie gebildet und reflektiert seine Gesprächspartner sind. Sogar ein Anwalt ist unter ihnen.

Als jemand wissen will, wie er die FPÖ und ihr freundschaftliches, enges Verhältnis zu Russland einordne, sagt er: „Freunde, stopp! Über das Politische spreche ich nicht. Das geht die Polizei nichts an. Ich kann und will mich da nicht deklarieren!“ Später steht er mit einer Runde noch draußen am Gehsteig, als die Dolmetscherin aus der Tür kommt. Er streckt ihr die Hand hin, um sich zu bedanken, sie zieht ihre zurück.

Es gilt in ihrer Kultur als respektlos, wie Uwe im Nachhinein erfahren wird. Er wird sich beim Obmann des Vereins später dafür entschuldigen und erklären, in seiner Kultur sei es ein Zeichen des Respekts und der Anerkennung, jemandem die Hand zu schütteln. Damit wird die Angelegenheit erledigt sein. „Ich sehe das ein, hier ist das üblich, dort nicht, keiner hat dem anderen etwas nachzutragen“, sagt Uwe. Er gewöhnt sich daran zu warten, ob ihm eine Frau die Hand hinstreckt oder nicht: „Das muss man einmal lernen, dann ist es keine große Sache mehr.“

Zurück am Polizeiposten bestürmen ihn Kolleginnen und Kollegen: „Wie war es?“ „Hey, Leute, das sind ganz normale Menschen. So wie wir“, schildert Uwe, „und hochgebildet, sehr freundlich. Da gibt es überhaupt kein Problem.“ Man kann es schwer glauben. „Ihr müsst bloß einmal jemanden kennenlernen, der nicht zu unseren Jugendlichen gehört“, sagt Uwe. Mittlerweile hat sich der Ruf von Tschetschenen in der Polizei insgesamt gebessert. Ab und zu kommt einer, der um die vierzig, fünfzig ist, um eine Anzeige zu machen, und noch den einen oder anderen Polizisten erstaunt: „Die Leute grüßen höflich und es gibt kein böses Wort. Das kennt man von vielen Österreichern nicht."

Der Versuchsballon steigt. „Was geht?"

Es ist ein Tag im Sommer 2022. Ahmad hat sich beim Grätzelpolizisten gemeldet. Nun sitzen die beiden einander im Gastgarten vom Café Monika, das um die Ecke von Uwes Dienststelle liegt, gegenüber, um „auszudiskutieren", was nach dem Workshop zwischen ihnen offengeblieben ist. Viel ist es nicht. Darüber, dass man für Jugendliche etwas tun muss, sind sie im Grunde rasch einig, und von hier zu TikTok ist es nur mehr ein kleiner Schritt. Uwe weiß, dass sich auf der Videoplattform die jungen Leute tummeln, sich selbst dort umzusehen, wäre ihm freilich nie in den Sinn gekommen. Noch vor ein paar Wochen hätte er jedem, der ihm das nahelegt, geantwortet: „Was soll ich alter Depp dort?"

Seine Zweifel sind bald vom Tisch. Ahmad ist felsenfest überzeugt, dass dies der richtige Kanal ist, und Uwe vertraut seiner Einschätzung. Dem jungen Tschetschenen schwebt vor, dass er und Uwe „miteinander Spaß haben und nebenbei reden, um zu zeigen, dass sich ein Polizist und ein Tschetschene vertragen können". Uwe fragt ihn über TikTok aus. Sie vereinbaren ein weiteres Treffen. Ahmad fragt, ob er beim nächsten Mal einen Streetworker mitbringen dürfe, der zu den Burschen, die sie erreichen wollen, einen guten Zugang hat und weiß, was sie bewegt.

Gleich danach ruft er Fabian an, berichtet von dem Treffen, und bittet ihn, sich ein Bild von diesem seltenen Exemplar eines Polizisten zu machen. „Du, ich sage dir, das ist das Einhorn der Wiener Polizei." Der Jugendsozialarbeiter ist skeptisch, aber interessiert. Einige Wochen später kommt die erweiterte Runde erneut in Uwes Stammcafé zusammen. Als Fabian hier eintrifft, steht der Beamte rauchend auf der Straße. Ahmad ist zu spät dran. „Ziemlich gemein, mich mit dem wildfremden Polizisten allein zu lassen", denkt Fabian. Der Uniformierte und er begrüßen einander, bevor sie noch ein Gespräch in Gang bringen, gesellt sich ein tschetschenischer Influencer dazu.

„Jetzt wird es spannend", denkt Fabian. Er kennt den Kerl als Produzenten von Feel-Good-Content, eine kritische Auseinandersetzung mit dem Thema Jugendliche, Polizei und Polizeigewalt traut er ihm nicht unbedingt zu. Der Influencer erweist sich als Geschäftsmann mit Zug zum Tor. Er will einen spaßigen Videoclip herstellen, der eine Geschichte erzählt, die einmal gut, einmal schlecht ausgeht: Sind die Jugendlichen frech zu den Cops, werden sie verhaftet, benehmen sie sich nett, geht man am Ende gemeinsam etwas trinken. Fabian schüttelt den Kopf. Als Sozialarbeiter ist es sein Job, das Grundvertrauen in staatliche Institutionen zu fördern. „Leute, seid mir nicht bös", sagt er. „Dieser Content wird verpuffen. In der Realität können die Burschen noch so nett sein. Wenn sie an den falschen Cop geraten, nützt ihnen das nichts. Wenn wir jene erreichen wollen, für die Polizisten ein Feindbild sind, braucht es eine kritische Auseinandersetzung mit Polizeiarbeit." Die Polizei verkörpere die Staatsgewalt, führt er aus. Man könne nicht so tun, als wäre sie auf einer Augenhöhe mit Jugendlichen auf der Straße. Auch als Sozialarbeiter stehe er nicht auf einer Stufe mit ihnen. Das müsse man berücksichtigen.

Und dann ergeht es Fabian wie zuvor schon Ahmad. Der Grätzelpolizist scheint zuzuhören und inhaltlich harte Auseinandersetzungen nicht zu scheuen. Der Jugendsozialarbeiter mit dem berufsbedingten Bedürfnis, sich die Polizei möglichst vom Leib zu halten, ist verdutzt – und ein bisschen beeindruckt. Er sitzt einem stabilen Polizisten vis-à-vis, einem uniformierten Beamten wie aus dem Lehrbuch, der zu seiner Verblüffung aber kein Befehlsempfänger ist, sondern bereit, sich aus dem Fenster zu lehnen, wenn es der Sache dient, wie sich nach und nach zeigen wird. Noch sind alle dabei, die Lage zu sondieren. Fabian schlägt einen „Compliment-Battle-Rap" vor, bei dem man sich Freundlichkeiten statt Schimpfwörter an den Kopf wirft. Ein Interviewformat wird erwogen. „Lasst uns ein kurzes Video hochladen, nur um zu schauen, was passiert", schlägt Ahmad vor. Uwe ist einverstanden.

„Gehen wir über die Straße in den Gemeindebau, dort ist ein Innenhof."

Ohne die Polizeidirektion einzuweihen, werden Ahmad und Uwe den auf die Schnelle gedrehten 12 Sekunden dauernden Pilot-Film hochladen. Der Plot ist schlicht. Uwe und Ahmad gehen aufeinander zu, wechseln ein paar Worte und gehen wieder auseinander. Auf dem Heimweg sagt Fabian zu Ahmad: „Uwe wird den leichteren Weg gehen und die lustigen Videos mit dem Influencer machen. Ich kann mir nicht vorstellen, dass er sich eine Zusammenarbeit mit uns antut." Als der Grätzelpolizist ein weiteres Treffen vorschlägt, räumt Fabian ein, dass er ihn wohl unterschätzt hat. „Bam! Respekt! Der macht es sich nicht einfach", sagt er zu Ahmad.

Fabian ist zu diesem Zeitpunkt nicht bewusst, wie sehr er ins Schwarze trifft. Für den Polizisten wiederum stellt sich die Sache zunächst so dar: Okay, Sozialarbeiter sind links angehaucht, dieser Fabian scheint eine für seinen Geschmack „sehr weit linke" Ader zu haben. Allerdings imponiert ihm an dem Kerl, dass er seinen Standpunkt vertritt, auch den des Polizisten gelten lässt und nicht niedermacht. Von den Jugendlichen, um die es auch ihm geht, scheint er etwas zu verstehen. Das Bauchgefühl sagt Uwe, dass die launigen Clips des Influencers „wenig Substanz" haben, schnell verglühen und nicht an jene Burschen herankommen, die Gefahr laufen, kriminell zu werden, und die er als Polizist im Auge hat.

Das inhaltlich völlig belanglose Versuchsvideo schlägt sofort ein und erzielt 70 000 Klicks. In der Polizeidirektion bekommt man davon Wind. Ein Oberst meldet sich bei Uwe, es müsse gelöscht werden. Uwe ist auf 180. Da bemüht er sich, etwas Sinnvolles aufzubauen, startet einen Versuch, bei dem außer einer Begrüßung nichts passiert, nur um zu testen, ob die Videos ankommen, bereits das erste hebt ab, und dann würgt man das Vorhaben von oben gleich wieder ab. An diesem Punkt könnte die „Cop & Che"-Geschichte zu Ende sein, bevor Ahmad und Uwe überhaupt losgelegt haben. Doch der Steirer verhält sich nicht so, wie man es von einem Beamten in den unteren Chargen erwartet. Er meldet dem Vorgesetzten nicht, dass er die Botschaft verstanden hat, um danach Ahmad anzurufen und ihm mitzuteilen, dass aus ihrem TikTok-Projekt leider nichts wird.

Uwe macht etwas Ungehöriges. Er legt sich quer. „Nein! Das kann es echt nicht sein“, sagt er.

Cop & Che: Die Mühen der Ebene

Es folgen Telefonate mit allen möglichen Stellen. Uwe will nicht nachgeben. Die für Öffentlichkeitsarbeit zuständige Kollegin lässt sich erweichen: „Schick mir den Link, ich schaue mir das an.“ Kurze Zeit später ist sie am Telefon: „Da ist wirklich nichts Problematisches zu sehen.“ Uwe fällt ein Stein vom Herzen. Doch es dauert noch ganze fünf Monate, bis die Polizeidirektion grünes Licht für ein erstes Cop & Che-Video gibt, und noch einmal drei Monate, bis der erste 45 Sekunden dauernde Clip abgesegnet ist und gesendet werden darf.

Ahmad und Fabian pochen darauf, dass bei Cop & Che brisante Themen nicht im Vorfeld entschärft werden und kritisches Nachfragen möglich ist. Außerdem soll es auf Ahmads Kanal ausgespielt werden. Alles, was nach Werbung für die Polizei aussieht, kommt nicht infrage. Uwe ist bereit, sich dem Setting zu stellen. Es ist ein Wagnis. Auch die Fragen der Jugendlichen werden nicht zensuriert, egal, wie blöd oder provokant sie daherkommen. Das einzige Zugeständnis, auf das man sich einigt, ist, dass nicht live gestreamt wird. Das lässt dem Grätzelpolizisten Zeit, fachlichen Rat einzuholen. Seine Statements sollen nicht nur verständlich, sondern auch inhaltlich korrekt sein. Uwe ist zwar ein alter Fuchs, aber er kann nicht jeden Paragrafen und jede Verordnung aus dem Ärmel schütteln. Außerdem soll er nicht versehentlich einsatztaktische Details verraten.

Uwes Dickköpfigkeit wird sich letztlich auszahlen, der Erfolg des Formats wird durchschlagend sein, und dieser wird plötzlich auch viele Väter haben. Noch aber kämpft der Grätzelpolizist aus Wien-Brigittenau auf scheinbar verlorenem Posten. Die Polizei will die Videos nicht auf TikTok, sondern auf ihrem eigenen Facebook-Kanal posten. Die höheren Ränge sind schwer zu überzeugen, dass man die Jugendlichen, um die es geht, auf Facebook mit der Lupe suchen muss. Außerdem will man nicht den TikTok-Kanal eines Tschetschenen bespielen. Einen eigenen TikTok-Kanal betreibt die Polizei damals noch nicht, selbst wenn sie einen aufmacht, ist er für die Burschen und Mädchen, die Uwe ansprechen will, nicht glaubwürdig. Auch das ist kaum zu vermitteln.

Kompromisse werden gesucht, Reels auf den Instagram- und Facebook-Accounts der Polizei erwogen. Uwe bleibt dabei: „Wir müssen dorthin, wo die Jugendlichen sind." – „TikTok is the place to be", darauf haben Ahmad und Fabian ihn längst eingeschworen. Und dass die jungen Burschen, um die es geht, auf Ahmad eher hören als auf die Presseabteilung der Polizei, braucht ihm niemand erklären. Er ist schon lange genug in Uniform auf der Straße unterwegs. Ende August 2022 richten Fabian, Ahmad und Uwe eine WhatsApp-Gruppe ein. Beim Dreh des Vorstellungsvideos am Wiener Donaukanal geht einiges schief. Die Beleuchtung passt nicht, der Ton könnte besser sein. Es dauert ewig, bis der Film geschnitten ist. Eigentlich glaubt niemand mehr, dass er jemals online geht. Selbst Uwes Starrsinn erschöpft sich allmählich. Als er beinahe aufgibt, geht eine Tür auf. „Na, stellt das halt mal online!", heißt es aus der Direktion, nach dem Motto: „Völlig egal, es wird eh nichts draus!" Man will das Projekt eigentlich nicht, man scheint auch nicht daran zu glauben. Aber es gibt grünes Licht!

Am 28. November 2022 geht das Vorstellungsvideo online. „Ist raus", schreibt Ahmad in die WhatsApp-Gruppe. Eine Minute später: „Hat schon 25 Aufrufe", kurz darauf: „Sind schon 40 haha", und noch einmal zehn Minuten später: „300 schon:D". Am nächsten Tag ist die Zahl auf 17 000 geklettert.

Am Ende werden es über 300 000 sein.

„Ne, is doch alles nur gespielt. Safe"

In diesem ersten Video stellen Ahmad, der junge Tschetschene, der „in der Vergangenheit einige Probleme mit der Polizei hatte, oder die Polizei mit mir", und der Grätzelpolizist Uwe das Format vor. Die Jugendlichen werden aufgefordert, ihre Fragen zu posten. Die besten will man herausgreifen und beantworten. Eine Lawine ist losgetreten. Die jugendlichen Anliegen stürmen auf Cop & Che nur so ein.

„Was für eine Strafe würde ich kriegen wenn ich gokart auf der Autobahn fahre", „frag ihn bitte ab wann man meier geht mit cannabis", „Sind Böller dieses Jahr erlaubt?", „Ist meine Strafe noch höher, wenn ich vor Polizei weglaufe?", „Wie ist Ihre persönliche Meinung zu Moped tuning?", „Darf man als Albaner manchmal Serben schlagen". Es geht um explizite Zukunftsplanung: „Wie lange bleibt man ihn knast wenn man ein Überfall macht mit 15!", oft um ungerechte Behandlung: „Warum kontrolliert ihr immer die Jugendlichen?" oder „Was kann ich machen das die Polizei Respekt hat und nicht immer denkt sie wären die größten".

Ahmad liest die Fragen vor, Uwe antwortet darauf sachlich und freundlich, Ahmad fragt nach, Uwe bleibt gelassen. Nicht wenige misstrauen dieser Darbietung. Die ersten Kommentare, die Jugendliche unter den Cop & Che-Videos hinterlassen, triefen vor Argwohn. „Ne is doch alles nur Gespielt Safe." Oder: „Die wollen nur Informationen von dir" (an Ahmad gerichtet). „Kein einziger Bulle ist vertrauenswürdig."

Doch die Stimmung dreht sich schneller, als Ahmad, Uwe und der Rest des Teams, zu dem auch bald der Fotograf und Filmer Christopher Glanzl gehören, in ihren kühnsten Momenten gehofft hatten. In den Kommentaren goutiert man bald, dass der Tschetschene und der Grätzelbeamte keine Show abziehen und einander inhaltlich nichts schenken. Offenbar treffen der Ton, die Themen, Ahmads oft witzige, manchmal hinterlistige Bemerkungen und Uwes etwas steife Förmlichkeit bei den Jugendlichen ins Schwarze. „Wie trocken dieser Uwe ist. Ich liebe seine Art", ist nun zu lesen. „Toller Mann!", „Top-Polizist", „Wenn es nur mehr von ihm gäbe."

In den Clips, die meist zwischen 45 Sekunden und eineinhalb Minuten dauern, geht es um so gut wie alles, das Jugendlichen unter den Nägeln brennt, sie in der Schule oder zu Hause jedoch nicht besprechen können: Gewalt, Kriminalität, schlechte Erfahrungen mit der Polizei. Weder Uwe noch Ahmad verstellen sich. Der Grätzelbeamte gibt sich in den Videos nicht anders als in seinem Stammlokal in Wien-Brigittenau, wo die nächsten Drehs besprochen werden. Ahmad tritt auf TikTok genau so in Erscheinung, wie ihn Freunde und Bekannte seit jeher kennen, mit aufgerollter Mütze, Jogginghose, Plastikschlapfen und seinem unverkennbaren, manchmal leicht spöttischen Lächeln.

Das eigentliche Erfolgsgeheimnis von Cop & Che ist aber das Wagnis, das jeder der Beteiligten dafür eingeht. „Wenn man sich auf ein vermeintlich feindliches Gegenüber einlässt, tut das weh, weil man die Kontrolle verliert. Aber nur so funktioniert es", formuliert es Fabian. Bewegen mussten sich alle: Die Verantwortlichen in der Polizei und Uwe, der als Repräsentant der Polizei in der Auslage steht, beobachtet von der Öffentlichkeit, der Anhängerschaft auf TikTok, aber auch von vorgesetzten Dienststellen, Kolleginnen und Kollegen, und der sich von ihnen fragen lassen muss: „Was? Du arbeitest mit so jemandem zusammen?"; der Sozialarbeiter, der das berufliche Risiko eingeht, das Vertrauen der Jugendlichen zu verspielen, wenn er „so viel mit einem Bullen chillt"; und Ahmad, der junge, rebellische, muslimische Tschetschene mit einer alles andere als geradlinigen Vergangenheit, der es so vielen recht machen muss, dass egal, wie er es anstellt, es immer jemanden gibt, der ihn angreift.

Hätte man ihn, Fabian oder Uwe vor wenigen Jahren gefragt, ob sie sich vorstellen könnten, mit den jeweils anderen gemeinsame Sache zu machen, hätte jeder von ihnen im Brustton der Überzeugung ausgerufen: „Nie im Leben!"

Umgekehrt wäre Ahmad, als er selbst an gefährlichen Klippen gestanden ist, gerne an Polizisten geraten, „denen ich sagen hätte können, was ich denke, ohne direkt Handschellen oder eine Strafe zu bekommen". Wer weiß, denkt er heute, vielleicht wäre manches

Der 24-jährige Tschetschene Ahmad und der 59-jährige Grätzelpolizist Uwe Schaffer vor dem Millennium Tower in Wien, Sommer 2023
Foto: Christopher Glanzl

in seinem Leben anders gelaufen. Wie oft hat man ihm mit 13, 14, 15 Jahren die gesetzliche Lage dargelegt, wie oft hat er im praktischen Anlassfall erlebt, dass die Polizei nicht danach handelt. „Wie geht das?“, hat er sich gewundert, wenn er sich weigerte, bei einer Ausweiskontrolle sein Handy zu entsperren und er zu hören bekommen hat: „Ich mach dein Handy kaputt, wenn du es nicht aufsperrst.“ Oder: „Ich nehme dich mit. Ich werde dafür sorgen, dass du in Haft kommst.“ Es ist stets bei den Drohungen geblieben. Doch was hätte er darum gegeben, einen Polizisten, der weiß, wie es auf der Straße zugeht, fragen zu können: „Ist das okay? Darf der Beamte das? Was sagt das Gesetz? Wie kann ich mich wehren, wenn ein Polizist sich nicht daranhält?“ Womöglich hätte ein Cop wie Uwe den Unterschied gemacht.

Als „Che“ auf TikTok denkt Ahmad an jene, die nicht so gut Deutsch sprechen, die Angst haben, zur Polizei zu gehen, Jugendliche, die – so wie er – mit dem Gefühl aufwachsen: „Das ist nicht meine Polizei". Je besser alle Seiten ihre Rechte kennen, umso ruhiger laufen Amtshandlungen ab. Je seltener Identitätsfeststellungen eskalieren, desto angenehmer, für die Jugendlichen, die Polizei und die Jugendsozialarbeiter, die weniger Beschwerden verfassen müssen. Das ist die Hoffnung, die das Projekt antreibt und die sich erfüllt, wenn Jugendliche jenen Beamten, die ihnen weismachen wollen, dass sie nicht filmen dürfen oder ihr Handy immer sofort entsperren müssen, antworten können: „Der Uwe hat uns das rechtlich erklärt."

Dass niemand verarscht wird, ist für Cop & Che Ehrensache. Ahmad trägt Fragen so vor, wie sie gestellt werden, ohne orthografische Entgleisungen und grammatikalische Unfälle auszubessern oder gar zu kommentieren. Die Pseudonyme der User sagt er vollständig dazu, selbst wenn sie aus langen Zahlenreihen bestehen. Nur gewaltverherrlichende oder verhetzende Namen lässt er weg. Fallweise stolpert Fabian über „mitlesende Ältere", die sich aufregen: „Was sind das für Leute? Was sind das für Fragen?" Ahmad weiß, dass die Anliegen mitten aus dem Leben der jungen User gegriffen sind. Er war einer von ihnen. Fabian weiß es, er hat lange genug als Streetworker mit diesen Burschen gearbeitet. Und Uwe weiß es auch, er hat als Polizist oft genug vergeblich versucht, an sie heranzukommen.

Ende 2023 kommen die Videos auf 20 Millionen Klicks.

Racial Profiling oder gute Polizeiarbeit?

Es ist nicht so, dass Ahmad, Uwe, Fabian und Christopher, der Videofilmer, immer einer Meinung wären. Im Gegenteil. Oft kreuzen sie verbal die Klingen. Doch lässt jeder die Position der anderen gelten. Das schätzen sie aneinander. Kritik von Jugendlichen nimmt der Polizist selten persönlich, er weiß, dass die Rolle und das staatliche Organ gemeint ist. Ein ewiges Reizthema, bei dem das Cop & Che-Team schwer auf einen Nenner kommt und das Uwe doch ein wenig persönlich nimmt, sind die Polizeikontrollen.

Es kränkt und ärgert ihn, als Rassist hingestellt zu werden, nur weil er seinen Job macht. Es sei doch klar, dass man dort, wo Schwarze Gras und Koks verkaufen, eben Schwarze aus der Menge herauspicke, sagt er. Dort, wo tschetschenische Jugendliche permanent Radau machen, konzentriere man sich auf Tschetschenen. In einer Gegend, wo die Polizei es ständig mit raufenden Türken zu tun bekommt, habe man es eben auf Türken abgesehen. „Das ist doch nicht rassistisch!"

„Passen Sie mal auf", sagte Uwe, als vor einigen Jahren auf seinem Wachzimmer eine Studentin auftauchte, die eine Arbeit über „Racial Profiling" schrieb. Hinter dem Begriff steht der Vorwurf, Sicherheitsbehörden würden Personen wegen ihrer Herkunft, ihrer Hautfarbe oder ihrer Religion per se als verdächtig betrachten, statt konkreten Hinweisen auf Straftaten nachzugehen. Die junge Frau erklärte, sie habe gehört, in der nahegelegenen U-Bahn-Station würden nur Afrikaner kontrolliert und auf Drogen durchsucht. Sie wollte wissen, warum die Polizei so rassistisch agiere. „Geben Sie mir fünf Minuten. Ich ziehe mich um, dann gehen wir dorthin." Der Polizist in Zivil stellte sich mit der Studentin in eine ruhige Ecke und beobachtete die Szene. „Das ist ja ein Wahnsinn", sagte sie nach einer Weile. „Wie viele Afrikaner da sind und dealen." – „Ach, so?", fragte Uwe: „Warum denken Sie, kontrollieren wir vermehrt Afrikaner?" – „Natürlich, sie dealen!" – „Aha. Und deshalb sind wir Rassisten."

Jugendsozialarbeiter Fabian kennt die Kehrseite der Medaille aus den Schilderungen von 15-Jährigen, die bei jeder U-Bahn-Station damit rechnen, „durchgesackelt" zu werden, und vergleicht sie mit seinem eigenen 15-jährigen Ich. Er trug in diesem Alter einen Irokesen. Auch damit zog er fallweise die Aufmerksamkeit der Polizei auf sich. Doch wählte er den Haarschnitt selbst, während die Jugendlichen, die er als Streetworker kennenlernt, sich die Farbe ihrer Augen, ihrer Haare und ihrer Haut nicht selbst aussuchen. Warum kann man die polizeilichen Kontrollen nicht einfach über sich ergehen lassen, fragt Uwe. Sein arabischstämmiger Polizeikollege werde auch ständig angehalten, wenn er in Zivil über den Praterstern gehe. Doch rege er sich nicht jedes Mal darüber auf, sondern zücke seinen Dienstausweis.

Mit dieser Was-soll's-Haltung kann Ahmad wenig anfangen. Als wäre es gestern gewesen, erinnert er sich daran, wie er als 16-Jähriger auf dem Weg in die Schule am Karlsplatz von einer polizeilichen Bereitschaftseinheit aus der Menschenmenge geholt wird. Es ist 7:35 Uhr, er muss einen Bus erwischen, um rechtzeitig zur Mathematik-Schularbeit zu kommen und beschwert sich.

„Warum werde ich auf die Seite gezogen?"

„Hoid de Pappn und stö di da hin."

„Das ist meine Schultasche, ich bin auf dem Weg zur Mathe-Schularbeit. Was soll ich meinem Professor erzählen?"

„Du findest schon eine Erklärung. Sag ihm, dass du angehalten wurdest."

„Das wird aber nicht durchgehen! Können Sie mir das irgendwie bestätigen?"

„Naaa, können wir ned. Selbst schuld!"

„Was, selbst schuld? Dass ich hier zur Schule gehe und das mein Weg ist? Soll ich über den Hauptbahnhof fahren, damit ich von euch nicht aufgehalten werde?"

„Willst du goschert sein?"

Ahmad könnte noch einige, ähnlich verlaufende Dialoge wiedergeben. „Man muss sich vorstellen, man hört ständig: Pass dich an! Sei brav!", erklärt er. „Tamam!", in Ordnung, er versuche sein Bestes. Währenddessen würde man ihm von derselben Seite Steine in den Weg werfen. „Sie stoßen mich die ganze Zeit von dem Ziel weg, rufen mich aber gleichzeitig dauernd zu dem Ziel hin: Komm her! Integrier dich! Verpiss dich!", sagt Ahmad. „Was mache ich falsch? Was macht ihr richtig? Was macht ihr falsch?" In seinem Kopf bleibt ein großes Fragezeichen.

Die IS-Brüder nützten genau das aus. Es ist keine zehn Jahre her, dass Ahmad auf ihr giftiges Säuseln zu hören begann: „Schau, wie man dich hasst, niemand mag dich, wir sind die Einzigen, die auf deiner Seite sind, du musst einen Weg finden, um mit deinem Leben klarzumachen, ein Ziel ins Auge fassen, dich in den Dienst der gerechten Sache stellen, auf uns kannst du zählen, vergiss alle anderen!" Jede Polizeikontrolle, und es waren viele, schien die IS-Brüder zu bestätigen: Egal, wie er es anstellt, er wird als Tschetschene und Muslim in Österreich nie Respekt erfahren.

TikTok: Wo die verlorenen Jugendlichen sind

Die Cop & Che-Clips sind richtig viel Arbeit. Alle zwei Wochen trifft sich die Runde in fixer Besetzung – mit Ahmad, Uwe, Fabian und Christopher – im Café Monika, um die nächsten Drehs zu planen. Ideen, Screenshots von Posts, Fragen von Usern kommen zur Sprache. Jeder hat seine Rolle. Der Jugendsozialarbeiter behält im Blick, was bei Jugendlichen angesagt ist. Ahmad überlegt sich Nachfragen und Statements. Uwe arbeitet die Antworten rechtlich aus. Gemeinsam achten sie auf eine ausgewogene Mischung. Manche der Follower sehen die Polizei kritisch, andere finden sie cool, einige brauchen konkrete Auskünfte in persönlichen Angelegenheiten, etwa Strafen, die sie kassiert haben, andere wollen allgemein etwas wissen, beispielsweise, ob Ausländer immer einen Ausweis dabeihaben müssen.

Steht Uwe mit seinem juristischen Wissen an, schaut er beim Polizeijuristen seiner Dienststelle vorbei: „Herr Hofrat, ich hätte eine Frage." Manchmal fühlt er sich in die 1980er Jahre zurückversetzt, als er ein junger Polizeischüler war und für den Chargenkurs lernte. Es geht um getunte Mopeds, alle möglichen Waffen, darum, welche Strafen auf bestimmte Delikte stehen, um die Frage, was man zu befürchten hat, wenn man versucht, aus dem Gefängnis auszubrechen, um Strafregisterauszüge, Falschaussagen vor Gericht und immer wieder um schlechte Erfahrungen mit der Polizei. Neben rechtlich heiklen Fragen werden in den Videos mitunter auch kleine Frechheiten erörtert, wie das Alter des „Grauhaarigen" oder sein Wohlstandsbauch. Gemeint ist Uwe. Und fallweise steht bloß Burschen-Spaß auf dem Programm, Gokart-Wettrennen, Schießbuden und Armdrücken im Wiener Prater. Uwe wirkt seriös und erfahren, nahbar und bodenständig, oft witzig. Das gefällt Jugendlichen. „Ich habe heute Uwe getroffen. Er sah toll aus!!!", postet einer.

Seit vielen Jahren arbeitet Fabian vor allem mit Jungs. Auch auf TikTok ist die Zielgruppe zu 80 Prozent männlich. Im Laufe der Monate stellt der Jugendsozialarbeiter jedoch fest, dass vermehrt

Mädchen auf Cop & Che aufmerksam werden. Fabian vermutet, dass viele junge Frauen sich nach einem weniger martialischen Bild von Männlichkeit sehnen, nach Brüdern wie Ahmad, nach Vätern, die so sind wie Uwe und nicht wie die autoritären Patriarchen, die sie von zu Hause kennen, nach Kerlen, die Konflikte nicht mit der Faust austragen, sondern durch Reden.

Im Sommer 2023 sperrt in Uwes Viertel ein Pensionistenclub nebst sogenannter cooler Zone auf, in der hitzegeplagte Stadtbewohner Abkühlung finden. Es stehen Getränke und Obst bereit. Der Grätzelpolizist ist zur Eröffnung geladen. Die Sonne knallt auf den Asphalt. Uwe wechselt auf die andere Straßenseite, wo es schattiger ist. Fünf Mädels mit Kopftuch erspähen ihn. Eine fängt zu kreischen an, als wäre er der Leadsänger einer Boygroup: „Ahhhhh! Das ist der Uwe! Dürfen wir Foto?"

Es dauerte eine Weile, bis Uwe sich daran gewöhnte, dass Burschen, die ihm früher auf seinen Touren durch das Revier eine „Goschn angehängt" hätten, ihn nun um ein Selfie bitten. Mittlerweile gehört es für ihn fast schon dazu, pausenlos von Jugendlichen erkannt zu werden. Aber Mädchen? Mit Kopftuch? Das ist für ihn neu. Die jungen Musliminnen erzählen, sie seien von den TikTok-Videos „ärgstens begeistert" und fänden sie „total hilfreich".

Ahmad geht es ähnlich. Auf der Straße, in der U-Bahn, beim Einkaufen wird er von Mädchen und Burschen erkannt. Letztere sprechen ihn oft an. „Bruder, wir finden so geil, was du machst." – „So etwas gab es noch nie." – „Richtig krass, dass das in Österreich von einem Tschetschenen kommt." Für seine Besorgungen plant er mittlerweile mehr Zeit ein, trotzdem kommt er zu Terminen regelmäßig zu spät, weil er irgendwo mit Jugendlichen hängen bleibt. Und oft sagt jemand: „Wir glauben nicht, dass Uwe ein echter Polizist ist. Wie kann ein Polizist in dem Alter so cool sein. So cool, und so locker."

„Was wäre anders gewesen, hättest du früher so jemanden wie dich gehabt", fragt der Jugendsozialarbeiter einmal. „Boah", antwortet Ahmad, „ich hätte jemanden gehabt, der weiß, wovon er spricht, der selbst vieles gesehen und erfahren hat, der hier aufgewachsen ist, dem ich nicht, wie einem 50-jährigen Tschetschenen, erklären muss, wie man hier zurechtkommt, sondern der mir etwas mitgeben kann, von dem ich mir etwas abschauen kann." Wenn er sich das mit dem Mindset des Teenagers von damals ausmale, würde er sich sagen: „Richtig gut, wie dieser Ahmad für mich spricht. Nicht wie er für *sich* spricht, sondern für *mich*. Ich würde mich hundertprozentig vertreten fühlen. Wallah! Ich schwöre, ich hätte den Kontakt zu mir und Uwe gesucht, damit ich nachfragen kann, wenn ich rassistische Aussagen von der Polizei höre, und dann hätte ich das gleich ein bisschen größer aufziehen können." Er hätte erfahren, was der Sozialarbeiter, Cop Uwe, und er, Che Ahmad, den Jungen sagen: Es gibt Stellen, an die ihr euch wenden könnt. „Das hätte ich abnormal gebraucht", sagt Ahmad, „dann wäre einiges nicht so gelaufen, wie es gelaufen ist."

Diese Identifikationsfigur ist für Migrantenkids eine Leerstelle. Auch Uwe erlebte in seiner steirischen Kindheit und Jugend Zeiten, in denen er sich unverstanden fühlte. Doch er konnte sich in vielen Fragen des Lebens an seinen Eltern orientieren. Sein Vater war Arbeiter und konnte ihm in der Handelsschule nicht mit Buchhaltung helfen. Doch als der Traum des jungen Steirers platzte, bei der Lufthansa in Frankfurt anzuheuern, gingen seine Eltern mit ihm auf das AMS, um die weiteren beruflichen Möglichkeiten auszuloten. Uwe wurde Polizist und zog vom Land in die Stadt. Das war herausfordernd genug, obwohl er keine neue Sprache lernen musste, eine Weile bei einer Verwandten wohnte, und die kulturellen Gepflogenheiten, Gesetze, Regeln und das politische System ihm vertraut waren. Seine Eltern waren in der Welt, in die ihr Sohn entwachsen ist, nicht zu Hause, sie war ihnen aber auch nicht völlig fremd.

Um wie viel größer ist der Abstand zwischen Ahmad und seinen Eltern, zwischen Ahmad und den Cousins und Cousinen in Tschetschenien? Kinder von zugewanderten Vätern und Müttern haben es in dieser Hinsicht schwerer. Das Wissen, die Erfahrungen, Einstellungen, Ansichten und kulturellen Prägungen ihrer Eltern sind in der Fremde nur bedingt hilfreich. Selbst wenn sie das Beste für ihre Kinder wollen, können sie ihnen manchmal nicht den Rücken stärken, damit sie besser durch die Schule kommen, können sie nicht auf Netzwerke zählen, die beruflichen Erfolg begünstigen, können sie ihren Nachkommen nicht beistehen, wenn diese benachteiligt oder ausgegrenzt werden. Nicht selten sind sie selbst Opfer von Rassismus und Diskriminierung.

Der Grätzelpolizist Uwe ist immer wieder erstaunt, wie wenig Migrantenkinder über die gesetzlichen Spielräume und roten Linien wissen. Auf TikTok, einer chinesischen App, die in China selbst verboten ist und von öffentlichen Institutionen in der westlichen Welt wegen des lückenhaften Datenschutzes nicht gern gesehen wird, finden sie ein freundliches Zuhause, in dem sie alles fragen können, ohne lächerlich gemacht zu werden. Egal, wie prominent, reich oder schön man ist, wie viele Abos man hat, wie professionell die Videos hergestellt sind – was angeschaut wird, verbreitet sich. Auf TikTok zählt die Watch-Time. Dieser „demokratische" Zug gefällt Fabian: „Selbst 15-Jährige können hier enorme Reichweite erzielen. Das ist *die* Chance für Geschichten von unten."

Es ist aber auch *die* Gelegenheit für Fake News, Verhetzung, Propaganda und geschäftsträchtig inszenierten, fragwürdigen und mitunter gefährlichen Nonsens. In Deutschland tat sich der Chef eines kriminellen Clans mit einem TikToker zusammen. Dieser beleidigt andere Kollegen aufs Gröbste. Zur Wehr setzen können sich die Angegriffenen nicht. Sie müssen die Rache des Clan-Chefs fürchten und haben selbst niemanden, der sie schützt. In einem anderen Format ruft ein Tschetschene dazu auf, sich ihm zu stellen: „Komm her, wenn du dich traust! Ich schlage dich k. o.! Sei ein Mann!" Primitiver TikTok-Beef dieser Art generiert enorme Klickzahlen, also Geld.

Auch bei Cop & Che werden die Kräfte gemessen, geht es um Männlichkeit und Härte. Der Grätzelpolizist und der Tschetschene sind ein ungleiches Paar, das zum Gegeneinander-Ringen antritt und es sich spaßeshalber ordentlich besorgt. Fairness und Respekt bleiben jedoch gewahrt. Natürlich gewinnt Uwe die erste Runde. „Jetzt haben wir den Buben", sagt er und macht das Geräusch zuschnappender Handschellen nach. Natürlich ist Ahmad stärker und könnte ihm das Genick brechen, was der Tschetschene mit einem Sandsack auch vorführt. „Puh", sagt Uwe, der die Szene vom Rand aus beobachtet, und kratzt sich am Kopf, während Ahmad, vom Kampf erhitzt, in die Kamera schaut und erklärt: „Dem Uwe konnte ich das nicht antun. Den brauchen wir noch. Guter Mann!"

Ahmad zwinkert mit den Augen. Man läuft durch das Bild, lacht übereinander und über sich selbst, misst sich, haut sich aber nicht sinnlos. Nach dem Wettkampf spielt man „Schere, Stein, Papier" und einigt sich auf – ein Unentschieden.

Bei einem Workshop in einer Schule sprechen 14-Jährige den Tschetschenen auf das Ringervideo an. „Bruder, dieser Suplex (ein Wurf über die Schulter, bei dem der Gegner am Rücken aufschlägt, Anmerkung), den du dem Sandsack gegeben hast, war perfekt. Besser könnte man ihn gar nicht hinbekommen. Urgut, dass du das beim Uwe nicht gemacht hast." – „Wir wissen eh, dass das gestellt war. Es war richtig cool von dir, dass du ihn gewinnen lassen hast." Mindestens so cool finden sie, dass sich der alte Polizist mit dem jungen Tschetschenen überhaupt auf die Matte stellt: „Ist eh klar, er ist 60, du bist 24. Ihr seid die Besten! Wir feiern euch!"

Was die alten IS-Weggefährten von Cop & Che halten

Darf man öffentlich Kappen und T-Shirts mit dem aufgedruckten islamischen Glaubensbekenntnis tragen? Die Frage beschäftigt viele muslimische Jugendliche. Das Cop & Che-Team dreht ein Video über verbotene Symbole. Uwe führt aus, das islamische Glaubensbekenntnis sei grundsätzlich erlaubt, allerdings könnten viele Polizistinnen und Polizisten es nicht von IS-Symbolen unterscheiden. Diese seien verboten. Jugendliche, die es sichtbar tragen, würden deshalb aufgehalten. Ahmad ärgert sich, dass irgendwelche Vollidioten vom sogenannten Islamischen Staat sein Glaubensbekenntnis missbraucht haben und das für ihn nun zu einem Problem werden kann.

Ein IS-ler postet darunter: „Was weißt du, Unwissender, überhaupt über den IS und seine Ideologie?" – „Mein Freund, ich weiß mehr als genug. Locker zehn Mal mehr als du und dein Vater zusammen", schreibt Ahmad zurück. Die Antwort des IS-ler lässt nicht lange auf sich warten: „Du bist ein TikToker, arbeitest mit einem Polizisten."

Der Poster ist zwei Jahre jünger als Ahmad. Das bedeutet, dass er damals, 2014, in der Hochphase der Terrormiliz IS, ein 12-jähriger Bub war, während der Tschetschene immerhin schon 14, 15 war. Die zwei Jahre machen in diesem Alter einen Riesenunterschied. Viel eigene Erfahrung kann der IS-Anhänger also nicht mitbringen, denkt Ahmad. Er schreibt: „Wenn du denkst, dass ich keine Ahnung habe, können wir das persönlich ausdiskutieren. Über TikTok ist das schwierig." – „Wenn wir uns treffen, steht der Verfassungsschutz dabei", antwortet der Poster. „Möge es mein letzter Tag sein, wenn ich mit den Bullen zusammenarbeite", schreibt Ahmad. „Amen", poppt auf seinem Handy auf, sinngemäß: So sei es, möge es auch mein letzter Tag sein. „Tamam!", schreibt Ahmad. „Entweder wir kommunizieren über einen Messenger oder wir treffen uns."

Zwei Stunden und 47 Minuten wird das Streitgespräch mit dem IS-Anhänger dauern. Es geht um die ideologischen Wurzeln, eine 1200 Jahre alte Sekte, auf deren Gedankengut sich die Terrormiliz bezieht. Ahmad bringt Gegenargumente, nennt ältere, verlässlichere Quellen. Sein Gesprächspartner pocht darauf, dass man den gefolterten Geschwistern in Syrien beistehen müsse. Ahmad erklärt, er kenne über 150 Leute aus Wien, die ausgereist sind. Viele seien in Syrien gestorben, jene, die noch am Leben seien, schreiben: „Es ist Scheiße hier, wir wollen zurück!" „Die haben mehr Stolz und Ehre und Schmerz für unsere Geschwister im Leib als du und ich zusammen. Die sind doch nach Syrien gefahren, weil sie nicht nur reden, sondern konkret helfen wollten. Wenn sogar *sie* sagen, dass sie zurückwollen und dort so viel Unrecht passiert. Was sagst du denen?" – „Ja, jeder hat eine andere Sichtweise", antwortet der IS-Anhänger.

Der heute 22-Jährige hat, wie Ahmad, tschetschenische Wurzeln. Bald erörtern sie die politischen Verwerfungen am Kaukasus, die Tschetschenienkriege. „Weißt du, warum ich dich nicht direkt als Ungläubigen betitelt habe?", lenkt der IS-Anhänger schließlich ein. „Du kannst mich eh nicht aus dem Islam schmeißen, aber warum hast du das gemacht?", erwidert Ahmad. „Weil du die Polizei kritisierst. Das ist für mich das Zeichen, dass du deinen Wert kennst und dich nicht komplett verkauft hast", sagt er.

„Kritik ist ein Muss. Ich will auch kritisiert werden, aber auf einer bestimmten Ebene: Schau, das läuft nicht gut, mach das besser", erwidert Ahmad. „Wie soll ich die Polizei lieben? Bis heute sage ich dem Uwe, du bist das einzige Einhorn, das ich dort gefunden habe". Der IS-Anhänger schwankt, stimmt manchmal zu, schließlich erlahmt seine Widerrede. Ahmads Hochachtung für alle, die helfen, aber auch seine Abscheu gegenüber jenen, die anderen Unrecht tun, „egal, ob sie eine Polizeiuniform anhaben, Gläubige sind oder nicht", stimmt ihn nachdenklich.

In den nächsten Wochen lässt Ahmad dem IS-Anhänger Videos, Interviews, Übersetzungen von Gelehrten aus Medina, dem Jemen oder Jordanien zukommen, Texte in russischer und deutscher Übersetzung. Manchmal meldet sich der Landsmann, weil er Fragen hat, oder um Ahmad zu versichern, er habe damit aufgehört, andere wahllos als „Ungläubige" anzuprangern. Eines Tages ruft er an: „Bruder, weißt du, wie viele Feinde ich mir unter meinen Leuten gemacht habe? Die sagen, ich bin ein Untertreiber, so ein liberaler Muslim." „Bist du ganz und gar nicht", beruhigt Ahmad. „Dich würde man garantiert als konservativ einschätzen. Auch von mir behauptet man, dass ich konservativ und sogar fundamentalistisch bin, was ich gar nicht so sehe. Und die Fundis sagen, dass ich ein Liberaler und ein Untertreiber bin." Ahmad fügt an: „Das Beste, das dir im Leben passieren kann, ist, dass sich diese Leute verpissen. Vertrau mir! Das ist ein Geschenk Gottes, weil du deine Meinung geändert hast. Nimm das Geschenk an und sei happy. Du wirst Leute finden, die dich bis zu deinem Tod begleiten werden und denen du vertrauen kannst." „Danke, Bruder!", sagt der IS-Anhänger: „Weißt du, das hat mein Vater viele Jahre lang versucht, mir beizubringen."

Je mehr Online-Aufmerksamkeit Cop & Che erregen, desto mehr schießen sich IS-Sympathisanten und Takfiris – Muslime, die anderen den Glauben absprechen – auf Ahmad ein. Gespräche dieser Art häufen sich.

Ahmad entthront die tschetschenischen Oberhäupter

Das Gros der Älteren in der tschetschenischen Community macht nicht gerne Platz für die nachrückenden Generationen. Hinter vorgehaltener Hand beklagen sich einige, dass Ahmad ihnen allmählich den Rang abläuft. Lange Zeit haben sie in der tschetschenischen Gemeinde als verlässliche, berechenbare Ansprechpartner sowohl für Behörden als auch Vertreter der Politik und staatliche Förderstellen gegolten. Nun tut sich ein frecher, junger Tschetschene hervor, noch dazu auf sozialen Medien, die für sie selbst eine fremde Welt sind. Dieser Statusverlust schmerzt.

Es ist nicht so, dass Ahmad nicht versucht hätte, sie einzubinden. Doch sie können mit seinen Ideen wenig anfangen. Jahrelang bemühte er sich, ihnen nahe zu bringen, dass Wut etwas Normales ist, in die richtigen Bahnen gelenkt, sogar ihr Gutes haben kann. „Dein Ansatz ist zu extrem“, antworten sie. „Niemand wird wollen, dass du auftrittst, niemand wird dich fördern.“ Ahmads Vater stellt sich in der Moschee hinter seinen Sohn und redet den Älteren ins Gewissen: „Ihr beherrscht bis heute die Sprache nicht, ihr sprecht für die Jungen, von deren Problemen ihr keine Ahnung habt, und wenn jemand sich für sie einsetzt, wollt ihr die Lorbeeren ernten. Das geht nicht. Jetzt ist ein Jüngerer da, der sich auskennt, der sich in die Jungen hineinversetzen kann, gute Verbindungen und ein Umfeld hat, das ihm hilft. In zehn Jahren haben wir nicht so viel zuwege gebracht, wie er in wenigen Monaten. Also nehmt euch zurück und lasst ihn machen!“

Mit dem Erfolg kommt allmählich die Anerkennung. Tschetschenen, die Ahmad zuvor „wegignorierten“, wenn er ihnen über den Weg lief, grüßen nun zurück und erkundigen sich bei seinem Vater nach seinem Befinden. Ein bekannter Tschetschene um die fünfzig erspäht den inzwischen zur TikTok-Berühmtheit gewordenen Burschen in der U-Bahn, kämpft sich durch die Menschenmenge zu ihm durch, um ihn erst wie einen alten Freund zu umarmen und anschließend regelrecht ins Verhör zu nehmen: „Ah, Ahmad! Was du machst, ist supertoll!“ „Wie arbeitet ihr?“ „Wer macht was?" „Wie kommt ihr an Jugendliche heran?" „Wer fördert euch?" „Wieviel Geld bekommt ihr?" „Wer steckt hinter dem Projekt?"

Ahmads Autorität gründet sich nicht auf das Alter und die Lebenserfahrung, die in der traditionellen tschetschenischen Gemeinde hochgeachtet werden, sondern auf sein Verständnis für die Wirklichkeit der Jungen, auf den Respekt, den er bei ihnen genießt. Damit stößt er eine Veränderung von unten an, ähnlich wie Uwe in der Polizei. Das offenbart sich beispielsweise an jenem Frühlingstag 2023, an dem in der Wiener Mariahilfer Straße drei ältere, tschetschenische Damen auf ihn zusteuern. Sie begrüßen und herzen ihn, als wären sie seine Tanten. Ihre Kinder, der 13-jährige Sohn, die 16-jährige Tochter, sähen alle Videos von ihm und preisen ihn als jemanden, den man herzeigen kann, erzählen sie: „Endlich ein Tschetschene, der sich auszudrücken versteht, gepflegt und stabil ausschaut, dem die Leute zuhören." Eine der Frauen bricht fast in Tränen aus: „Du bist genau das, was wir für unsere Kinder wollten. Dafür haben wir uns gegen die Russen gestellt, sind wir geflüchtet, haben wir alles zurückgelassen, sogar unsere Familien. Unsere Kinder sollten beweisen, dass alles, was die Russen über uns sagen, nicht stimmt." Zum Abschied posiert er mit ihnen für ein Selfie. Eine der Frauen erkundigt sich, ob sie ihm ihre Tochter vorstellen dürfe. „Danke, ich heirate bald!", sagt er.

Kaum haben sie sich voneinander verabschiedet, schickt Ahmad eine Sprachnachricht an Fabian: „Du glaubst nicht, was ich gerade erlebt habe! Meine Füße berühren den Boden nicht mehr."

Ahmad heiratet. Und alle kommen

Ahmad ist 22, als er einem „richtig guten Mädchen" begegnet. Sie ist Tschetschenin und stammt aus einer angesehenen Familie, was ihm insofern entgegenkommt, als sich damit viele Konflikte von vornherein erübrigen. Alle kulturellen Gepflogenheiten in seiner Familie sind auch ihr vertraut. Ihre Väter sind sogar Freunde, wie sich herausstellt, als die jungen Leute einander auf einer Messenger-Plattform erstmals beschnuppern: Aus welcher Familie stammst du? Wer ist dein Vater? Deine Mutter? Und, nicht zuletzt, aus welchem Stamm, aus welchem Clan bist du?

Davon lässt sich schon ein wenig ableiten, ob die Familie mit dem Freiheitskampf sympathisiert oder dem von Russland gestützten tschetschenischen Machthaber folgt. Mehr als alles andere enthebt Ahmad die Nachricht, dass ihre Väter einander gewogen sind, seiner Sorge, er könnte in eine Familie einheiraten, die Kadyrow treu ergeben ist oder gar seinem Stamm angehört. Um seine eigene Familie nicht zu gefährden, würde er andernfalls „direkt sofort Schluss machen". Auch für seine Frau wäre die Situation untragbar.

Die beiden verloben sich. Mit der Hochzeit will Ahmad warten, bis sich ein Gefühl von hundertprozentiger Gewissheit eingestellt hat, dass sie den Rest des Lebens miteinander verbringen wollen. „Zu 70 Prozent bin ich bereits sicher", sagt er. Sie respektiert das. Außerdem will sie ihre Ausbildung fertig machen. „Aber wenn du eine andere findest … ?", fragt sie. „Was dann?", erwidert er. – „Dann kannst du was erleben!"

Ahmad will noch Zeit mit seinem besten Freund verbringen und die Freiheiten eines „hobbylosen" jungen Mannes auskosten, in einer abgefuckten Gegend abhängen, laut sein, Witze reißen, auf den Boden spucken. Wenn er erst einmal Verantwortung für eine Familie schultert, wird ihm sein bester Freund zwar bleiben, denn ihre Beziehung ist so eng, als hätten sie in dieselbe Unterhose gefurzt, um eine tschetschenische Redensart zu bemühen; mit diesen Freiheiten wird es aber vorbei sein.

Im Mai 2023 heiratet Ahmad. Es ist ein traditionelles tschetschenisches Fest. Der Vater der Braut hält sich, wie es der Brauch ist, fern. Die Tochter ist ihm das Kostbarste. Um den Tag nicht mit seinem Abschiedsschmerz zu verdunkeln, tritt er ihr nicht unter die Augen. Nach der Eheschließung bricht die Tochter den Kontakt nicht ab, verbringt jedoch mehr Zeit mit der Familie ihres Mannes. Nichttschetschenen fällt es schwer, sich mit diesen Eigentümlichkeiten zu arrangieren. Ahmad hat es bei Freunden mehrfach aus der Nähe miterlebt.

Jugendsozialarbeiter Fabian mit Jugendlichen bei Ahmads Hochzeit im Mai 2023
Foto: privat

Die Familie bietet sehr viel Zeit und Geld auf, um eine große Zusammenkunft auszurichten. Hunderte Gäste strömen herbei. Vor der Veranstaltungshalle bilden sich Schlangen. Ahmads Mutter, seine Schwester und seine Tante und Freundinnen der Familie haben tagelang gekocht und gebacken. Jetzt stehen sie in der Küche an dampfenden Kesseln, zwischen Stößen von Tellern, Gläsern, Flaschen und Tabletts, und arbeiten bis zum Umfallen, damit alle zu essen und zu trinken haben.

Männer und Frauen sitzen, durch einen transparenten Vorhang getrennt, an den Tischen, die Ahmad und seine Freunde am Vortag aufgestellt haben. Sein Vater und seine Brüder empfangen die unentwegt hereinkommenden Gäste und geleiten sie an ihre Plätze. Die Braut sitzt im hinteren Teil des Saales auf einer Art Podest und nimmt die traditionellen Huldigungen entgegen, während Ahmad, ihr künftiger Mann, sich mit seinen Freunden in ein Hinterzimmer zurückzieht. Hier bleibt er während der ganzen Hochzeit. So ist der tschetschenische Brauch.

Ständig springt Ahmad auf, um eine Flasche Limonade aus dem Kühlschrank oder ein Tablett mit in Teig gehüllten Fleischbällchen aus der Küche zu bringen, neu eintreffende Freunde und Bekannte zu begrüßen und mit jedem und jeder ein paar Worte zu wechseln. Fabian, der Jugendsozialarbeiter, Uwe, der Polizist, Christopher, der Fotograf, schauen vorbei, das ganze Cop & Che-Team. Als der Tag sich zu Ende neigt, ist Ahmad müde, und erlöst. Der bis auf den letzten Platz gefüllte Hochzeitssaal ist eine Art Offenbarungseid für sein Standing in der tschetschenischen Community: „Ich habe nicht alles falsch gemacht, sonst wären nicht so viele gekommen."

Der junge Tschetschene hat mit der Hochzeit eine wichtige Lebensaufgabe erfüllt.

Verdammt, wann passe ich euch?

Nur wenige Menschen können ermessen, welcher Druck auf dem rebellischen, jungen Tschetschenen lastet. Allen Seiten zu genügen ist schlicht unmöglich. „Ich bin kein Österreicher", sagt Ahmad, „sondern ein Wiener mit tschetschenischen Wurzeln." Seine Stadt erscheint ihm wie Narnia, das magische Universum aus den sieben Büchern der Fantasy-Serie von Clive Staples Lewis. Es ist eine Welt, die es gar nicht gibt, und jedenfalls ist Wien für Ahmad nicht Österreich.

Im April 2023, noch vor der Hochzeit, schreibt er sich das Gefühl, nirgends richtig zu sein, roh und ungefiltert von der Seele. „Früher sagte man immer: Wird einem die Rückkehr in die Heimat verwehrt, man diese ganz besonders verehrt. Was ist an dieser Redensart dran? Zwanzig Jahre ist es her, dass ich die Heimat gesehen habe. Mehr als dreitausend Kilometer war ich entfernt, als meine Großväter verstorben sind, ohne sie ein letztes Mal in den Arm nehmen zu können. Hilflos habe ich mitbekommen, dass mein Onkel jahrelang im Gefängnis gefoltert wurde, und das, jeden Tag, ohne ihm beistehen zu können. Ich bin in Trauer, nachts, mit einem Malzgetränk neben mir, an der Donau gesessen und habe um meine Cousins geweint, die im Ukraine-Krieg ihr Leben lassen mussten. Dreitausend Kilometer von meiner Heimat entfernt, auf der Suche nach einer neuen Heimat, habe ich unschuldig sieben Monate und 16 Tage als 14-Jähriger in einem Gefängnis sitzen müssen, für ein: ‚Verzeihen Sie bitte, es sind uns Fehler bei den Ermittlungen unterlaufen'. Dreitausend Kilometer von meiner Heimat entfernt habe ich mir jeden Tag anhören müssen, wie kriminell, böse und gewaltbereit ich bin, weil ich aus Tschetschenien stamme. Trotz allem habe ich nach vorne geblickt und gehofft: Eines Tages werde ich akzeptiert, als ein Teil von diesem wunderschönen Land. Wenige Menschen kennen das Gefühl, um die Existenz fürchten zu müssen, und dass all das, was man sich in zwanzig Jahren aufgebaut hat, morgen schon umsonst sein könnte, wenn gewisse Menschen an die Macht kommen."

Er schließt mit den Zeilen: „Österreich, ich verbinde viel Schlechtes, aber auch viel Gutes mit dir. Es ist eine komplizierte On/Off-Beziehung. Dank dir habe ich vier Sprachen gelernt, habe gelernt, wie man Wurzeln zieht und nicht die Hoffnung zu verlieren. Egal, wie schwer es ist, du bist mein neues Zuhause, das mir die Sicherheit gewährt, den morgigen Tag zu erleben, ohne um meine Freiheit fürchten zu müssen. Und heute sage ich: Die Heimat jeden Menschen prägt, weil jeder sie immer in sich trägt."

Ahmad speichert den Text auf seinem Handy, und manchmal trägt er ihn vor, obwohl er das, was er damit ausdrücken will, „eigentlich nicht in Worte fassen kann". Nach zwanzig Jahren im Land hat er immer noch keine Staatsbürgerschaft. Selbst auf das Erstgespräch warten Tschetschenen mehrere Jahre. „Wallah! Es ist nicht einfach! Es ist wirklich schwer", sagt er. Manchmal habe er das Gefühl, sich wie ein Chamäleon durch das Leben zu schlagen, wo er hinkomme, müsse er sich anpassen. Ständig zeige jemand mit dem Finger auf ihn. Von manchen Jugendlichen aus der tschetschenischen Community heißt es: „Warum machst du Videos mit einem Bullen?" Ahmad hat die Schnauze voll: „Verpisst euch!" richtet er allen aus, denen er es partout nicht recht machen kann. „Auch wenn ich noch relativ jung bin, bin ich an dem Punkt in meinem Leben angelangt, wo andere erst später, vielleicht so mit 35 sind. Ich mache, was ich will! Nicht, was den Leuten gefällt!"

Das funktioniert nicht im vollen Ausmaß. In seiner Community bewegt er sich auf dünnem Eis. Wer in Ungnade fällt, wird mit dem sozialen Tod bestraft, findet niemanden mehr, der ihm die Tochter zur Frau gibt, mit ihm Geschäfte macht und ist in keiner Gemeinde, keinem Verein und keiner Moschee willkommen. Ahmads Freund schenkt ihm einen Comic. Auf dem ersten Bild trabt der Mann auf einem Esel, während die Frau schwere Taschen schleppt. „Was für ein jämmerlicher Wicht, der ihr die Last aufbürdet", steht darunter. Auf dem zweiten sitzt die Frau auf dem Esel, er trägt die Taschen: „Schaut mal, was für ein Diener der Schuhsohle", ein Pantoffelheld, der sich von ihr unterdrücken lässt. Schließlich sieht man die beiden mitsamt dem Gepäck auf dem Esel. Darunter steht: „Das arme Tier! Haben diese Leute denn überhaupt kein Herz?" Ahmad versteht die Botschaft auf Anhieb. Egal, was er macht, er wird es nie richtig machen.

Wie oft sagte seine Mutter zu ihm: „Ahmad, du versuchst so arg, alle zufriedenzustellen. Das wirst du niemals schaffen. Setze dir ein Ziel, sei du selbst, pfeife auf die anderen und ihre Anfeindungen!" Drohungen, Hass, Eifersucht und Neid würden ihm noch Tausende Male im Leben widerfahren. So seien die Menschen. „Liebe du dich selbst, und jene, die wissen, wie es läuft, werden dich auch lieben." Früher dachte er: „Ja, ja, ja, wie die IS-Brüder immer sagen: Sie will halt nicht, dass ich Depressionen habe oder krank werde." An guten Tagen weiß er ihre Worte inzwischen zu schätzen. „Im Endeffekt hat sie zu 99,9 Prozent in allem recht", sagt er sich. An schlechten quälen ihn die immer gleichen Fragen: „Was mache ich richtig? Was mache ich falsch? Was soll ich tun? Was wollt ihr von mir? Verdammt, wann passe ich euch?"

Auch damit, dass die Kritik nie abreißt, liegt Ahmads Mutter richtig. Egal, wie sorgfältig der 24-Jährige seine Worte wählt, welche Späße er macht oder unterlässt, ständig fühlen sich Besserwisser auf den Plan gerufen. Steckt er auf einem Cop & Che-Video eine Hand in die Hosentasche, erklärt ihm hinterher garantiert jemand, dass sich das für einen Tschetschenen nicht gehört. Grillt er mit Uwe ein Stück Fleisch, muss er sich fragen lassen, ob das wohl „halal" ist. Tritt er als Ringer gegen den Polizisten an, beschweren sich Bekannte, wie er zulassen könne, dass ein Bulle „Macht über einen Tschetschenen ausübe" und aus ihm schon ein „richtiger Österreicher" geworden sei. „Heast, wisst ihr, was Spaß ist?", gibt er zurück. „Wenn ich Österreicher geworden bin, bist du Präsident in diesem Land, du Arschgesicht."

Für die Österreicher ist er zu sehr Tschetschene, zu viel Muslim, zu offensichtlich Kampfsportler. Die meisten Personen des öffentlichen Lebens, die selbst eine migrantische Geschichte haben und sich als Islam- und Integrations-Experten, Soziologinnen oder Terrorismusforscher zu Wort melden, sind selbst nicht religiös. Junge Musliminnen und Muslime können sich mit ihnen meist nicht identifizieren. Jemand wie Ahmad, der ein ungebrochen positives Verhältnis zu seiner Kultur und Religion aufrechterhält, den Glauben praktiziert, gleichzeitig in Österreich angekommen ist, die Sprache spricht, den Schmäh draufhat, die politischen, sozialen und kulturellen Verhältnisse deuten kann, so jemand hat Seltenheitswert. Wenn Uwe in der Polizei ein „Einhorn" ist, ist Ahmad erst recht eines in der Extremismus- und Gewaltprävention.

Fabian, der Jugendsozialarbeiter, begann sich erst für Religion zu interessieren, als er vor zehn Jahren in den Parks mit Burschen wie Ahmad ins Gespräch kam. Er registrierte, wie sehr die kleinen Auszeiten für Beten oder Meditieren ihnen halfen, den Stress, unter dem sie standen, zu bewältigen. Die Lesart, dass sowohl Jesus als auch Mohammed für eine bessere Welt kämpften, also Revolutionäre im besten Sinn waren, erwies sich als guter Anknüpfungspunkt für Gespräche. Er befand, dass es letztlich um die Werte geht – Freiheit, Gleichheit, Geschwisterlichkeit –, egal, ob sie sich auf den Koran, die Bibel oder das *Kapital* von Karl Marx beziehen.

Hier trifft er sich mit Ahmad. Doch ausgerechnet das, was den jungen Tschetschenen zu einer unschätzbar wichtigen Figur für all jene macht, die sich für das friedliche Zusammenleben einsetzen, macht ihn gleichzeitig so angreifbar von allen Seiten. Auf den Kanälen der islamistischen Hizb ut-Tahrir verfolgen ihn Prediger mit ihrem Hass dafür, dass er Jugendlichen zeigt, dass man sehr wohl praktizierender Muslim und Wiener sein kann, dass eine polizeikritische Haltung und ein freundschaftlicher Umgang mit einem Polizisten einander nicht ausschließen. Mit ihrer extremistischen „Muslime-gegen-den-Westen"-Agenda geht sich das nicht aus.

Auch für die Rechtsextremen ist Ahmad gefährlich. Im Frühling 2023 wird Irfan Peci auf ihn aufmerksam, im deutschen Sprachraum einst einer der lautesten Propagandisten der Terrorgruppe Al-Kaida, bevor er sich dem deutschen Verfassungsschutz als Spitzel andiente. Peci flog auf, schrieb ein Buch und stieg zum medial herumgereichten Experten für Extremismusprävention auf. Eine Karriere, die durch Recherchen des „Spiegel" ein jähes Ende fand. Das deutsche Nachrichtenmagazin veröffentlichte Chats, die seine rassistische und antimuslimische Gesinnung zutage förderten. Seither tritt er als antimuslimischer Agitator auf, in Wien Seite an Seite mit rechtsextremen Identitären.

Pecis Masche ist simpel. Erst zieht er über den Islam und geflüchtete Menschen her, um aufgebrachte Gegner anschließend in Diskussionen zu verwickeln und im Livestream vorzuführen. So heimst er Klicks von sowohl rechter als auch muslimischer Seite ein. In Wien sind Streetworker vor Ort, die junge Muslime daran hindern, auf die Provokationen einzusteigen. Ahmad schimpft er einen „kleinen, bärtigen, aggressiven, blonden, radikalen Straßentschetschenen-Moslem", der nichts darstelle. „Die Tschetschenen, die ich kenne, sind entweder Salafisten oder richtige Kriminelle, also was soll das, dass der Ahmad über Demokratie spricht?" Ahmad verzichtet darauf, auf den völkisch-rassistischen Redeschwall zu antworten. Der Wirbel verpufft. Und wo kein Wirbel, da keine Klicks.

Als wäre das nicht genug, gendert Ahmad auch noch. Immer wieder kreidet ihm jemand an, sich damit anzubiedern. Ahmad erklärt, es gehört nicht zu seinem Sprachgebrauch. Aber es sei seine Art, dem Umfeld, in dem er sich bewegt, Respekt zu zollen. Sein Zugang ist in dieser und ähnlichen Fragen überaus pragmatisch. Jugendlichen erklärt er, dass man etwas, das nicht gegen den Islam spricht und mehr Nutzen als Schaden nach sich zieht, machen soll. Das kann Gendern sein, aber auch jemandem zum Gruß die Hand reichen. Es gibt Momente, an denen Ahmad von all den Leuten, die ständig mit Fingern auf ihn zeigen, die Schnauze voll hat. Er würde ihnen gerne etwas ausrichten. „Ich habe ein Gesicht zu wahren, trage einen Nachnamen, habe meine Wurzeln, bin ein Muslim, glaube an den Islam. Deshalb gibt es viele Einschränkungen, ich muss aufpassen, mich in Grauzonen bewegen. Überwiegend aber sage ich: Ich bin einfach der, der ich bin! Ob ich euch gefalle oder nicht! Leckt mich am Arsch! Ganz einfach! In Großbuchstaben und mit zwölf Rufzeichen!"

In der Polizei tut sich etwas

Auch für die Polizei als staatliches, für öffentliche Sicherheit und Ordnung zuständiges Organ ist der Cop & Che-Kanal des jungen Tschetschenen neues Terrain. Uwe formuliert rechtliche, durchaus komplizierte Sachverhalte so eingängig, oft flapsig und mit einem Augenzwinkern, dass sie bei Jugendlichen ankommen, aber Juristen damit nicht immer hundertprozentig glücklich sind. Auflösen lässt sich die Spannung nicht.

Das zeigt sich einmal mehr beim Thema Polizeikontrollen. Die Behörde legt darauf Wert, dass Uwe als polizeiliches TikTok-Idol den jungen Followern das Prinzip der Gleichheit nahebringt. Bei Burschen wie Ahmad, die sich oft ungerecht behandelt fühlen, wirkt das verlogen. Sie erleben, dass ihre nichttschetschenischen Freunde sich bei Ausweiskontrollen seelenruhig eine Zigarette anzünden, während Tschetschenen, die nach dem Handy greifen, sofort angebrüllt werden: „Halt! Hände aus der Tasche! Sofort! Ich will sie sehen!"

Ahmad findet das ungerecht, Uwe im Sinne der Eigensicherung angemessen. Was also sagt das Cop & Che-Duo auf die Frage eines Users: „Ist die Polizei zu Tschetschenen strenger?" Man verständigt sich darauf, dass Uwe den Gleichheitsgrundsatz darlegt, der für die Exekutive zu walten hat. Ahmad wiederum lässt es sich nicht nehmen nachzubohren: „Na ja, aber Uwe, sei mir nicht bös" und eigene Erfahrungen zu schildern. „Wenn man immer mit den gleichen Leuten Schwierigkeiten hat …", räumt Uwe ein, „ist man strenger?", ergänzt Ahmad. Uwe lächelt schief. Schnitt. Die Frage bleibt im Raum.

Je mehr Videos freigeschaltet werden, desto entspannter geht die Behörde mit dem neuen Informationskanal um. Nach und nach legen sich alle Bedenken, die Uwe in den Anfangsmonaten viel Zeit und Nerven gekostet haben. „99 Prozent des Feedbacks sowohl von außerhalb als auch von innerhalb der Behörde ist mittlerweile positiv", sagt er. Das Setting „Polizei und Tschetschene" verheißt eher Krawall als Harmonie, die Paarung „Jung und Alt" macht es noch explosiver. Umso stärker wirkt das Signal, das Cop & Che ausstrahlen: Man kann miteinander reden, sogar blödeln.

„Leute, in der Polizeiuniform steckt ein Mensch", sagt Uwe in einem Video und zeigt auf seine Dienstkleidung. Wenn der eine oder andere Bursche daraus den Schluss zieht, dass man auf einen Polizisten keinen Böller schmeißt, ist schon viel passiert. Messen lässt sich nicht, was Ahmad und Uwe sowohl bei der Polizei als auch bei den Jugendlichen bewirken. Die Beamten, die bei einem Einsatz *nicht* verletzt werden, die Jugendlichen, die sich etwas sagen lassen und deshalb *nicht* mit dem Gesetz in Konflikt geraten, die Beschwerden, die gegen eine Amtshandlung *nicht* erhoben werden, kann niemand zählen.

Unbedankt bleibt die Arbeit dennoch nicht; und manchmal kommt die Anerkennung auch von unverhoffter Seite. Bei einer Besprechung im Café Monika im Sommer 2023 meldet sich vom Nebentisch ein Mann um die sechzig, der am Vormittag schon vor seinem ersten Spritzer sitzt: „Seid ihr die zwei, die immer diese Videos machen?" – „Ja, sind wir!", gibt Uwe zurück. Der Mann betrachtet die Runde mit zusammengekniffenen Augen. „Für mich seid ihr die ersten Kandidaten für den Friedensnobelpreis."

Auch in Uwes beruflichem Umfeld werden die Zwischentöne mehr, wenn es um junge Migranten geht. Für ihn persönlich ist es fast normal, „dass ein Jugendlicher auch mal Blödsinn macht". In den vergangenen Jahrzehnten sind ihm einige Burschen untergekommen, die vor dem Richter standen, ihre Strafe ausfassten und später anständige Bürger wurden. Vielleicht spüren Jugendliche, dass Uwe sie versteht, aber darin bestärken will, „auf der richtigen Seite zu bleiben". Es hat sich für ihn als Polizisten stets als zielführender erwiesen, einer Gruppe, die im Park Wirbel macht, mit einem „Hallo, grüß euch! Was tut sich?" näher zu kommen und zu erklären: „Freunde, ihr seid ein bisschen laut", als sofort zu schimpfen zu beginnen.

Ahmad, der als Jugendlicher oft auf der Seite jener war, die öffentliches Ärgernis erregten, kann sich nur an eine Amtshandlung erinnern, die im Uwe'schen Sinne ablief. Der damals 15-Jährige saß mit einer Runde tschetschenischer Jugendlicher in einem Park. Ein älterer Polizist in Begleitung von drei jüngeren Kollegen kam auf sie zu. „Servus, Jungs, eine Sache, bitte: Da wohnen Pensionisten, die gemeldet haben, dass ihr ein bisschen zu laut seid. Könnt ihr entweder die Lautstärke senken oder anderswo hingehen? Und nehmt bitte den Müll mit, so etwas macht man nicht." Sie zeigten sich einsichtig: „Passt! Wir gehen sofort weg", worauf der Beamte meinte: „Nein, das müsst ihr nicht! Wenn ihr es allerdings nicht schafft, leiser zu sein, dann bitte." Ahmad erwiderte: „Danke, dass Sie so drauf sind. Das war, als hätte unser Vater mit uns gesprochen." Ob der Polizist wusste, dass in Ahmads Welt Ältere geschätzt werden und das als Kompliment aufzufassen war?

Die meisten Polizisten kennen Tschetschenen aus unerfreulichen Amtshandlungen und lesen in den Zeitungen, die auf ihren Dienststellen herumliegen, dass die Straftäter immer jünger und brutaler werden. „Darauf reagierst du", sagt Uwe. In der Ausbildung geht es viel um gesetzliche Grundlagen und Einsatztraining. Wie hält man ein Fahrzeug an? Wie sorgt man für die eigene Sicherheit? Rassismus wird höchstens am Rande thematisiert.

Als die ersten Cop & Che-Videos viral gehen, meldet sich ein Vertreter des Bundesamts für Fremdenwesen und Asyl (BFA), um sein Interesse an einer Zusammenarbeit mit Ahmad zu bekunden. Kurz darauf mailt jemand von einem Fake-Account aus: „Kannst du mir deine Nummer geben? Ich bin auch von der Polizei." Es meldet sich ein Mann: „Du, servaas! Richtig geil, was du da machst." – „Okay, passt, was willst du?" – „Eine Sache, ich bin viel jünger und hipper als der Uwe. Ich verstehe die Jungen, machen wir das doch gemeinsam, statt du mit so einem alten Polizisten." Schließlich klopft auch noch ein Verfassungsschützer an, der ihm zuerst Honig ums Maul schmiert: „Das erste Mal geht die Sonne auf, wenn ich einen Tschetschenen sehe!" und ihm danach seine Visitenkarte mit den Worten in die Hand drückt: „Deine Videos sind supertoll, aber wir können etwas Besseres machen."

Ahmad lehnt alle Angebote ab. Er sieht es wie der Jugendsozialarbeiter. Genau darin, dass Uwe sich eben nicht wie ein Jugendlicher gebärdet, sondern die staatliche Exekutive vertritt, besteht der pädagogische Witz. „Davon abgesehen, dass Erwachsene, die auf besonders jugendlich machen, immer ein bisschen cringe sind, wollen wir ja, dass die Kids checken, wie die Polizei funktioniert", sagt Fabian.

Je öfter der Tschetschene und der Grätzelpolizist diskutieren, neue Videos planen und bei den Drehs in der Millennium City, im Donauzentrum oder bei live gestreamten Touren durch Wiener Bezirke gemeinsam vor der Kamera stehen, desto besser lernen sie einander kennen. Ahmad schätzt seinen TikTok-Konterpart. Doch Uwe bleibt für ihn das „Einhorn der Wiener Polizei" und das Verhältnis zur Institution insgesamt angespannt. An den Nachmittagen seiner jungen Jahre, als er mit tschetschenischen Freunden draußen Karten gespielt oder trainiert hat, und die Polizei sie um 12 Uhr, um 15 Uhr und um 18 Uhr ein drittes Mal kontrollierte, „und das gefühlt an jedem verdammten Tag", zermarterte er sich den Kopf, welche Idee dahintersteckt. Will man ihnen signalisieren, ihr seid nicht willkommen, wir gehen euch so lange auf die Nerven, bis ihr euch verpisst? Egal, wohin er und seine Freunde weiterzogen, ging es weiter: Aufstehen! Dort hinstellen! Ausweise her!

Mittlerweile ist Ahmad klar, dass die Polizei Ansammlungen von Jugendlichen aus bestimmten Milieus an großen Plätzen verhindern will. Die Erfahrung lehrt die Exekutive, dass es oft kracht, sobald andere Communities dazukommen. Dabei geht freilich der Kontakt zu den Jugendlichen verloren. Der Grätzelpolizist springt als Bindeglied zwischen Bevölkerung und Exekutive ein. Vom aufgerüsteten, martialisch auftretenden Teil der Polizei wird der nahbare Beamte, der wie ein Sozialarbeiter in Polizeiuniform im Revier herumstreift, manchmal belächelt. Man hält die Rolle für ein berufliches Ausgedinge, in das Kollegen abgeschoben werden, die nicht mehr die Härte und Schnelligkeit für die „normale" Polizeiarbeit aufbringen.

Dieses Bild rückt Uwes steile TikTok-Karriere zurecht. Es gibt in der Polizei zwar den einen oder anderen uniformierten Kollegen, die eine oder andere Kollegin, die im Rayon erkannt werden, aber niemanden sonst, auf den Jugendliche mit begeisterten „Dürfen wir Foto?"-Ausrufen zulaufen. Dass dieses soziale Kapital von unschätzbarem Wert ist, erkennt die Wiener Polizei. In den Wochen vor Weihnachten, in denen es früh finster wird und Dämmerungseinbrüche Hochsaison haben, postet das Social-Media-Team auf ihrem Instagram-Account ein Video, in dem Uwe sarkastisch-ironische Tipps gibt, wie man Einbrechern die Arbeit erleichtert. „Hallo Leute! Ihr wollt unbedingt Opfer von einem Einbruch werden? In der Dämmerung vielleicht?" In diesem Fall: Schlüssel unter die Türmatte legen oder in den Blumentopf neben der Eingangstür, „dann braucht der arme Teufel nicht so lange suchen". Das Video wird innerhalb weniger Wochen über 425 000 Mal aufgerufen, zwanzig Mal so viel wie die Polizei-Postings normalerweise.

Braucht es immer gleich den Notruf?

Uwe ist überzeugt, dass polizeiliches Einschreiten mitunter gelassener abliefe, hätten die Beamten mehr von dem kulturellen Wissen und sozialen Feingefühl zur Verfügung, das Sozialarbeiter auszeichnet. „Wie schaffe ich einen Zugang, wie spreche ich Leute an, dass mir die nicht gleich mit dem Messer ins Gesicht fahren? Da wisst ihr zehn Mal mehr als wir", sagt er zu Fabian. Eine Zusammenarbeit im engeren Sinn wird es mit ihm allerdings nie geben. Streetworkern wird nicht selten unterstellt, dass sie ihre Schützlinge decken, statt der Polizei zu helfen, deren Untaten zu verhindern oder wenigstens aufzuklären. Das lässt Fabian nicht auf sich sitzen. „Wir wissen ein bisschen Bescheid, von Delikten erfahren wir, wenn überhaupt, nur im Nachhinein", sagt er. In manchen Fällen hält auch er es für sinnvoll, dass Sozialarbeit und Polizei sich abstimmen, beispielsweise bei häuslicher Gewalt. In Fabians Metier gelten jedoch andere Regeln. Die Jugendlichen vertrauen ihm. Das ist die Basis, um eine Beziehung zu ihnen aufzubauen. Das Um und Auf seiner beruflichen Arbeit ist, dass sie nicht Angst haben müssen, er könnte sie verpfeifen, sobald sie sich öffnen.

In einem Punkt finden sich alle: Es braucht nicht immer den Notruf. Oft hilft Reden. Der Polizist zieht diese Lehre aus seiner dienstlichen Erfahrung. Der Sozialarbeiter praktiziert sie in der Arbeit mit Jugendlichen. Erst wenn man mit dem Reden nicht mehr weiterkommt, holt man die Eltern dazu. Ahmad bekam diese Lehre zu Hause von klein auf mit. Seinem Vater fällt in der tschetschenischen Community die Rolle eines Friedensstifters zu. Tschetschenen aus ganz Europa suchen in Streitfällen und schwierigen, persönlichen Angelegenheiten bei ihm Rat. „Bevor man die Polizei einschaltet, redet man miteinander", lautet die Devise. Auch Uwe kennt das „Redet-miteinander" aus dem Elternhaus. Man war oft uneins, aber man ließ die anderen Ansichten gelten. Nun fließt das Credo – leicht abgewandelt – in seine Rolle als Grätzelpolizist ein: „Nicht gleich eine Anzeige machen, zuerst reden."

In der tschetschenischen Community herrscht traditionell ein starker innerer Zusammenhalt und großer Respekt vor Älteren, die in der Regel auch dafür zuständig sind, bei Auseinandersetzungen zu kalmieren. Sich um betagte Eltern zu kümmern, gilt als Ehrensache. Selbst prominente Kampfsportler oder Tschetschenen mit Top-Jobs geben mitunter ihr gutes, sicheres Leben auf, um ihnen in den letzten Lebensjahren beizustehen. Auch auf die Nachbarschaft hat man ein Auge. Wenn Ahmads Mutter kocht, berechnet sie regelmäßig vier Portionen für alleinstehende, alte Menschen mit ein, die auf derselben Stiege wohnen, unter ihnen eine 85-jährige Österreicherin. Als Dank legt die betagte Nachbarin Schokolade und Haribo-Süßwaren vor die Tür. Das war im Dorf in Tschetschenien, wo die Häuser sich eng aneinanderschmiegen und alle Türen den ganzen Tag lang offenstehen, der Brauch, genauso halten es manche Landsleute von Ahmad in Österreich.

Auch in Österreich schaute man früher aufeinander. Nicht nur am Land. Im Laufe der gesellschaftlichen Modernisierung, die mit zunehmender Individualisierung und dem Ausbau von Institutionen einhergeht, verlor sich dieser Zusammenhalt. Polizeibeamte, die zu Fuß durch die Stadt spazieren, mit Trafikantinnen, Geschäftsleuten und Passanten plaudern, sind mittlerweile rar. Für fast alle Brüche und Krisen im Leben gibt es eine Hotline, eine Anlaufstelle, Expertinnen. Das bringt viele Vorteile mit sich, führt aber auch dazu, dass bei anstehenden Problemen das „Einfach-miteinander-Reden“ meist nicht mehr der naheliegende, erste Schritt ist, sondern eine der letzten Optionen. Uwe und Ahmad leben auf TikTok genau das vor: Reden, freundlich und auf Augenhöhe, obwohl, oder gerade *weil* man anderer Ansicht ist. Der Polizist und der Tschetschene, von Mensch zu Mensch.

„Wenn die Österreicher wüssten, wie wenig es braucht, um Tschetschenen für sich einzunehmen“, sagt Ahmads Vater manchmal. Und dann bittet er seinen mittleren Sohn: „Wenn du erfolgreich wirst, versuche der Polizei zu erklären, dass man die tschetschenischen Jugendlichen am besten mit Charme und Anstand packt.“ Ahmad hat den Auftrag längst angenommen: „Ich schwöre, so kriegst du fast jeden.“

Berlin, Oranienburg: Wie macht ihr das in Österreich?

In Deutschland läuft ein Wiener Polizeibeamter bei einer Sicherheitsmesse einem deutschen Kollegen über den Weg, der dabei ist, eine Fachtagung zum Thema „Tschetschenen und die nordkaukasische Gemeinschaft in Brandenburg“ zu organisieren. Der sperrig-kühle Titel führt etwas in die Irre. Das Innenministerium lädt ein, und es geht um für die Exekutive brennende Probleme in der deutschen Hauptstadtregion Berlin-Brandenburg. Organisierte Kriminalität, Schutzgelderpressung, Drogen, Straßenraub, Diebstähle, Körperverletzungen: Mit diesen Delikten halten kaukasische Schwerkriminelle und junge, tschetschenische Straftäter die Polizei in Atem. Man kommt ins Gespräch. Diesseits und jenseits der Grenzen liegen die Schwierigkeiten ähnlich. Die Community ist abgeschottet, Zugänge fehlen. Anders als in Österreich gibt es in Deutschland auch keine Kulturvereine oder einen Ältestenrat. Auf der Straße eskalieren die Amtshandlungen.

Der Wiener Polizist erzählt dem deutschen Kollegen von

Cop & Che. Ende November 2023 fliegen Uwe und Ahmad nach Oranienburg. In den prachtvollen, hohen Räumlichkeiten der Orangerie im Stadtpark finden sich 180 Tagungsgäste ein, Polizeibeamte, Kriminalitätsexpertinnen, Verfassungsschützer, Juristinnen, Jugendsozialarbeiter, Lehrerinnen, Bewährungshelfer. Die Schilderungen der Vortragenden ziehen sich über Stunden. Es geht um Demos für und gegen die palästinensische Hamas. Um AfD-Politiker, die Unmengen Öl ins Feuer gießen. Um die Probleme mit kriminellen libanesischen Clans, die sich einen Bandenkrieg mit Tschetschenen liefern. Was bei Ahmad hängen bleibt, ist, dass Tschetschenen die Schlimmsten sind. Sie kennen kein Limit. Es werden konkrete Fälle referiert. Einer handelt von einer Tschetschenin, die von polnischen Bauarbeitern angegriffen wird, ihr Mann eilt ihr zu Hilfe. Daraufhin rotten sich dreißig Polen zusammen. Er trommelt Verstärkung zusammen, es kommen 400 Tschetschenen und verprügeln die Polen. Vertreter der Polizei sind ratlos: „Wie kann man Straftaten für Landsleute begehen, die man nicht einmal kennt? Wir wissen nicht, wie diese Community drauf ist."

Uwe und Ahmad sitzen in der ersten Reihe, neben dem Polizeidirektor von Berlin und dem Leiter des Verfassungsschutzes, einem Bürgermeister und einer Ministerin. Als die Tagung sich dem Ende zuneigt, wird das Cop & Che-Duo auf die Bühne gerufen. „Wir sorgen hier wohl für den schönen Ausklang", denkt Ahmad. Er hat nicht die Absicht, in dieser Hinsicht einen Beitrag zu leisten. Uwe erzählt von ihren holprigen Anfängen, dem ersten viral gehenden Video, von seinen Erfahrungen als TikTok-Cop. Und er berichtet von seinem ersten Termin beim Ältestenrat der Tschetschenen und Inguschen, und davon, dass ihn seine Kollegen damals gefragt hätten, ob er denn keine Angst habe, dort hinzugehen. „Ich habe vor niemandem Angst, außer ich gehe mit bösen Absichten hin. Wenn ich mit guten Absichten zu ihnen gehe, erwarte ich mir Gutes zurück. Die Community hat mich mit offenen Armen empfangen. Seitdem hat alles gepasst. So muss man arbeiten", sagt Uwe. Applaus brandet auf.

Ahmad sieht den Grätzelpolizisten das erste Mal ein bisschen rot werden. Dann ist er selbst dran. Er startet harsch. „Leute, ihr redet hier über Tschetschenen, zu 80 Prozent negativ, aber nicht mit uns. Wenn ihr wirklich mit tschetschenischen Jugendlichen arbeiten wollt, bitte, sie sind leicht zu kaufen. Ihr müsstet nur drei, vier tschetschenische Wörter können, ihnen ein Kompliment machen, und wenn sie sich schlecht benehmen, sie fragen: Was würden deine Eltern sagen, wenn sie dich so sehen? Gefühlt neun von zehn brechen zusammen und benehmen sich gleich wieder." Dass er als Teil von Cop & Che auf der Bühne stehe, habe vermutlich den Zweck, am Ende noch etwas Positives zu sagen, damit alle in guter Stimmung heimgehen. „Das ist auch einer der Gründe, warum ich die Polizei nicht so mag." Alle lachen, sogar die Verfassungsschützer, die Ahmad aus der Menge herauszukennen meint.

Selbst als Podiumsgast ist Ahmad nicht vor Nachstellungen sicher. Im Publikum sitzt ein von Leibwächtern flankierter, bekannter Tschetschene. Nun meldet er sich zu Wort: „Über deine Sympathie zur Polizei haben wir schon gehört, aber was sagst du zu Putin und Kadyrow?" – „Danke für die Frage", erwidert Ahmad, „ich würde normalerweise sagen, nächste Frage bitte. In diesem Fall antworte ich ausnahmsweise. Ich lebe in Österreich, ich bin Wiener, wir können gerne über die Politik hier sprechen. Die Politik in Russland geht die Russen an." Alle klatschen. Polizisten und Verfassungsschützer gratulieren ihm hinterher, dazu, dass er sich nicht auf gefährliches Terrain locken hat lassen: „Das war eine super Antwort!" Visitenkarten werden ausgetauscht, und Tipps unter Kollegen. „Ihr müsst nicht immer die Sheriffs spielen, ihr könnt zwischendurch auch mal Sozialarbeiter sein", sagt Uwe. Und Ahmad: „Was Tschetschenen gar nicht mögen, ist, wenn ihr sofort eine heftige Gegenposition aufbaut, mit Vorurteilen und Beleidigungen auf sie zukommt und denkt, dass ihr etwas Besseres seid. Dann wollen sie beweisen, dass sie die Stärkeren sind, auch wenn es sie die Freiheit kostet." – „Wie heißt euer Kanal genau?", fragen Tagungsteilnehmer. Der Leiter des Verfassungsschutzes will von Ahmad wissen, wie man junge Tschetschenen gewinnen könne. „Habt ihr eine Feuerwehr hier? Die Burschen wollen körperlich arbeiten. Es wäre cool, eine tschetschenische Feuerwehrtruppe aufzustellen. Bei der Polizei werden sie nicht arbeiten. Medizin ist ihnen ein bisschen zu schwer. Feuerwehr wäre genau ihr Job. Da können sie als

Helden gefeiert werden“, sagt Ahmad. Der Beamte dreht sich zu einem Mitarbeiter um: „Schreibst du dir das auf?“

„Siehst du, dass ich mein Herz beiseitelege?“

Am 7. Oktober 2023 greift die seit 2007 im palästinensischen Gaza-Streifen herrschende „Hamas“ Israel an terroristisch an, ermordet rund 1200 Menschen, nimmt rund 240 Jüdinnen und Juden als Geiseln, und löst den Krieg in Israel und Gaza aus. Die Bombardierungen durch die israelischen Streitkräfte, die das Ziel haben, die Hamas militärisch auszuschalten, sind verheerend und treffen unbeteiligte Zivilistinnen und Zivilisten, die auf dem schmalen Gebiet keinen Schutz mehr finden. Zigtausende sterben, unter ihnen viele Kinder. Es fehlt an Wasser, Lebensmitteln, die medizinische Versorgung bricht zusammen. Die Lage ist katastrophal.

Die Bilder, die davon auf den sozialen Medien kursieren, sind markerschütternd. Ahmad hat den Eindruck, dass Europa, allen voran Deutschland und Österreich, Israel gegenüber bedingungslos loyal ist. Er hadert. „Warum sagt niemand, stopp jetzt!?“ Musliminnen und Muslime rufen dazu auf, Jüdinnen und Juden nicht als Feinde zu betrachten. In den vergangenen Jahren hat er versucht, Jugendlichen zu erklären, dass „die Welt“, „der Westen“ Muslime nicht hasst, doch alles, was er in den Medien und in der Öffentlichkeit wahrnimmt, scheint ihm plötzlich das Gegenteil zu vermitteln. Da sind sie wieder: Diese Wut. Diese Ohnmacht. Diese Entfremdung. Er weint. Er schlägt gegen die Wand. Er weiß nicht, wohin mit seinen Aggressionen.

Es gibt Momente, in denen er jede Hoffnung verliert, den letzten Funken Glauben an diese „ungerechte Scheißwelt“. Er weiß, was sich in den Köpfen von jungen Musliminnen und Muslimen abspielt, weil er noch fühlt, als wäre es gestern gewesen, wie es für ihn war, vor zehn Jahren, als er die Bilder der Zerstörung in Syrien sah, die unschuldige Bevölkerung, das unfassbare Leid. Jetzt ist er fertig. Er will abschließen, sich eine körperlich fordernde Arbeit suchen, alles vergessen, was mit Bildung, Arbeit mit Jugendlichen, Prävention zu tun hat. Er ist „komplett am Arsch".

Am tiefsten Punkt angelangt, sitzt er wieder seinem Vater gegenüber. Sieben, acht Stunden lang. Ahmad kotzt alles aus.

„Denkst du, ich sehe es anders?", fragt der Vater.

„Ich denke nicht", antwortet Ahmad.

„Siehst du, dass ich mein Herz beiseitelege?" Das ist eine wörtlich übersetzte Redensart; es gibt im Tschetschenischen kein Wort für „aufgeben".

„Sehe ich nicht", sagt Ahmad.

„Was Gott für dich geschrieben hat, wird geschehen. Ob du zu Hause schläfst, oder arbeiten gehst, ob du diese Arbeit weitermachst oder Tischler wirst. Es wird eintreffen, was eintreffen muss. Du wirst es nicht verhindern können. Blick nach vorne, und versuche da, wo du bist, so viel Gutes wie möglich zu tun."

Ahmad beschließt, sein Herz nicht beiseitezulegen.

Zum Weiterlesen

Askerov, Ali: Historical Dictionary of the Chechen Conflict. Rowman & Littlefield Publishers 2015

Babtschenko, Arkadi: Die Farbe des Krieges. Rowohlt Taschenbuch 2008

Hofinger, Veronika und Schmidinger, Thomas: Muhajirun from Austria. Why they left to ISIS and why they don't return. In: Journal of Deradicalization No 22, Spring 2020

Perovic, Jeronim: Der Nordkaukasus unter russischer Herrschaft. Geschichte einer Vielvölkerregion zwischen Rebellion und Anpassung. Böhlau Verlag 2015

Politkowskaja, Anna: Tschetschenien. Die Wahrheit über den Krieg. S. Fischer Verlag 2008

Reicher, Fabian und Melzer, Anja: Die Wütenden. Warum wir im Umgang mit dem dschihadistischen Terror radikal umdenken müssen. Westend Verlag 2022

Reicher, Fabian et al.: Im Namen des Propheten. Kontextualisierung und Social Media Analyse zu den jüngsten dschihadistischen Anschlägen in Europa. Beratungsstelle Extremismus Boja, www.beratungsstellextremismus.at, Dezember 2020

Scherebzowa, Polina: Polinas Tagebuch. Rowohlt Verlag 2015

Schinnerl, Herwig und Schmidinger, Thomas: Dem Krieg entkommen? Tschetschenien und TschetschenInnen in Österreich. Verlag Verein Alltag 2009

Schmidinger, Thomas: Jihadismus. Ideologie, Prävention und Deradikalisierung. Mandelbaum Verlag 2016

Scholl, Susanne: Töchter des Krieges. Überleben in Tschetschenien. Molden Verlag 2007